走过八十五载风华

中国人民大学校友口述史（第四辑）

中国人民大学校友工作办公室　编写

中国人民大学出版社
·北京·

编　委　会

序

2022年4月25日，习近平总书记到中国人民大学考察调研，赋予人民大学“走出一条建设中国特色、世界一流大学的新路”的光荣使命，为学校阔步新征程指明了前进方向、提供了根本遵循、注入了精神动力。世纪馆广场前“青春向党、不负人民”“复兴栋梁、强国先锋”的人大心声始终嘹亮，道路两旁久久回荡的掌声、欢呼声依旧响亮。

红色血脉，薪火相传

曾饮延河水，常思宝塔山。中国人民大学在抗日烽火中诞生，在新中国建设中成长，在改革开放大潮中新生，在新时代新征程中腾飞，八十五年来始终奋进在时代前列。作为中国共产党创办的第一所新型正规大学，中国人民大学始终与党和国家同呼吸、共命运。

在战火纷飞的革命岁月里，留下“革命的先锋队”探寻的足迹；在百废待兴的建设年代里，见证“为干建国干部”奋斗的英姿；在砥砺前行的改革浪潮中，涌现“国民表率、社会栋梁”拼搏的身影；在昂扬奋进的新时代新征程上，奏响“复兴栋梁、强国先锋”的时代最强音。“实事求是”的校训里，沉淀着信念、真知、品格；“独树一帜”的目标中，闪耀着责任、使命、担当。八十五载办学兴业，始终不渝的是“党办的大学让党放心、人民的大学不负人民”的精神品格。

不忘初心，勇担使命

今天的中国人民大学，被誉为“我国人文社会科学高等教育领域的一面旗帜”，在新的赶考路上奋力谱写事业发展新华章。坚守为党育人、为国育才的初心使命，37 万多名毕业生坚定不移听党话、跟党走，在党和人民最需要的地方勇当开路先锋、争当事业闯将。观照中国、观照时代，众学科立足本土，衔接中外，贯通古今，以回答中国之问、世界之问、人民之问、时代之问为学术己任，彰显中国之路、中国之治、中国之理。人大人牢记党的教诲，立志民族复兴，不负韶华，不负时代，不负人民，在实现中华民族伟大复兴的时代洪流中踔厉奋发、勇毅前进。

牢记嘱托，走好新路

习近平总书记为中国高等教育指明的新路，是中国特色社会主义道路的重要组成部分，是对中国高等教育道路自信、理论自信、制度自信、文化自信的深刻诠释和郑重宣言。新征程上，中国人民大学将始终牢记谆谆嘱托、不负厚爱厚望，以坚持党的领导为根本统领，以传承红色基因为文化血脉，以扎根中国大地为发展根基，加快构建中国特色哲学社会科学，建构中国自主的知识体系，努力打造人文社会科学研究和教学领域的重要人才中心和创新高地，坚定不移走出一条建设中国特色、世界一流大学的新路。

环顾学海，此处千帆并进；展望未来，前方旗帜飘扬。

这部《走过八十五载风华——中国人民大学校友口述史（第四辑）》收录了 31 位各个历史阶段、各个行业校友代表的口述访谈，他们以人大人的赤子之心，将青春写在中国大地上。尽管囿于种种条件，不能访谈所有校友，但相信本书记录的故事，可以为人民大学的校友群像增添一抹耀眼的亮色。

新时代新征程，中华民族伟大复兴进入关键时期，人大人生逢其时，重任在肩。让我们从校友的求学经历中传承艰苦奋斗精神，从校友的奋斗故事中追忆岁月荣光，把校友的宝贵精神财富发扬光大，朝着“复兴栋梁、强国先锋”的目标不断迈进，走出一条建设中国特色、世界一流大学的新路！

目 录 CONTENTS

陈廷珠

陈廷珠，1927年4月2日生，河北省阜平县平阳镇土门村人，中共党员。1939年3月2日，在阜平县平阳镇土门村任晋察冀边区政府公务员，后在华北联大任勤务员。1944年调晋察冀军区后勤部做通信工作，任晋察冀军区兵站部见习科员。1945年8月25日在张家口接受日军投降。1946年3月为晋察冀军区摩托训练大队学员。参加了解放石家庄战役、察南战役、太原战役、集宁战役、新保安战役、辽沈战役、平津战役等。1949年北平和平解放时参加入城仪式。1949年3月25日在北平西苑机场接受从西柏坡进京的毛泽东、朱德、周恩来等党中央领导的检阅。1949年7月1日在北平参加了党的生日纪念大会。1953年9月27日志愿军归国观礼英模代表团成员。荣获“解放奖章”、“抗美援朝纪念章”、“三等功奖章”、“福建省劳动模范”称号、“庆祝中华人民共和国成立70周年纪念章”、“中国人民志愿军抗美援朝出国作战70周年纪念章”、“光荣在党50年”纪念章。

◎ 在华北联合大学的那些日子

我是抗日老战士陈廷珠，生于1927年4月2日，河北省阜平县平阳镇土门村人。1937年七七事变后，我四哥陈廷寿联系上了杨耕田同志，从保定师范学校回到村子里当村长，他那时候就已经是共产党员了。到1938年他调到晋察冀边区政府四区工作之后，村里又改选了我大哥任村长。后来我四哥又到华北联大学习、工作，二哥当了自卫队队长，三哥任青年抗日先锋队队长，四嫂刘耀菊任妇救会主任。五哥那时是爆炸组组长，主要工作是负责埋地雷。

1937年秋天，八路军北上抗日，来到我们保定市阜平县建立根据地，我那时候只有10岁，是儿童团团长；后来华北联大搬到阜平，就做了勤务员。我当儿童团团长是被村里的小伙伴推荐的，每天的任务就是领着大家站岗、放哨、查路条、宣传抗日。

1939年春天，晋察冀边区政府各部门在我们村先后召开会议，我到边区政府做了公务员。为了会议的顺利召开，村民们在村北的空地上搭起了一个席棚作为会堂，并动员我们儿童团为会议做勤务工作，主要的任务就是扫扫地、打打水，给参与会议的重要领导提供一些简单的服务。当时除我以外还有刘国祯、李梦、李焕忠、陈廷熊、陈景霜、刘南山、张学亮，南沟村的孟光超、李二喜以及北庄村的李国柱，都参与了边区政府农会及其他各部门在这里召开的会议的服务工作。

晋察冀边区政府各部门来我们村开会的时候，彭真同志曾住在我家西屋，东屋是电讯处的工作人员带着电台工作的地方。我那时候在家里还见到过成仿吾、吴玉章、杨耕田、刘澜涛、姚依林等同志。

我们当时归总务科的杨林科长领导。那时党内实行供给制，这是一种战时的经济生活制度，供给范围内的所有人员都会按照一定的标准由主管部门统一发放各种生活物资。我们每人每年可以领到一套单衣、两双鞋，每两年可以领到一套棉衣。在大会召开的那段时间，为了改善与会人员的生活，边区政府还专门买了 50 多只羊，华北联大搬来后又买了 50 多只羊，安排我和比我大两岁的张树礼一起放羊，每人各放 50 多只。华北联大驻扎在平房村的时候，我在平阳那条沟里放羊。放羊是个辛苦活，我经常带着干粮就着咸菜吃，渴了就和羊一起喝点凉水。不管春夏秋冬、刮风下雨，都得去山上放羊，即使夏天中午最热的时候也不能休息。此外还需要时刻注意看护好羊群，以防羊被狼叼走。有一次我在山咀头村的山上放羊，那天下着大雨，路面泥泞湿滑，我一个不留神踩空了，滑落到了近七层楼高的悬崖边上，幸好在慌乱中我伸手抓住了一棵大拇指粗细的小树，然后才一点点从悬崖边爬了上去，那次与死神擦肩而过的经历令我印象深刻。

我踏实肯干，做什么事都全心投入其中。在我的付出和精心呵护下，羊群后来繁殖发展到了 200 只左右，在最困难的时期为师生们的营养补充提供了保障。那些年我赶着羊群走遍了附近的沟沟坎坎，哪里水草丰美、哪里适合放羊我都清楚，也知道怎么赶着羊群躲避鬼子。

由于日本侵略者的疯狂进攻和“扫荡”，再加上国民党顽固派的军事包围和经济封锁，我军抗日民主根据地的经济状况极为困难，华北联大的老师和同学们的生活也非常拮据。为了战胜困难，坚持抗战，毛泽东同志发出“自己动手”的号召。中共中央也提出了“发展经济，保障供给”的方针，号召军民自力更生，克服困难，开展大生产运动。华北联大积极响应号召，开荒种地、养猪养羊、自己动手、丰衣足食，就这样一边学习一边劳动，在战火纷飞的动荡岁月里为国家培养了一大批的干部和人才。

离我们村二十多里的台峪村，风光秀美、地势险要，有一夫当关、万夫莫开之说。这里有一座神仙山，在西汉时期曾被封为北岳恒山，山上雨水充沛、林木苍郁。神仙山的山顶常年包裹在云雾之中，仿佛人间仙境，威严而神秘。在山的西麓还有一处金龙洞，洞里有形态各异的钟乳石，景色十分壮观。日军“扫荡”的时候，后方机关、兵工厂、抗日物资基本都隐藏在这里。因为隐蔽性良好，所以那时华北联大的 2 000 多名师生选择在台峪村的山里边上课，山里有天然的石洞、石厅，冬暖夏凉，同学们在这里学习，一直安然无恙。

在我的印象里，那些年有 8 000 多名学生从华北联大毕业，他们都是国家的栋梁。有许多人牺牲在了战场上，其中就有华北联大的学生，如 28 岁的阜平县妇救会主任，她是山西人，牺牲在了“平阳惨案”中。

我从 1939 年起在阜平县平阳镇晋察冀边区政府和华北联大工作。直到 1944 年 7 月下旬，杨林科长被调到晋察冀军区兵站部任科长，我才离开了华北联大，去做了他的通信员。我四哥陈廷寿后来担任了人民大学办公室主任。新中国成立后我去过几次人民大学，还见到葛孟熊、张春亭、高廉、王清波、任小堂，他们都是我昔日的同事。

1947 年解放石家庄前陈廷珠（左）和陈廷寿的合影

◎ 解放军第一批汽车驾驶员

1944 年我正式参加了八路军，任晋察冀军区兵站部见习科员，圆了我早在 1938 年日军“扫荡”保定的时候就产生的打击日寇、保卫祖国和人民的梦想。

1938 年日寇“扫荡”我的家乡时，我只有 11 岁。他们残害无辜，无恶不作，实施了惨绝人寰的“烧光、杀光、抢光”政策。我目睹日寇牵走了我们家的牛、羊、猪，架起机枪在村子里进行了惨无人道的屠杀，村里 20 多名手无寸铁的村民因此惨死。从那一刻起，愤怒的种子就已经在我的心底埋下了，我立志要参加抗日军队，为乡亲们报仇。所以当八路军 1944 年来到阜平县平阳镇土门村时，我甚至都没有和家人商量，就主动找到了部队，加入了八路军的队伍。

到了 1945 年，日本战败投降，我作为兵站部的一员随部队赶赴张家口，准备从日军手里接收这片土地。当我们来到张家口，对驻守的日军传达了向八路军投降的命令后，日军说他们只向国民党军队投降，不向我们投降，所以八路军最终决定用武力收复张家口。在我们强大的攻势下，日军死伤千余人，一天后开始有日军撤退，到了第三天时，最后一批日军也撤退了，张家口就此解放，回到了人民的怀抱。我与战友们亲眼见证了日军驻扎在张家口的部队的撤退，内心十分自豪。

1946 年，组织上选派我到晋察冀军区摩托训练大队学习汽车驾驶。就这样，我成了解放军第一批汽车驾驶员，从此手握方向盘，开始了革命的新征程。

1947 年，解放石家庄战役前夕，我作为晋察冀军区摩托训练大队的一名汽车兵，跟随部队来到了驻扎在保定唐县军城镇江家沟村的晋察冀军区汽修厂，不久又随部队到了深泽县。那时汽车兵很稀少，会开汽车、修理汽车的人才更是少之又少。由于汽油紧缺，我和战友那时的主要工作就是把从日军手中缴获的部分汽车改装成马车，再用这些改装过的马车把作战物资送往前线。

1947 年 11 月 6 日，解放石家庄的战役打响了，我们所在的部队不直接参与战斗，主要负责对前方部队攻占区域内敌军的汽车装备及石油等珍贵物资进行及时的抢救和接收。11 月 7 日晚，我跟随部队沿京汉铁路柳辛庄段步行进入石家庄，并在花园村驻扎了下来，那时我们的主要任务是接收我军缴获的国民党军队的汽车以及汽车修理厂。

1947 年 11 月 12 日凌晨，解放石家庄胜利在望，我和战友们被派到当时休门村附近的一个修理厂工作。在那里，我们接收了国民党军队的 50 多辆汽车，至今我还清楚地记得车的型号是“道奇 T-234”。当时大家看到这些美国产的汽车都非常兴奋，我们当天开着“道奇 T-234”，先是把缴获来的弹药等按照指令运往石家庄周边的各个村镇，又把当时晋察冀军区修理厂急需的大批汽车零部件拉到了保定唐县。在解放石家庄这样的大城市的过程中，我们摩托训练大队在抢救汽车装备以及抢运物资等方面起到了至关重要的作用。

石家庄解放后，我又跟随部队参加了察南战役、太原战役、集宁战役、新保安战役等多场重要战役。1948 年时，我已经被任命为了连长，带领全连战士参加了辽沈战役。在战斗中有两件事给我留下了深刻的印象。

其中一件是在解放包头时发生的。当时组织上调我到军管会开车，结果等我赶到包头时，部队已经向新保安转移了，而那时的包头已经被敌军占领了，所以我只好出城去寻找部队。战争年代的情况很混乱，敌军的散兵和地方保安团随处可见。因为害怕身份暴露，我一路上不敢随便停留。我用了三天三夜的时间全力赶路，其间没有吃饭也没有睡觉，最后赶上了大部队。大部队的同志们看到我时也很惊喜，他们都以为我早就牺牲了。

还有一件发生在解放大西北的时候。那时已经是秋末，临近冬天，部队急需棉衣，特别是那些在前线作战的战士，如果他们负伤后没有得到及时处理，伤口冻伤感染，就会造成非战斗减员，从而带来不必要的损失。为此，上级下达了死命令，要求我们利用战斗的间隙，在四天四夜的时间内将棉衣送到前线去。深秋时节，老天不作美，冰冷的秋雨迎头浇下，道路泥泞不堪，到处都是积水和弹坑，空中还不时有流弹呼啸飞过，情况十分危险。在行进的过程中，我们的汽车时不时就会陷入泥水中去。在那种举步维艰的情况下，我与战友相互鼓励，一边探路、一边修路、一边前行，爱国主义情怀和兄弟情义支撑着我们不惜一切代价也要完成这次任务。

经过四天四夜的奔波运送，我们最终不辱使命，按时完成了任务。棉衣送到了前线，而我们的汽车也早已被泥土糊了个严严实实，看不清本来的面目，人更是累得站不起来了。在完成任务返回北平时，贺龙同志还亲切地接待了我，他鼓励我和我的战友们说："同志们，辛苦了，再加一把劲，最后的胜利必将属于我们！"如今 70 多年过去了，贺龙同志亲切的笑容以及每一位老战士的脸庞仍然清晰地印在我的脑海中，永远不会褪去。

1949 年，新中国成立后，我来到华北汽车学校任教；后来我又作为汽车团的一员参加了抗美援朝战争；1961 年，我获得了安全行驶 122 万公里的红旗奖状。我与汽车结缘一辈子，直到 1987 年 4 月离休才闲下来。

◎ 穿越封锁线，跨过鸭绿江

1950 年 2 月，我调任华北汽车学校任队长兼教员。1951 年 3 月，我加入了中国人民志愿军。

1951 年 4 月 1 日晚 7 时左右，我随志愿军大部队从安东（今辽宁省丹东市）出发，跨过鸭绿江，进入了朝鲜新义州，参加抗美援朝战争。当时我被编入中朝联合司令部汽车 95 团，参加了第五次战役。

新义州地处鸭绿江下游，与中国辽宁省丹东市隔江相望。在去往新义州的路上，最危险的就是过桥的那两公里左右的距离，那是敌人轰炸机重点轰炸的地方。我至今仍清晰地记得，我们过桥当天飞来了四架B-52轰炸机，不断地向正在通过的志愿军队伍投掷炸弹。后来我还在回忆录中记录下了这段惊险的经历：“敌人飞机的投弹就像下大雨一样，天上是破空的呼啸声，地面有高射炮的炮声，四处是炸弹的火光，各种炮声、枪声等响成一片。就在这枪林弹雨中，志愿军前进的脚步从未停下，依然冷静而有序地在漆黑夜幕的掩护下继续向前。”

在前往朝鲜的途中，我经历的最幸运的事情就是遇到了养伤返回的朝鲜人民军战友康丁山。那一天，我在驾驶汽车执行任务时，他站在鸭绿江边拦住了我的车，说养好伤了要回朝鲜参加作战。为了分辨对方是不是特务，我还问了他很多在中国作战期间的具体情况，见他的回答与事实相符，就让他上了车。一路上，康丁山给我介绍了很多在朝鲜战场上要特别注意的事项。例如当美国的飞机俯冲下来时，应该怎样保护自己和车辆。他说，飞机俯冲而来的时候首先是想要打你的车，其次还要投弹，所以待在车上是最危险的。如果能把车开到隐蔽地点是最好的，如果开不到，就一定要开出公路，别和车队一列，下车后要找一个轰炸后的弹坑趴下。实在找不到就趴在地上，但是趴地上也有讲究，比如一定不可以平着趴下。因为美国航空炸弹爆炸的威力非常强，有的甚至能形成直径20多米的弹坑，爆炸时会翻出来大量的土，这时如果平趴在地上，人就会被埋进土里去，很多人就是因为卧倒时被埋而窒息死亡的。正确的做法应该是撅起屁股来，即使被土埋住，你也能够撅着屁股，一拱一拱地钻出来。

这些看似是小事儿，但其实都是用鲜血换来的经验。康丁山的这些经验为我日后在朝鲜战场上保护自己、屡次圆满完成任务提供了很大的帮助。后来在朝鲜战场上我还见到过他，他在新安洲大桥高炮阵地当炮兵营长。70多年过去了，我与这位朝鲜炮兵战友加兄弟在战争年代结成的友谊仿佛就发生在昨天，给我留下永生难忘的深刻印象。

还有一件令我感到很自豪的事情，就是我曾经用一把扳手放倒了一个美国大兵。那是在距离上甘岭不太远的一个地方，当时的战事比较胶着，一会儿你打过来，一会儿我打过去。那时部队给养特别困难，有一天深夜我接到指令，要求我立刻去执行一项运送物资的任务。我一个人开着车上了路，因为害怕暴露，在行进的过程中我一直是关着车灯摸黑前行的。在凌晨两点多的时候，路的正前方出现了一辆亮着车灯的汽车。我快速分析了当时的情况，认为那很可能是敌军的汽车，于是我果断打开了车灯，在离对方还有一段距离的地方停了下来。停下车后，我从驾驶室里随手拿了一把扳手，放进袖子里用来防身，然后向着对面走去。我走近一瞧，对方是一辆军车，车旁站着一个正在修车的美国大兵。当时那个美国大兵看到了我，可能以为我是韩国部队军人，是他们的同盟军，示意我过来帮他一块儿修车，还伸手打了我两下。就在那个瞬间，我举起了扳手，对着美国大兵的脑袋打了下去，很快把他放倒了。随后，我绕到汽车后边去查看，看到车厢里边睡着足有十几个美国大兵。当时我的第一反应就是迅速开车往回跑，找到了最近的部队，那边说“雄鸡”，我回答“高唱”，口令确认无误后，我把情况给战友介绍清楚。如果当时有一个美国兵醒着，我肯定就要牺牲了。

在抗美援朝战争中，我目睹了无数的战友光荣牺牲，也有战友在轰炸时死在了我的怀中。

有一次，我和战友们分别驾驶着几辆车一起去执行任务，因为我们所在的单位是中朝联合司令部，所以组里有朝鲜人民军的军车。那时是夜间行车，在走过一段泥泞路的时候，一位朝鲜人民军驾驶员开了一下灯。仅仅是因为开了这一下灯，在这辆车过去后，我的战友驾驶的车就被空中飞机的扫射击中了。当时这位战友的肠子都流出来了，浑身都是鲜血，止不住地往外涌。这位战友在牺牲前对我说，希望自己的遗体能运回国内。在他牺牲后，我把他的遗体包裹了起来，和其他伤员还有一些物资一起送回了祖国。

战争是惨烈而残酷的。抗美援朝第五次战役时，我每次开车经过一条条大路、小路，常常能见到战友倒下的尸体，被打坏的汽车和坦克横在路边，子弹壳、炮弹壳随处可见。在战场上，我们都见惯了这样的生离死别。

在一次运送修机场物资的任务中，有一位战友给我留下了深刻的印象。那晚，美国军机在志愿军修的机场投了很多炸弹。炸弹投下之前，我与战友吴天明还有另外三位同志还在一起聊天，我们分开仅仅五分钟，炸弹投下，吴天明就被炸弹炸碎牺牲了。在战争面前，一切的生命都变得渺小而脆弱，死亡常常就发生在那么一瞬间，不给人们反应的时间。

随着战争经验的不断丰富，我和其他战友不断地和敌机斗智斗勇。有一次我到德川去执行任务，队里一共有六辆车，在行驶的过程中，两架敌机从山沟中突然飞出，随即对我们进行了全方位的封锁扫射。那次美国军机追了我们六辆车 20 多公里的距离，当汽车开上盘山路后，敌军的飞机开始往山上扔炸弹，试图利用滚石挡住车辆，但好在我们的技术足够熟练，最终成功突围了出去。还有一次，我和其他同志开车走在一条乡村小道上被敌机发现了，对方俯冲下来对我们进行扫射，万幸那时我们的车辆恰巧转弯，子弹打在了车厢上，最后人车无碍。那天我与死神又一次擦肩而过，因为如果不是当时正好转弯，我肯定就没命了。

◎ 在敌占区抢回一架飞机

入朝后的第二年，1952 年 4 月上级调我到八连帮几个月忙。“三反”过后上级直接调我到牵引连。每天天不亮，我们从飞机窝把飞机牵引到跑道。飞机起飞去空战，飞机回来装载弹药、油料后，我们再把飞机拖到跑道上，让飞机起飞去空战。晚上，我们再把飞机拖进飞机窝里。空战中飞机一被打掉，与地面失去联系，机场这边马上派车去找。找飞机的任务更危险，不管白天夜晚，一联系不到就要马上去找，一刻不能耽误。那时候飞机是重要装备，几乎是不惜一切代价找回来，能修的修，不能修的就拆开做配件。

1952 年 10 月的时候，上级派我去执行一项特殊任务。一架飞机空战后落在敌占区一个海边汊沟里，地点在三八线东海岸，就快到三八线东海岸这边一个叫郑盛里的地方。这架飞机空战以后没油了掉汊沟里，离海边不远，海水涨潮的时候飞机就淹掉了，一退潮飞机就露出来。飞行员跳伞由志愿军救走后，飞机由附近我方驻军做了伪装进行看管。战士回来汇报情况后，飞机场马上派人去找。结果司机对朝鲜地形不熟，两次车毁人亡。第一次美国飞机把汽车打起火了，三死一伤。第二次派去几个人，结果失联了，人没了，车也不知道上哪儿了。后来部队决定派牵引车过去找。由于我熟悉朝鲜情况，多数人支持派我带队去，我带着一个地勤人员还有八辆车和一些其他人员去找。

白天鸭绿江桥封闭，只有晚上开放，情况紧急，白天我坐轮渡过江。白天跑车，路上一个行人都没有。敌机见人就打。白天跑车得和兔子一样，跑一段儿，到树荫下边停下，看看没敌机再跑。那天下大雨，到了一条河的河边，发现水涨了半人高，汽车开不过去。任务紧，一旦敌机发现，那架飞机就完了。我问了当地老乡，老乡说得三四天水位才能退下去。我又问："河底硬不硬？"老乡说："是硬底。"有辆车在河中心，熄火进水了。司机在驾驶室顶上吓得不敢动，怕被冲走。我提出，倒车过去，我先试。河宽有 200 米，我加大了油门，一鼓作气倒了过去，接着车一辆一辆都倒过去了。

到了飞机那一看，潮水一涨，就把飞机淹没了，然后潮水一退飞机又露出水面。这怎么弄啊！我于是又叫了地面部队的一些人和当地的一些人。我虽然懂一点朝鲜话，但也没法和朝鲜人交流。有一位在当地种菜的中国大娘懂朝鲜话，我们就请她给当地人翻译。然后我们把这架飞机白天的时候隐蔽起来，弄点树枝盖起来，因为美国人发现了会不断来这儿轰炸。我去了以后带一帮人干了一周时间，靠人拉着才把这架飞机从海沟里弄到岸边，拆卸飞机时用了七天多才拆完。白天别的车隐蔽起来，我开一辆车在海边拉拆下的零件，装到隐蔽的车上。海边路很泥泞，经过土松的地方时车歪倒了。我叫来很多附近的朝鲜农民帮着连拉带推把车扶正了，结果人一多敌机发现了，就过来轰炸扫射，进行了好几次，万幸没有损失。

回飞机场的时候车差点掉海沟里。飞机是弄上来了，但是没走多远又遇到了问题。走的时候我押后，晚上天黑不敢开灯，过两米宽的一条深水沟时，因为沟深有水过不去，我就让当地人找了几根木头，在上面一边搭两根木头，摸着黑过，稍不注意车轮就会掉下去。别的车过完后，把木头压坏了，最后我的车过的时候，前轮刚上岸，后轮还在中间，就听到嘎巴一声，我马上猛加油门，往前一冲，后轮刚上岸后两根木头就断了，掉了下去。就这样，我们顺利把飞机运回机场，圆满完成任务。

1953 年 7 月停战后，我参与了修建板门店机场任务。由于行车万里人车安全，技术过硬，圆满完成一些急难险重的任务，我被汽车部队评选为志愿军归国观礼英模代表。1953 年 10 月 1 日我应邀在天安门观礼台观看欢庆国庆盛会。我还荣获“抗美援朝纪念章”“三等功奖章”等。

1953 年陈廷珠（左）作为志愿军归国观礼英模代表回国参加国庆

◎ 回国后的光荣岁月

1954 年 12 月，我回国。1955 年 3 月，我任中国人民志愿军（福建）汽车八团车技处主任。同年 7 月，在古田兵站装载炸药的军车自燃，我勇敢地把车开入河中，排除险情，保护了 100 多辆军车和现场大量人员的生命安全。1956 年，我任中国人民志愿军（福建）汽车八团技术副团长。1958 年转业后，我任福建省林业厅所属工程公司汽车队党委书记兼队长。1958 年 10 月和 1960 年 8 月，朱德总司令和中共中央华东局书记处书记叶飞分别到福建考察绿色公社、原始森林时，我被组织指定为首长开车。1964 年 3 月，我荣获“福建省劳动模范”称号。1974 年 8 月，我调河北省石家庄市维尼纶厂任运输科科长。1987 年 4 月，我离休。

◎ 抚今追昔，祝福人大

2014 年我向侵华日军南京大屠杀遇难同胞纪念馆捐赠历史物品，2020 年 9 月 2 日受到河北省领导王东峰同志的慰问，2020 年 9 月 3 日受邀参加了河北省向华北军区烈士敬献花篮的仪式活动。

如今我已经 95 岁了。在家中休养的日子里，我有空就会写当年的战斗回忆录，状态好的时候一天能写几个小时，这是我现在生活中最大的爱好。

回想起我的一生，当年参加志愿军抗美援朝、出国作战的经历仿佛就在昨天。抚今追昔，我希望通过回顾我们这一辈人的人生历程，把血与火的战争的残酷告诉后辈们。希望后辈们在了解历史的同时，能够更加珍惜今天来之不易的幸福生活，愿爱国、奉献、忘我的精神能够薪火相传。

值此中国人民大学 85 周年校庆之际，我希望我们的学校永远听党话、跟党走，传承红色基因，为国家和社会培养更多的栋梁之材！希望现在的年轻学子们不辜负时代和人民的期望，以饱满的热情和一往无前的信念为建设祖国的未来贡献力量！祝福你们！

本次采访时间为2022年8月25日，陈廷珠校友撰写了部分内容，中国人民大学河北校友会负责采访，中国人民大学校友会负责录音整理及文字编辑。

杨志新

杨志新，1929年生，辽宁人。1949年就读于华北大学，毕业后任中央警备团警卫，1949年10月1日参加了中华人民共和国开国大典的观礼和保卫工作。曾任《士兵报》编辑兼记者、《建设日报》记者、《中国食品报》记者部主任。

◎ 生逢乱世出乡关，报国立志须读书

我于 1929 年 5 月 3 日出生。家在辽宁省法库县，是沈阳郊区的一个县城。经过战场硝烟、有过刀尖起舞，于耄耋之年回首，我确实算得上是饱经沧桑。用一句话总结就是：一生起伏辗转过，襟怀豁达不言愁。

我家祖籍原是山东，父辈因为逃荒，来到了东北。在我两岁的时候，“九一八”事变爆发，日本鬼子侵占了东北。当“亡国奴”的记忆充斥了我整个童年、少年时期。那样漫长的 14 年，日子悲惨，岁月艰难。

我父母都是读书人出身，原本家庭条件还不错，算是书香门第。我的父亲杨贵珊给一家印刷厂打工，母亲郭淑珍带我和几个弟妹到处逃难，恐惧和生活压力导致她 40 岁就去世了。1945 年 8 月 15 日，日本侵略者无条件投降，但母亲没能看到这一天。

我的父亲厚道、讲诚信，事业很有成就，对子女也管教有方。他说，日本投降了以后，今后我们要想过好日子，不再受人欺辱，就得找到救国救民的路子。男儿志在四方，念书不是为了糊口养家，而是要为国家做贡献。我是家里的老大，在父亲的支持下，我 16 岁就只身离家去读书了。

时局并未安定，此起彼伏如转轮。那会儿东北仍是炮火连天，因为日本投降以后，各路势力又掀起了争夺东北的狂潮。我从家乡法库到了沈阳，后来又到了北平。其实那时我已经考上了东北大学，但在战火中没法读书。北平有很多东北大学的学生和高中毕业生，加起来一共有 1 000 多人。我经常到位于沙滩的北大的图书馆看书，像《资本论》、《共产党宣言》、艾思奇的《大众哲学》和毛主席的《目前形势和我们的任

务》《论联合政府》等，进步的同学慢慢就发现了这小伙子每天都去看书。当时跟我一块儿的有三个同志，其中两个是地下党员。在强烈的正义感驱动下，我加入了地下党的外围组织“民主青年联盟”。

原本我想到解放区去，一起的同志告诉我：“不要到解放区去了，我们这里很快就变成解放区了，就在这里工作吧。”那会儿我在地下党的支持下办了一张小报，揭露国民党的黑暗，通过宣传团结同学，号召同学们不要上国民党的当，不要让国民党左右自己的命运。结果因为这张小报，我上了国民党的黑名单，上黑名单就意味着格杀勿论。

情势凶险。正在紧要关头，时任中国共产党华北局城工部部长刘仁派人转移了我和同伴。我们隐蔽的地点是德胜门的净土寺，那里很不起眼，当时是安全地带。冒着生命危险负责转移我们的是位女同志，叫陈鑫煜。她的掩护身份是德胜门小学的教师，真实身份是地下党员。因为转移及时，敌人扑了个空。回想起来真是后怕，哪怕晚半个小时，我和同伴就没有命了。

历史记住了 1949 年 1 月 31 日：北平解放，解放军和平进城。但其实，在那一天之前，有一些人员已经进入了北平开展工作。我和同伴跟着熊天荆大姐。她说，需要熟悉北平情况的人参加工作。我那个同伴比我大四五岁，叫王丽云，她虎头虎脑还会武术，因此组织安排她去侦查科，甄别敌我人员。熊大姐又征求我的意见。我说，我还小，还想继续上学。熊大姐说：上学好，毕业之后你找我来工作。先上学，你上好的大学，上我们自己最好的大学。就这样，也算是组织的安排，也是我自愿，我到了华北大学。

华北大学的学习生涯，是我人生中浓墨重彩的一页。这一页的起笔，在 1949 年 3 月 22 日，我入学华北大学。那一年的春天，正是我们刚刚从最黑暗的地方走向光明、走向胜利的时候。我仍然记得那时候校园里百花盛开，每天歌声不断。

当时我们一个班级 70 多人，班主任是李清岩老师。我们主要学革命的基本道理，吴玉章校长、成仿吾副校长都给我们讲，讲得深入浅出、入情入理。

筚路蓝缕开创的是事业的根基。那时候条件艰苦，要教室没有教室，要书本没有书本。于是我们就在天主教堂旁边的那种长条的小房子里，在地上铺上稻草，上面再铺上席子，又当课堂又当宿舍。日常讨论是围着几张大长桌子；听报告是露天，大家一起坐着硬马扎。学习没有书，就买笔记本。我和邵燕祥买一块颜料，拿水一沏作为墨水，再拿一根杆安个笔尖就做笔记。有一次去石家庄参观赶上下雨，回去一看，我兜里面的笔记本全化了。因为笔记本用的是草纸，着水就化，记的笔记也都化了。

学习生活紧凑而充实，在学校里并没有什么玩的时间，就是白天听报告、参观、学习，然后讨论，各个班之间互相交流。行军参观去过人民法院、铁路、机场、大兴沙场、炼焦厂。我们还去走访老乡。老乡们给我们讲地道战的故事，我们记在心里，写成报道发在校刊上。

冲在前线、战在前沿是大家的心之所向。那会儿，华北大学的校址设在河北省石家庄市正定县城。两三千学子随着解放军，从北平一直南下，解放一个地方就留下一个人接管，一直到海南岛。我们班有一个叫小徐的同学，就是在解放海南岛的战役中牺牲了。我们都报名了南下解放全中国，还有这样一首诗：

那时候没有车票，我们走北平的西站
那时候没有请柬，但我们就像赴胜利的欢宴
那会儿搭上车，我们讲是幸福的摇篮
车停了我们在铁轨上唱歌，车开了风驰电掣
那时候我们抛开旧日的一切，家庭和学校绝不留恋
一路向前，我们出发就不准备回环
那时候如果说到故乡，我们都认定自己家在江南
那会儿如果说是爱情，除了笼统的人民两个字以外谁也不失恋

基于组织安排，有二十几个同学临时被留下，没有南下，分配到北平工作，我就是其中之一。此后，我换上军装，开启了守卫香山大门的十五载军旅生涯。

回顾人大岁月，虽然短暂，但力重千钧。从感性到理性，从表面的一知半解到基本理论的掌握，我把革命的道理画在心里，记在脑中，融入自己的血液。后来，华北大学的学子们用自己的行动证明了华北大学教育的成功。我个人不算什么，有大批的学生都做出了很多贡献，我为这个学校感到骄傲。

◎ 携笔从戎担警卫，峥嵘岁月不等闲

从前在战火纷飞、硝烟弥漫的时代，知识分子参军叫“投笔从戎”。毛主席在写给著名作家丁玲的词中就这样写道：“昨日文小姐，今日武将军。”而到我们这里，革命已经基本上取得了胜利，是新中国成立的前夕了。我们不是“投笔”，是“带着笔”。一文一武，双管齐下：拿着笔杆子，也拿着枪杆子。

1949 年 6 月 4 日，我正式从华北大学毕业。毕业后不是马上分配，要经过严格的谈话、审查。和中央首长在一起工作，没有高度信任是不行的，没有绝对的忠诚是做不到的。华北大学八字校训“忠诚、团结、朴实、虚心”，第一就是“忠诚”。

经过半个月的严格考查，我被分配到中央警备团。那是 6 月 19 日，我到香山卧佛寺报到。当时党中央已从平山西柏坡转到北平香山。中央首长日夜繁忙，接待民主人士、“和谈代表”，筹划新中国建国大业。我所在的 15 连的任务是把守香山慈幼院大门以及负责里面一段的警卫。

有个成语叫教学相长，我深以为然。我在部队的岗位是文化教员，实际上我也是学生，我从战士们的身上学了很多东西。部队进北平以后，

点多、线长、面广。我夜以继日帮助战友们学习，鼓励战友们自己创造学习形式，有互助组、小调研、包教包学等，我们创造出来很多好形式，效果非常好。当年年终总结我被评为甲等模范，记三等功，后来又被全团评为“模范文化教员”。虽然这些荣誉记在了我的头上，但这其实都是大伙创造的，不是只靠我自己。战友们说，不能每个人都当模范，大伙一致推荐的你。

耳濡目染，不学以能。在中央首长跟前，我们受到熏陶感染，也获益匪浅。那个时候毛主席等首长都非常忙，夜以继日、废寝忘食地工作。夜间连以上干部要查岗，有时候查岗查到双清别墅，看电灯还亮着，毛主席还没有睡。战士们说朱老总和周副主席刚才来了，到主席那儿劝他，说凌晨3点了该休息了。主席说：你们不也没有休息吗？那时候是筹备建设新中国，主席日理万机。我虽然当时年岁小，但也想尽一切办法把战士的文化教好。中央警备团的战士都很不简单。

1949年10月1日，是中国历史上最辉煌的一天，也是我一生中最难忘的一天。我作为中央警备团的一名代表，光荣地参加了中华人民共和国开国大典的观礼和保卫工作。接到通知是在开国大典的前一天上午，指导员还嘱咐我，把新军装穿好，衣帽整洁，不带武器和其他任何东西。心情激动，情绪翻涌，当晚我久久不能入睡。

历史的指针指向那伟大的一天。10月1日当天上午，我和战友们整装集合。大约11时，刘辉山团长给我们开会，介绍了敌情和可能发生的问题，要求我们提高警惕，绝对保证天安门城楼主席台区、金水桥核心区的安全。15时许，在金水桥东侧，我和战友们见证了开国大典的盛况。那神圣庄严的时刻，那令人心潮澎湃的场面，至今仍历历在目。

开国大典结束后，我们又参加了晚上举行的焰火晚会。首都夜空火树银花争奇斗艳，各界群众随着悠扬的广播乐曲手拉手跳起舞来。很快我们也参加到群众当中，但责任为先、任务为重，我们注意观察，保持警惕，防止发生意外，直到凌晨3时左右撤离。

新中国成立初期，每年国庆都举行庆典，上级选定负责中央警卫工作的 28 个军官，负责核心区观礼台和天安门城楼上的安全保卫工作。1950 年至 1957 年，连续 8 年我都入选，以“验证军官”的身份在天安门观礼台进出口负责查验管理代表证件和礼仪服务。

有一个细节我记忆犹新。有一年，苏联英雄卓娅和舒拉的母亲，及英雄刘胡兰的母亲胡文秀一同出席观礼。看到我向她们敬礼，她们也深情地注视我，向我致意，并伸手握住了我的手。她们走之后我就掉了眼泪。我想，她们一定是想到自己的孩子要是健在的话，和我的年龄是相仿的。感慨不禁涌上心头：今天的胜利，真是无数先烈用自己的生命换来的，太不容易，要好好珍惜。

综观世界，很多国家都发生过领袖遇刺的事件，但我们没有。从井冈山到北京城，从战争环境到和平环境，我们的中央首长没有受过任何的损伤，这是了不起的。一方面，是我们的公安工作、保卫工作做得到位，作风过硬、措施有力。另一方面，是人民群众拥护中国共产党。人民群众是真正的铜墙铁壁，拥护中国共产党、热爱祖国。有这么好的老百姓，我们的安全工作是有保障的。

举几个例子来说说。1950 年国庆节前夕，以意大利人李安东和日本人山口隆一为首的特务分子，阴谋在国庆阅兵时炮击天安门。案件被我们的公安部门及时侦破。就在天安门城楼附近，现在的中国国家博物馆位置旁边，我们部队 9 连的同志和公安干警一起，缴获了 1 台迫击炮及标明架炮数量、里程距离、弧线角度的炮击示意图。1951 年国庆节前夕，公安部部长罗瑞卿收到敌人发来的匿名信——扬言要在国庆节那天把天安门的人海变成血海。罗瑞卿说，北平和平解放的时候还有 2 万多潜伏的特务，虽然陆续抓了一些，但现在还有 1 万多人，我们就借这个机会把他们抓干净。结果特务组织被连窝端掉。这些都足以体现出我们的公安工作做得太好了，对什么时间抓捕、具体如何行动都有安排。

人生在世，身份多维。不同的身份足以丰富人生阅历，也意味着更多的责任与使命。就在1950年，我的人生翻开了新篇章：1950年3月，我所在的中央警备团扩编为中央警卫师，《士兵报》改为铅印出版，毛主席还亲笔题写了报头。同时，我被调至师政治部，到《士兵报》当编辑兼记者。

警卫师的干部，不管做什么工作，都首先是一名警卫战士。有一次，毛主席警卫连的一个战士陪我到主席那边值调。怕打扰首长休息，我们都是靠边走的。没想到主席看到我们，就说小同志过来，然后他把手里的瓜分给我一半，跟我唠家常，问我是哪里的人、什么时候参的军。值调员介绍说这是我们的小记者，对我说每期《士兵报》都给主席看了。主席说，现在是小记者，将来就是大记者，你的小报办得不错，但是语法有一点问题，你们小孩子办报没有经验，我可是办报出身。主席把那些病句还有错别字、标点符号错误都一一改正。他还说，我看你这个小报办得很实在，文字上再多讲究一下，我派吕叔湘、范长江给你们上课。后来这些大家真的来给我们士兵上课了，给我们讲解怎么办好报纸。

兢兢业业地工作，也收获了实实在在的肯定。在1951年春举行的中央警卫师首届英模代表会议上，我被授予“全师特等模范”称号。奖状上写着：“杨志新同志，在保卫毛主席和中央的光荣岗位上，忠心耿耿，埋头苦干，成绩显著，被评为全师特等模范。”

有一句话说得好：生命里有了当兵的历史，一辈子都会感到珍贵。我对此亲身领受，深有体会。保卫新生中华人民共和国的经历，就是我一辈子的光荣和骄傲。

◎ 莫听穿林打叶声，犹忆妙手著文章

在特殊的年代被动荡的洪流裹挟，我也饱尝过走麦城的滋味。如今再回望向来萧瑟处，已是也无风雨也无晴。

1958年春，反右运动扩大化。那时候大学生数量很少，运动的风波

来袭，大学生难免被波及。当时开了一个三十多人参加的支部会，说我和长期共事的右派陈瑞全关系密切，说我对知识分子政策有攻击性言论。陈瑞全原是北大中共党员，是我在中央警卫师政治部的同事，我们长期共住一个宿舍。由于这种种“罪名”，我被补划为“右派分子”，开除党籍、军籍，下放到天津郊区农场劳动改造。在团泊洼经历了三年“大跃进”和三年困难时期后，我在 1961 年摘掉了“右派分子”帽子，又被发配到河北省承德地区。

从中央高层的身边到承德地区的边远塞外，处境可谓一落千丈。到那里后，我知道我们警卫战友有两三个人没有挺过来，有的人当时就自杀了，有的人是后来没有挺过来。那个地方叫二道河子，是制高点，承德最冷的地方。冬天特别长，经常是零下 40 多摄氏度，只要刮起白毛风，对面就看不见人。白毛风过去以后，顺着线杆子走，可以捡到很多麻雀。因为麻雀在白毛风中找不到路，撞到线杆子就撞死了，没撞死的被撞下来也就冻死了。

然而，“漂泊频年太坎坷，风霜历尽志难磨”。我利用在承德的机会体察民情，在群众中还做了很多有益的工作，比如尝试在塞外把大黄芩这样的野生药材和黄花菜、蕨菜之类的野生食材变成栽培的，以保护植被。所以我不但没有衰败，反而在那里锻炼得很坚强，寒风没有把我摧毁，身体也没有受什么损伤。我从来没有任何怨恨。我觉得自己经历的这些，是大家都想把国家建设好但没有经验造成的。中国建设社会主义的路子没有现成的样式可循，全是摸索着走。

共和国的功臣模范与反党反社会主义的“右派分子”，可谓有天渊之别；前后历经 18 年，确实也是年深日久。无论从生活上还是从心理上，非一般人所能承受。我靠着两条信念坚持了下来。其一，从内心深处，我对党对国家是忠诚的，即使是说了错话、做了错事，也没坏心，只是一时胡诌或糊涂。其二，我也相信党会给我改正，不会冤枉好人。

彻底改正以后，我又重整自己。组织上说国家经济困难，所欠工资就不补了。没关系，我要的是时间。我下定决心要为强国建设做出贡献，在为人民创造更多福祉上有所作为。我做了最大的努力，虽谈不上十全十美，但是尽心尽力、尽职尽责了。

1979 年，我离开部队转业到河北。当时有领导找我谈话，问我想不想去河北省政府办公厅工作。我这个人不会随大流，不会说好话。我说不当官，就当记者。就这样，我成了《建设日报》的一名记者。1984 年《中国食品报》创刊。当时，国家大力宣传不光要人民吃饱，更要吃好。河北省经贸委就计划建立省食品工业协会，我被抽调过去，一边筹办协会，一边组建《中国食品报》驻河北记者站，后又兼任《中国食品报》记者部主任。

“铁肩担道义，妙手著文章”是记者的职责，而我负责报道的领域又是食品，关乎人民健康和生命安全，来不得半点马虎。因为食品卫生不过关的相关问题，我曾经直接汇报到中央。当时秦皇岛的牛奶很缺，主要是供给病人、老人和儿童，但是卫生检疫不过关。也没有和秦皇岛市委书记、市长打招呼，我们就直接在报纸上刊登了出来。正赶上时任副总理田纪云到秦皇岛市，我直接找上了门，向田副总理汇报了这件事。我说，秦皇岛财政比较困难，一套检验设备拿下来也要 60 万元左右。田副总理说他来想办法，让财政部给予 100 万元经费支持。这个问题就此解决。秦皇岛市委书记、市长提出来，说以后杨记者到这儿来采访提前通知一下，我们接待，每年来度度假、休闲或是采访都挺好的。我说，我没有任务不能来，我是以工作为主；就算来也不能打扰你们，你们都是忙人。所以我这个记者和别人不一样，好多事我有自己的真知灼见。

在担任《中国食品报》驻河北记者站站长时，有一年，我收到了不少读者来信，反映当地牲畜肉检中存在问题，直接影响消费者的健康。我很快调查取证，采写的报道见诸报端后，引起强烈反响。中央电视台口播了这条新闻，新华社也转载了。没过多久，国务院下发文件，要求全国整顿肉检市场。

后来，我写作了《中国的食品工业与农业产业化》一文。该文获得当时河北省主管农业的省委副书记杨泽江赏识，后来推荐给河北农业大学夏亨熹校长。夏校长亲自致函邀请我到河北农业大学做学术讲演。讲演受到300多名师生的热烈欢迎与好评。当时有教授评价说，这是对我国农业和食品工业适应历史转变具有指导性的报告。

改革开放以来，发展食品工业的指导思想是：食品工业是农业的继续和延伸。而我则提出“以市场为导向，合理配置资源”，即根据广大人民的需求，组织生产，调整结构，深化供给侧结构性改革，不断满足人民群众对美好生活的期望，达到促进广大人民健康长寿的目的，这一看法得到中央有关领导的认可，影响了全国食品工业和农业指导方针的走向。

直至离休之后，我也没忘记自己是人民健康的忠诚卫士。2006年7月25日，我和河北省医科大学教授、博士生导师尹桂山共同发表了《河北省应尽快全面实施安全食品工程——兼谈食品安全的新动向和新对策》，可惜当时未获重视。不到两年，发生了“三鹿毒奶粉”事件，国产奶业因此几近崩溃，直到后来很久才恢复元气，并且打了翻身仗，不仅收回国内市场，而且走向世界。

我从十几岁出来读书学习、参加革命，最遗憾的是没有给父母尽孝。我父亲说，你给人民服务好了就是最大的孝道，为新中国立功、做好工作也是尽大孝了，你不遗憾。我想我这一生，是不负期望的，也是无怨无悔的。

◎ 赠人玫瑰手余香，一片丹心是平生

岁月任西东，一片丹心是平生。我这个小人物见过大人物，也经历过大世面，这一生给了我不少好的机会，我能活到现在还是比较幸运的。

我经过那么多的事，也受过苦受过难，我都能正确对待，而且一路披荆斩棘走了过来，主要是靠自己的心胸豁达、对党和国家的热爱。我们要相信党，相信自己。

我的一生没有做过坏事，而且救了三个陌生人的性命。我救人不求报答，就是心里面觉得见难相助是人的本分，人不能只为自己，在社会中就是应该互帮互助。

第一次救人还是在少年时代。在1945年的深秋，我救了八路军的一位姓王的连长。那时日本投降不久，法库县城突然就被1 000多人号称“中央军”的部队包围了，这实际上是一支杂牌武装部队。我和二弟稚春正准备送一些秋收的农具到距县城西15公里的满洲屯姥姥家，走着走着发现城门关了。这时候枪声响了起来。出也出不去，回也回不去，我们只好躲到公路下方的玉米地里。

不一会儿来了一个军官，就是王连长。他说，小同志，把那匹马给我牵下来。我一看他的马在远处，这时候子弹往来横飞，树叶震得哗哗往下掉。我看到旁边有一个小沟，就顺着上去了。在机枪手火力压制的配合下，我赶忙上去把马拉下来，牵回来交给王连长。王连长说，你赶快回城里的老家吧，我不送你，你也回不去。于是他就扶我上了马，一手提着手枪，一手牵着战马，后边警卫员帮我二弟扛着东西。这时街上除了八路军以外，无一个百姓。我父母正趴在墙头往西看，见我回家忙下来开门。王连长下令各部由南门突围，向调兵山、铁岭方向撤退。他们撤出不到一个小时，以王东初为头领的“中央军”千余人进入县城，要钱、要粮、要人，见猪抓猪，见鸡抓鸡，和土匪一样，百姓苦不堪言。

不到一个月，王连长随八路军115师山东大队打回法库县城，打跑了“杂牌军”。他特意找到我家告诉我父亲，说感谢这个小同志的救命之恩，要不是我及时把马牵回来，他没办法突围。他还说我要是当八路军，就把最好的手枪给我，要不给团长当秘书也行。父亲说我年纪太小，还要念书，就婉言谢绝了。王连长说他现在住县城里，家里有什么事需要帮忙的话，他一定尽力。后来他在县城待了不到半年，这支部队撤走，林彪的部队进驻。这是我救的第一个人。

从部队转业之后，我又陆续救了两个人。党的十一届三中全会之后，我被分配到承德丰宁满族自治县工作，在县供销社外贸科。快过年了，承德外贸局来了位同志，姓黄，我俩一起去调查山野菜、中草药等当地土特产的外贸出口情况。调查结束，我们骑车回去。结果骑出不远，就看见一个年轻人躺在地上。老黄说，走吧，一个死人你看他干啥，到县城得 90 多里，我们回去太晚的话天都黑了，晚饭都赶不上。我说，看样子还有气，我在部队学过急救法，你赶快去乡医院，让他们派人来。之后医院带着担架找到附近的老乡，一起把这个孩子接走了。

好在有惊无险。医生说多亏有人及时施救，不然再有半个小时人就冻死了。他原本是骑着毛驴去送年货，毛驴猛地一冲，他从毛驴屁股后面仰着摔下去了。摔到地上之后脑子就迷糊了，他只能躺在那里不能动弹。后来有人问他是怎么活过来的，他说是一个八路军把他救活的。我当时还穿着旧军装，他就把我说成了八路军。

我救的第三个人是个姑娘。1986 年，我乘石家庄开往北京的 98 次列车到北京报社办事兼送稿，列车刚出站就临时急刹车。车窗外有许多人一边跑一边说轧死人了。我一听，一着急就从火车窗口跳了下去，因为不是站台，下面较深，落地时感觉有点腰疼，但也顾不上了。那个姑娘是那天有一点发晕，路过铁道的时候绊倒了。火车刹车之后因为惯性又走了一段，就把姑娘的大腿压住了。我看姑娘一直流血，但还有生命迹象，连忙张罗救人。这时路过一辆三轮马车，我说停车，我是记者要救人。那时候我在围观的群众当中找谁帮忙呢？我一看有一位穿军装的同志，我就说，中尉同志你跟我走，一起救人。我们俩就把她抬到车上。中尉说他的自行车还没锁。我说，救人要紧，车子丢了，我赔你新的。

我们把伤者就近送到铁路医院，立即止血抢救，幸运的是救活了。她父母特别感谢医院，医院的医护人员说，别感谢我们，要不是那个同志送医及时，我们医术再高也救不活了，因为血流得太多了。她父母就问，救人的这个人哪儿去了。有人说，他拦车的时候拿出记者证说他是驻省记者。保定市委宣传部联系询问中央驻省的记者都有谁，这样才把我找到。

受伤的这个姑娘是保定棉纺厂的工人，叫戎新。保定棉纺工会主席、办公室主任找到我的办公室，送来了用整张大红纸写的感谢信，说代表厂子 8 000 多位职工感谢我，还送我一个雕刻精致的艺术品做纪念。当时我去出差了，就让省政府经委的同志代收了。后来《保定日报》以《人间自有真情在》为题发表通讯加社论，国家食协也向全国通报表扬这件事。

后来戎新被厂领导安排做办公室工作，安了假肢，能行走自如。她所在的工厂是我爱人所在单位省纺织厅（总公司）的下属单位，我有时也去看望她，把她当成自己的女儿对待。戎新结婚的时候请我去参加婚礼，我给她随了 1 000 元礼金，还送给她一条我从香港买的金项链。

成事不说，既往不咎；但行好事，莫问前程。我的人生观和价值观的形成，都有赖于华北大学为我打下的好基础。在我的生命中，华北大学至关重要。我现在已经 94 岁了。不论走到哪儿，任何时候我都是华北大学的学子。

现在办学条件好了，希望同学们好好利用，认真学习，不光是字面上的学，要学到心里。我希望大家将来都成为国家的栋梁之材，为实现中国的第二个百年奋斗目标做出自己的贡献。

我对我们的学校也有一些期望，建议多联系实际、多组织实践。我们那时是一边学习一边参观，在战争年代都是拿起武器参军打仗的。希望学生们在实践中历练，真正用知识武装头脑，用红色精神、革命精神学好功课，做好人，成为好的人才。现在一个国家能够强盛并且不断发展，主要靠人才，希望我们的中国人民大学培养出更多的优秀人才。

从华北大学到中国人民大学，革命精神传承得很好，现在是发扬光大了。传承不是在口头上，一定要把它融入自己的血液。人要有一颗善良的心，有为人民服务的精神。

杨志新自述，本次采访时间为2023年3月22日，由中国人民大学校友工作办公室、中国人民大学河北校友会负责采访、录音整理及文字编辑。

采写 / 李宣谊　朱石明　刘晓宇

刘范天

刘范天，1930 年生，湖南省汨罗市人。1954—1958 年就读于中国人民大学工业经济系。曾任河南省煤炭科学研究所副所长、郑州矿务局副局长、河南省煤炭厅加工利用环保处处长、煤炭工业部郑州设计院党委书记兼河南煤矿设计工程承包公司经理。

范天资质鲁钝，才疏识浅，无所作为。“回眸一笑”，绝无百媚可生。只用过来人的微笑，来回顾风雨兼程的往事。不留恋于破碎的旧梦，不沉迷于往日幸运的光环，不计较个人得失。以忠实的笔调，将几十年的概况展现在几十年来相知相近相习的朋友们面前，实为一大快事也，幸甚。

◎ 战火纷飞志更坚

我家世居湖南省湘阴县黄家塅塅里屋。1935 年 8 月下旬，我进入离家 1 里多路的鱼岩山初级小学读书，那时天真烂漫，无忧无虑。1937 年暑假，我随全家迁往离黄家塅 20 里之外外婆家，到序贤小学就读。序贤小学是我母亲的母校，著名的老革命家任弼时同志曾是她的同班同学。我们班的级任老师任培范，是徐特立当年在长沙师范时的学生，她讲徐老的故事最受学生欢迎。

1939 年 9 月中旬，学校刚开学不久，听说日军渡过岳阳的新墙河南犯。外公让我们到四五里路外的山冲里去避寇。我那时快满 9 岁，大人将大床上的蚊帐取下来，连帐竿一起卷成筒状，叫我扛着走。到了祖坟山脚下，忽然敌机来了，飞机的气流扫着竹林喳喳响，机翼上的国旗清楚得很。隆隆炮声昼夜不停，山上的野兽也很不安。记得满舅妈上山时经过一处两边陡壁的山沟时，突然一只受惊疾驰的老虎腾空越顶呼啸而过，人都吓瘫了。地处大路附近的黄家塅塅里屋老家，都被日军烧毁。最为惨绝的是日军对湘阴营田的烧杀，千余人被杀害，房屋烧尽。到 9 月底，听说日军被赶回到新墙河以北，我们才从山冲里回到外婆家。

1940 年冬，我小学毕业后，全家又搬回老家黄家塅。1941 年下学期，我考入长沙东乡福临铺附近的开物农校，距家有 30 里远，就在这个学期相继发生了湘北二次和三次会战。1941 年 9 月 17 日，日军强渡新墙河。父亲带领全家躲到 10 余里外的小水峒山上的周姓人家。到山上后，母亲给我们姐弟的夹袄里每人缝了一张一元的钞票和一小包牛皮纸包的食盐（约一两），告诉我们如果跑散了，万不得已时就可以用于暂时维持生活。这次日军侵入长沙后，后面的道路都被我方破坏，敌人被四面包围，遂于9月底败退到新墙河以北。学校于10月中旬恢复上课。

到了冬至前夜，天开始下雪。冬至那天，学校又传日军已过新墙河，急忙疏散学生。那时父亲不在家，家家都忙着上山躲避，母亲正着急，一见我赶回家，大喜，11岁的我成了主劳力。母亲让我挑着一些被子带着大姐、二弟、三弟，先行赶往小水峒周家，我再连夜赶回，第二天清早和母亲、二姐、小弟再一块儿上山。一过许家桥，就见逃难人群像排队似的前进。到了黄家墩大路上，逃难人群真是名副其实的一字长蛇阵。落了两天雪，经这么多人踩踏，满路泥浆，一步一滑。大姐是童痨（肺结核）久病之躯，视力微弱，经人一挤就站不住，时常被挤入路边水田中。两个弟弟也是常滑掉到水田里。我挑着行李，时常要抽出手来扶他们三人。第二天全家在山上会齐，一直避难到了1942年元月中旬，才听到日军败退的确切消息。青壮劳力多的家庭，陆续下山回家，我们也在做准备。可是，一同避难到小水峒的四叔祖父，病体不堪逃难之苦，不幸病逝在山上。这位前清举人，也即毛泽东在湖南第一师范时的教师，就这样带着对日寇残暴入侵、对国势衰颓的悲愤而去世。由于这次冰天雪地逃难的摧残，我16岁的大姐也在颠沛流离中病情加重，因家里根本无力负担昂贵的医药费，最终在下山的五个月后去世了。父母悲痛之余，为免再次受仓皇逃难之灾，并为儿女之求学计，思之再三，决定远迁安化蓝田。

当时长沙很多中学迁到蓝田，蓝田已成为湖南省战时的文化教育中心之一。我为了考入有名的长郡中学，把初中一年级的数学课本习题全做了一遍，天天读原来在家乡时父亲教过的英语；小学读过的古文，还加上几篇时文，也经常熟读、背诵。1943年春我顺利地考入长郡中学，在第82班就读。战乱家贫，子女众多的家庭要送孩子读书谈何容易。但我们的父母却是艰苦卓绝、坚定不移。为了维持一家的生计和让五个孩子读书求学，父亲辞去学校会计的职务，出外经营一些小本贩运生意。毕业于湖南长沙自治女子职业学校的母亲，裁剪缝纫技术高超，就在湘北难民中揽些缝纫活。几年间，我们姐弟五人都学会了卷烟、制盒、包装，我家形成了一个间断性的卷烟小作坊。到了 1944 年、1945 年，母亲还利用纺车纺细纱。细纱、布鞋、卷烟，都是由我拿到镇上雷总街一带的织机坊去卖。那里的织布工匠很多人都认得我。我们家就是这样一分一角地增加收入。这些都是靠母亲以超人的毅力和精力，没日没夜地操劳苦撑。记得有一次，家中已无隔宿之粮，母亲连夜做出一双大布鞋，我第二天拿到街上卖掉，买回几斤麦麸，以果全家之腹。正是有决心要培养儿女成才的好父母，领着我们在苦难中度过万般煎熬，不慕富贵，不畏艰苦，不怨天尤人，不松懈安逸，永远保持朝气蓬勃的上进精神，呕心沥血去实践“寒士苦读”。对于一个上无片瓦、下无寸土的七口赤贫之家，在日寇已侵占大半河山、处于水深火热的苦难岁月，仍矢志不移、排除万难，使儿女读书求学，这就是父亲、母亲的伟大精神和对儿女的最大爱心，是我们家族的宝贵财富！

在蓝田，城乡人家四季都烧煤。每天往蓝田四乡挑煤到镇上卖煤的队伍络绎于途，12 岁的我也加入其中。第一次去的煤窑，在新化县境内的山上，工棚里有几个火炉，棚子里挂满了带木提手的瓦罐，是矿工各自做饭和烧水的用具。工棚里间，黑咕隆咚，没有窗户，就是矿工的卧室，一个通铺上铺着稻草，摆着脏黑的铺盖卷。一些矿工从坑口挑煤上来，都是赤身露体，一丝不挂，一身煤黑，只看见眼睛在转动。我第一次见到这些人，吓了一跳。

我的挑煤生涯开始后，我家就不需要到外边去买煤了，有时还有人要买我挑的煤，最初我是在地面煤堆上装煤，以后又跟同伴到井下掌子面去背煤，一次可以省一两角钱。我和矿工一样，拿着七八根线香，背着自己的箩筐，扶着棚柱下井，爬行着上来。那时小煤窑有个规定，过春节初五前第一个去窑上挑煤的，可免费挑一担煤。1944 年春节，正是孩子们企盼和享受新衣新裤、爆竹烟花、糖果鱼肉之时。正月初二，我独自一人赶到30里外的小煤窑去挑第一担煤。因为近处已有人捷足先登，所以我跑到30里外，才赶上这第一挑。煤场任你装多少，我就装得比平常多，担子重多了，休息次数也多了。天已开始黑了，我还没有到家。母亲在家也着急了，烤了个糍粑，带着姐弟们，一块儿到周南女中操场边的松树林北山口来接我，很远我就听到了弟弟们的呼叫声，顿时加快脚步，赶到他们面前。我放下担子，接过小弟递上的糍粑。母亲要试着去担，我忙说，太重了您不要担。于是母亲和姐姐共抬一筐，往前走一段，再来抬另一筐。待吃完糍粑，又长了力气，我就接过担子挑回家。这一幕情景，深深地印在我童年的记忆中，也是我与煤结缘的开始。

◎ 天翻地覆慨而慷

抗战胜利后，我家也离开蓝田迁到长沙，我转入广益中学，暑假毕业。初中毕业后，因家庭经济无法维持，二姐和我都停学在家。母亲带着二姐租了个小门面开了一家缝纫店。我则跟随父亲挑着行李辗转于湘潭、湘乡、永丰、杨家滩、蓝田、邵阳、桃花坪、衡阳等地，一路上住最廉价的客栈，大部分时间挑着行李步行。两个月下来虽没做成什么生意，却使我领略了生活的种种艰辛。10月我投奔在江西乐化南浔铁路修复工程处的叔父，谋得一份测夫的小工工作。

1947年7月下旬，在湖南衡宜茶公路工程处耒阳工务段谋得工作的父亲，得知耒阳省立第二师范学校对学生免学膳费，遂来信让我速从江西回湖南，投考省立二师。南浔临别时，叔父嘱我要永远保持青年人的英气，他的教诲成为我一辈子的座右铭。停学务工的一年中，父亲对我的学习抓得很紧，对初中各科我都一遍遍地反复复习。英语、数学有两套习题，还有一套高中一年级的数学题，我都认真做好。工作、学习闲暇我在路基上练跑步，快慢自由随意，逐步养成长期跑步的习惯。

1947 年 8 月我考入省立二师。我这个 1940 年底就小学毕业、其间失学三年半、打过小工又来上学的新生，深感得之不易。我一方面刻苦学习，另一方面坚持每天早起外出跑步。1948 年英国伦敦奥运会之后，深感国人体育项目皆不如人，我遂发起成立了长虹运动队，一时间带动全校同学们锻炼身体的热情。而跑步自此也成为我一生的爱好。

1949 年北平和平解放后，湖南的和平迎解（迎接解放）运动风起云涌，长沙各校都成立和平迎解护校委员会，省立二师学生也积极参与，我被推选为委员。当时我父亲所在的衡宜茶公路工程处耒阳工务段也在积极迎解。1948 年以来，因物价飞涨，多个工程虽有拨款，却未能动工。父亲作为工务段的财务人员，每次都会把拨到款项当日就兑换成银圆存起来，有效地减少了通胀的影响。迎解前，最令他担心的就是这些银圆，最怕遭遇败兵溃退时抢劫。父亲就把银圆捆入旧棉絮包中，由我负责挑着这几件行李送到偏僻乡下，湖南解放后，再交给军代表。当时湖南公路全系统只有我父亲一人，不仅将全额经费保存完好，而且上交的还是没贬值的银圆 1 300 元，我父亲也因此受到了军代表和人民政府的表扬。

1950 年 8 月，我从省立二师毕业，先后在湘阴县十七完小和长沙城北一校任教。1951 年暑假，教师学习班结束后，城北一校黄校长通知我，到文教局找王崇武同志。王崇武同志说，组织上对我在两个小学的工作表现予以肯定，要派我到岳麓区岳云乡长茅岭小学担任校长。我以资历不够亟须提升教学水平相辞，而王崇武同志坚持必须我去。于是我就背着一个铺盖卷过河上岗了。学生们来看新校长，我就带领他们一道扫墙扫地，擦门窗桌椅，把教室、办公室和宿舍都打扫一番。四个女教师住在仅有的一间宿舍，我和另一个男教师就住在办公室。饭由四个女教师轮流做，我们和房东龙瑞林家共用一个厨房。煤和大米则由我利用假日到银盆岭采购挑回。随着学生增加，校舍不够用了，我们又向区文教局和市文教局汇报，拟将学校迁往附近周家大院，增加班级，向完全小学的方向发展。文教局同意我们的意见并拨款，用于增加课桌椅等设施。从 1952 年下学期开始，长茅岭小学就迁到周家大院办学。70 余年过去，世事多变，现在的长茅岭小学仍在这个校址。

1951 年秋，省立女师应届毕业生也有不少分到长沙市从事小学教育。欧阳曙也在其中，她被分到了石坝小学。由于同在远郊小学工作，都担负着岳四学区的社会工作，我和欧阳曙这两个同龄青年团员，在工作中共同研究、互相帮助、结伴同行、战胜困难，结成深厚的友谊。两校情况大为改观，欧阳曙也被任命为石坝小学校长。随后我们分别被调到长沙市直机关工作，1954 年又同时由长沙市委选送参加高考，同时被录取到中国人民大学学习，而结成终身伴侣。70 年来，我们共同经历轰轰烈烈的革命高潮和疾风暴雨。没有甜言蜜语，有的是一心为党的革命事业而共同奋斗、互助互励。长茅岭小学、石坝小学这一段生活，对我们两人都是极有意义的。

2021 年 10 月下旬，我在儿女陪同下，回到长沙探访 70 年前工作过的长茅岭小学。学校组织了隆重的欢迎仪式——欢迎 91 岁老校长“叙情往昔共话校史”。岳麓区教育局及当地观沙村和街道办事处的领导同志也前来参加，当年长茅岭小学所借用房舍的主人龙瑞林同志的儿子、现在年已 70 岁的龙浩然应邀来相会。可爱的少先队员为我系上红领巾，并献上鲜花。我站在升旗台前，回想 70 年前白手建校，看到处于全面小康伟大时代的长茅岭小学的崭新面貌，心中激荡着倜傥豪情，引起了连篇遐想，激动地向敬爱的老师和可爱的小朋友倾吐了我的心声。送别时，校长告诉我 2022 年长茅岭小学就要改称岳麓区第二小学了。我很庆幸此行能见证长茅岭小学 70 年的生命历程，而长茅岭小学也见证了我与老伴 70 年的情缘，我想老伴的在天之灵也会欣慰的。

1952 年 10 月 20 日，根据组织安排，我离开长沙小（学）教（育）系统，到长沙市公安局的防空科报到。防空科隶属公安局，正式名称是长沙市人民防空委员会，也就是现在的长沙市人防办。我的工作重点主要在宣传教育、专业学习、重点监督三方面。1954 年 5 月 29 日报载当年高等学校招生的消息时，特别提到党中央的决定：为了保证国家计划建设的需要，必须大量培养建设人才。中央决定，除了招收高中毕业生外，还要求各级党委选送一些年轻干部，参加高考继续深造。这个消息对市直机关青年人震动很大。在领导的关怀、鼓励下，我决心积极备考，争取学习机会，更好地为人民服务。于是我向组织写了报告，并保证在备考期间不影响工作，即使不能获准和录取，也要积极努力进步。1954 年 6 月下旬，长江流域洪水成灾，湖南已战胜了四次洪峰，但洪水仍不断上涨。6 月 29 日下午，市防汛指挥部紧急命令，增调市直机关干部上抗洪前线。我承担的是水上运输抗洪木材的守护任务。连续三天四夜，有任务就去跟木排到各抢险工地送料。洪水泱泱，夜幕沉沉，必须抖擞精神，在木排边来回巡看，防止木排被水冲散或碰到水下建筑物，不得稍有疏忽。回来后，就趁着扎排间隙，在岸边地上休息。7 月 3 日上午，第五次洪峰已被降服，我正在文艺区政府门外的石条凳上睡觉。三弟找到我报告好消息，说我已获市委批准参加高考。3 日中午，文艺区防汛指挥部正式通知我回单位。下午回到防空委员会，才知道长沙市这次批准的名额共 20 名，6 月 30 日已通知到所在单位。当时在市人事局工作的欧阳曙也在批准之列。

参加高考，首先要报名投考学校。亲友们也有不少建议，但当看到中国人民大学送到市直机关党委的招生简章时，我有了自己的决定。简章上写着：党需要有数量巨大的具有严格党性锻炼的经济工作者，来管理国民经济工作，来贯彻党的正确路线，以保证社会主义建设事业的胜利。于是我报考了中国人民大学工业经济系冶金专业。中国人民大学的考试日期是 7 月 10 日，只剩下五天复习时间了。我和欧阳曙在长沙天心阁的城墙洞里，头两天先把代数、几何、三角简要复习一遍，其他功课则是通了一遍大纲。7 月 13 日，中国人民大学考点公布了录取名单，第一个录取名字就是我的，我高兴极了！接下来，看到欧阳曙被录取到统计系，看完出来后，我还怕看错了，又进去看了一次，才放心回单位报喜讯。同事们衷心祝贺我和欧阳曙共同的幸福机遇。面对亲爱的同志们，我心潮澎湃：防空委员会是人民民主政权的保卫者，也是国防现代化的组成部分。调入两年来，我的业务水平由不懂到熟悉，与同事们由生疏到亲密，政治上由青年团员进步到共产党员。想到不久我们就要分开，一时间对故乡的衷情、对新境的向往一起涌上心头。我将用同事们的祝福来鞭策自己，在新的生活中努力学习，积极进步。不管大家身在何方，我们都将在社会主义建设的共同事业中遥相呼应、奋勇前进！

1954 年金秋，我和欧阳曙到中国人民大学报到。来北京前，长沙的朋友们都很羡慕地说，你可以见到伟大领袖毛主席了。20 世纪 50 年代，每逢五一、国庆都要在天安门举行庆祝大会，会后从东向西大游行。游行时，大会在天安门广场北部会设置一条“武警标兵线”。游行队伍前进时不能超越和挤压这条线。但游行队伍经过天安门前时，都会不由自主地往北边涌动，以求能更近距离看到城楼上的毛主席和中央其他领导。为稳妥起见，大会就在“武警标兵线”的南边再加一条“群众标兵线”。中国人民大学是距离天安门最近的一所大学，而且很多学生都是调干生。所以由中国人民大学抽调学生组成大会的“群众标兵线”。庆祝大会对所有入场队伍都规定了入场行走路线，要求担任群众标兵的人员早起，在所有入场队伍到达前就位。1954 年“国庆”是五年大庆，游行前还有检阅三军的程序。我们先在天安门东侧宫墙外等候，待到部队过后迅速到达群众标兵岗位。自 1954 年国庆到 1956 年五一，我共执行四次群众标兵任务，都是站在东金水桥地段，距主席台最近，任务也最重。城楼上，毛主席神采奕奕，高呼“人民万岁”；游行队伍热情高涨，高呼“毛主席万岁”。强大的人流向我们挤来，我们则含笑而坚定地请他们保持队形，不要再向北挤了。1956 年下半年，工业经济系从城内搬到西郊，标兵任务交给城内其他系，我们则成为游行队伍的一员。

1955 年，原来只在中小学推行的“三好”（学习好、身体好、工作好）活动在北京市高校推行。班党支部要求每个同学都制订争“三好”的计划，并鼓动各学习小组之间互相挑战。我个人的学期考试成绩，除第一个学期有两个 4 分以外，以后实现了全 5 分。在毕业时，我俄文已达到能看俄文煤炭杂志的水平。工作方面，我先后担任团支书、生活班长、学习班长，用心为班级服务，获得老师与同学们的肯定。身体方面，第一年就全面达到劳卫制二级优秀标准，同时，我利用自己的优势项目，在班里组织“抗美援越”长跑活动，按里程算，北京经昆明到河内有 3 700 千米之遥，全班平均每人要跑 130 千米。要求每人每周至少跑三次，每次跑千米以上。每次跑多少都在班里制订的大表上登记。能者多劳，鼓励多跑。系学生会非常支持这项活动；系里同届的越南留学生，看到我们在跑，也陪同一起跑。原来估计要跑到 1955 年底，结果大家都跑起来，有 10 人跑到 200 千米以上，到 1955 年 6 月就超额完成。通过这场长跑活动的锻炼，同学们的健康素质和体能水平大大提升，劳卫制的其他项目广泛开展起来，学习效果也显著提升。1956 年元月，我荣幸地被评选为优等生、“三好积极分子”。

学校文体活动也丰富多彩。欧阳曙入校不久，就因文字特长，被系里推荐到校广播站，担任整稿、审稿工作。这项工作对学习有影响，还和用餐时间有冲突，她以工作为重，坚持做好，连年受到表扬。但她热爱的是歌咏，也是大学生合唱团的积极分了。她参加的中国人民大学的一个小合唱，曾被作为世界大学生联合会祝贺节目，录了音像带给联合会。我则一直在校田径队，在 100 米和 200 米这两项上表现优异。离开学校后，没有了正规锻炼的机会，但我一直坚持晨跑习惯，直到古稀。

人大同学来校前，约有三分之一已经结婚成家。入校登记时，我和欧阳曙就已公开恋人关系，并商定婚期后延，专心求学。1954 届工业经济系的同学，第一个暑假就有几对同学相恋结婚；第二个暑假，我们班又有三对新婚。1956 年秋，家母来北京胞姊处小住，在各方亲友和同学们催促下，我们这对一见钟情、长期在一块儿工作和学习、相恋达七年之久的大龄青年，遂于1957年暑假8月11日在学校结婚。结婚地点在南三楼统计系的宿舍。统计系的同学专门整理出两间宿舍，一间举行婚礼，一间作为新房。欧阳曙在天津实习时，选购了一个美丽大方的被面，家母亲手为新儿媳缝制了新装，家母胞姊送了床上用品，同学们又帮忙采购了一些糖果，东西就算置办齐了。现场接待由统计系的同学担任，工业经济系的学友则负责布置会场和新房。他们写了好几副贺联张贴，其中一副备受来宾称许：

欧阳曙，婉转歌喉，招来如意夫婿。

刘范天，百米健将，追得美满婚姻。

我们毕业后分配到河南省直机关，经历了“大跃进”、经济调整、“文革”和改革开放的磨炼；或以矿为家，居家似寓；或是非颠倒、百般遭迫。无论何时何地、何种境遇，我们都做到了互敬互爱、互信互帮、互慰互勉、互让互谅，共同为当地事业努力奋斗，共同孝敬父母、教育子女健康成长，成为亲友们赞誉的佳偶。

1958年9月毕业后，一直秉承母校的人文精神和优良传统，我以“志于道，据于德，依于仁，游于艺”的古训作为座右铭，切实做到坚定信仰、忠于职守、联系群众、积极工作、艰苦朴素、廉洁奉公。2008年毕业五十年之际，曾填词一首寄同班学友，追忆那段美好的青春年华。

沁园春·人民大学毕业五十年赠同班学友

畿辅分飞，展翼图南，兹五十年。忆新华初奠，雄姿英发；兴邦报国，力搏红专。解甲归庠，辞衔就教，壁水寒窗苦索研。吾曹幸，跻一流学府，友益师贤。

沧桑点染增妍，信骇浪惊涛励浩然。对浮风“左”祸，守真务实；非凡兴改，奉献争前。指顾为民，经纶为国，穷达昇沉不易弦。

无愧怍，看芬芳白发，晚节弥坚。

◎ 此生何幸结煤缘

1954 年，我在工业经济系经过两年基础课程的学习后，系里传出重新分配专业的决定，我原所在的二班共十人被分配到了采煤一班。工业经济系祝毅强、杜岩两位教师，利用暑假，带领同学们到开滦林西矿去参观，了解现代煤炭工业发展情况，使大家增加感性知识，提高专业能力。此行真是让我眼界大开，思绪万千。从开滦回校后，我当即写了一首诗：

参观开滦林西矿

塔楼高耸接青云，丈二天轮运转勤。
竖井深延千米下，煤田开拓万町垠。
长街亮洁矿车疾，采面装新康拜驯。
学子归来心意定，从兹煤业献劳辛。

注：康拜指康拜因，即当时苏联制造的采煤机。

参观中，我怀着满腔热情去接触煤矿的各个方面，促使我坚定以煤为业的专业思想，决心踏实细致地学习好采煤技术学。开学后，我被党支部提名，当选为采煤一班学习班长。

1958 年 4 月开始的毕业实习，是由塞风教授带领我们到国家计委燃料局煤电处去实习的。在这里，可以了解到全国煤炭工业的现状及制订煤炭生产建设远景规划和年度计划的指导思想。恰逢 1958 年 5 月召开党的八大二次会议，计委可以不断听到李富春同志传达大会讯息。计委也组织了按总路线要求如何进行计划工作的大讨论，请塞风教授到大会发言。塞风教授发言那天，大会会场爆满。他从“一五”计划的伟大成绩谈到总路线的制定。他指出，我国社会主义建设的伟大成绩的取得，是因为党的正确领导充分调动了人民群众的积极性，所以进行计划工作的工作方法，应该是充分依靠群众。有了群众基础，就能充分调动群众的积极性，鼓足最大干劲，多快好省地完成社会主义经济建设任务。他的发言得到全场热烈的掌声，也成为我以后工作中的指导思想。

1958 年毕业分配时，湖南省无分配名额。而当时河南的“大跃进”形势走在全国前列，吸引着众多意气风发、斗志昂扬的青年学子，当年工业经济系共 17 名应届毕业生被分配到河南。由于 1957 年曾到平顶山实习过建井工程，我一心想从新井建设做起，随矿井投产再去熟悉生产过程的管理。1958 年 9 月 21 日，我到河南省煤炭管理局报到。河南省煤炭管理局的前身是设在武汉的中南煤炭工业管理局，1957 年迁来郑州，大区撤销后改为省煤炭管理局，下辖焦作、平顶山、鹤壁、义马、新密五个矿务局。我先在局办公室做简报编辑，一个月后调到生产技术处。到生产技术处后，我就跟万之俊主任工程师下矿井蹲点，逐步熟悉矿井、熟悉业务。万工，当年 39 岁，湖南桃源人，1943 年湖南大学矿冶系采矿专业毕业的高才生，当时已是国内采煤方面的专家，经常在煤炭技术杂志上发表文章。以后几十年，他一直是我敬重的老师。

1959 年 3 月省钢铁指挥部要求河南省煤炭管理局抽调干部，作为省钢铁指挥部特派员赴焦煤生产矿井督促生产。我就被以特派员身份派到豫西的宜洛矿务局。宜洛的陈儒局长见我是河南省煤炭管理局生产技术处的干部，就给我加了一个任务——帮助沈村矿这个新开的长壁工作面走上正规循环。这样我每天不但要了解矿务局情况并向省里汇报、传达省里的要求和指示，而且要对采煤工作面的自然条件，采区上下巷道、通风、运输等各个环节，采区各班工人情况都进行了解，与采区干部一起重新审订作业规程，因为我每天都要到该采面了解情况，和采区干部共同研究工作。由于我是特派员，执行的又是局长交代的任务，矿上的同志很配合。这个采面的生产进行得很顺利，我自己也完成了一次再实习作业。到了 1959 年 7 月，因为处机关人力不足，又给我加了观音堂煤矿的特派员任务。省经委副主任梁居高同志率领的钢铁指挥部检查组也对我在特派员岗位上的工作比较满意。

我自 1960 年起先后担任生产技术处调度室副主任和采煤科副科长，终年为推广采掘工作面正规循环作业、贯彻调整规划、参加安全大检查等任务在矿上蹲点调查，一般是五一、国庆、元旦、春节回机关汇报研究工作，真是“以矿为家，居家似寓”。

1964 年报上公布大庆油田的消息后，全国掀起“学大庆”的热潮。河南省煤炭管理局、各局矿都派人到大庆去学习，河南省煤炭管理局决定在鹤壁矿务局的罗村矿搞一个“学大庆”的试点。我当时是煤炭管理局生产处采煤科科长，被派到该矿二采区任支部书记兼区长，住在采区办公室，每天必须下井一到两次。赶不上循环下井，出现安全隐患下井，加上三班的班前会、班后会和矿上的调度会，每天睡眠最多五小时。只干了两个月，在罗村矿搞试点的局、处长们，都因面上工作忙而撤退。只保留我仍在采区任职。1964 年 5 月—1965 年 5 月，这个采区工程质量最好，完成任务最好，杜绝了工伤事故，几个原来的后进工人成了先进工人。

1958 年我从学校毕业时，就想到基层工作。直到五年多以后，才实现了这个愿望。学校的书本知识、基层的实践、贯彻八字方针的调研规划和实施及采煤队的实职工作，使我对煤矿有了比较全面的了解和认识。

十年“文革”，我也是伤痕累累：虽历经坎坷，朝批暮迫，然信心自足，良知未泯，深感患难忧虞之际，正是党性长进之时，应当始终有一种系于国家民族的忧患意识，始终怀着强烈的责任心，做一个合格的共产党员。

1969 年 11 月，我们全家下放插队落户，在好龙叶公的故乡叶县农村当了三年农民。长年在井下扒滚的人，受到田野的阳光雨露滋养，又成了一个好样的庄稼汉。1972 年 8 月，全省对下放插队三年的省直干部重新分配工作，在许昌市郊八里桥的关帝庙办学习班。我因河南省煤炭管理局造反派的阻挠而无人问津，于是毛遂自荐来到正在新建的舞钢下属矿山公司，担任矿山公司基建处副处长，干了七年露天铁矿的建设。

虽远离原单位，我仍被舞钢工区列为九个批判对象之一。1973 年舞钢缓建停工，留下大量未完工程，遍地的建筑材料任风雨侵蚀，数百名青年徒工无事可干。而从各地调来的数百名职工，仍住在临时“干打垒”的茅草工棚。我和长期从事土建工程的秦庆梅同志一道，自告奋勇组织以青年徒工为主要劳动力的土建施工队，将遗留工程量较少的厂房竣工，将对环境有严重威胁的工程妥善收尾，为职工建住宅十栋（约 2 万平方米），使因缓建而闲散的徒工有效力之处，使数百户职工有了新居。

1975 年 8 月 4 日—8 日暴雨成灾，石漫滩水库堤溃，相邻县区受灾群众都涌向舞钢工区。矿山公司是最前沿。土建队成为最有战斗力的抗洪抢险队伍，哪里需要劳动力排水和收集物资，就派土建队员去。灾后，土建队被评为全工区特等模范单位。粉碎“四人帮”后，我被任命为矿山公司副经理兼二铁矿党委书记。

1979 年 7 月 5 日清晨 5 点，我持调动工作的介绍信启程，离开舞钢下属矿山公司，重回一别十年的河南省煤炭管理局。途中我思绪万千，在漯河火车站候车时吟成《金镂曲》上阕，当晚续成下阕。

金镂曲·调回煤管局赴郑途中

笛叫催晨月，顾二山，如愁似怨黯然沉睡。几度兴师攻未克，又是机停炮歇，山野静，楼空人撤。虚度青春君莫说，痛亿万资财东流泻。蓦回首，从兹别。

无端十载生枝节。最难堪，斯文扫地，贤才湮没。归去来兮非溯旧，建设仍需专业。抚华发书生情迫。旧识经年多老化，再悬梁刺股添新页。前路远，快超越。

回局后，我到新建的省煤科所任副所长，分工负责建所工程和科研情报等。由于我主张贯彻煤炭工业部关于省级所建所方向的决定，和在建所工程中纠正主要负责人的瞎指挥，遂于1980年12月调离。此后四年，该主要负责人采取卑鄙手段制造假材料，对我主责的工程三查四审，搞得科研所乌烟瘴气，却查不到半点问题，反而获得各级纪检干部的客观评价：工程质量和造价在郑煤炭系统是最优秀的。我是一个受党教育三十多年，经过“文革”风暴考验的共产党员，在“文革”过后，怀着满腔热情回到煤炭系统，却遭到如此磨难。我相信党内忠于实事求是思想路线的同志居多。我虽位卑而思想坚定，能坚持自己的倔强，凌寒而不退缩，虽渺小而灿烂光明，始终如一地为社会主义建设事业而努力奋斗。

1980年12月，我到新密局任副局长，分工负责矿井调整和基本建设等。这时正是经济调整和发展改革同时起步，经过连续三年的努力，超额完成进尺计划，实现采掘平衡；三个煤量大大超过煤炭工业部标准。掘进“上纲要”队由4个上升到7个。王沟416队、王庄掘一队在全国煤巷掘进等级赛中，一直保持领先的高纪录。在全省统配煤矿举行的开拓掘进对抗赛中，王沟416队取得全省煤巷第一名，米村岩一队取得岩巷光爆第二名，米村岩三队取得岩巷锚喷第一名，回弹率降到4.3%，是当时全国的好成绩（部要求10%～15%）。现场管理与工人素质有了大大提升。新井建设的前期准备工作都逐项落实，大平、超化两个新井分别于1982年6月和1983年12月开工。与煤炭工业部签订“三包三保”建设的戈湾小井于1982年7月1日开工，于1983年11月提前两个月建成，概算略有盈余。

1983年9月，我调回省煤炭厅任加工利用环保处处长。业务范围是：煤炭洗选加工，煤和低热值燃料的综合利用；环保、节能、计量、全面质量管理以及煤矿的多种经营和集体经济；代厅管理热平衡测试站和洛阳煤炭综合利用研究所的业务工作。这些业务在生产型企业中长期被忽视，自1979年以来，国家经济管理部门提倡加强全面管理，使企业经济的发展建立在科学管理的基础上。煤矸石综合利用就是我处的一项重要工作。我们一方面报请省科委、计委、经委，以省政府的名义批发《关于煤矸石综合利用若干技术经济政策的报告》，从资金、税收奖励等方面规定了十项优惠政策；另一方面把降低成本、扭亏增盈作为综合利用企业能否生存下去的重大关键去抓，提高企业的管理水平。同时，有条件的单位发展煤矸石水泥的生产。1983 年全省煤矿 19 个煤矸石综合利用企业，总亏损额 41.5 万元；1984 年扭亏为平，微盈利 5.6 万元；1985 年全面实现盈利 104.7 万元，从而使煤矸石砖厂得到巩固。煤矸石水泥的生产能力也由年产 2.7 万吨发展为年产 20 万吨，同时也消灭了多处煤矸石山。

1986 年 10 月一纸调令，又将我送到当时的河南省煤矿设计院（以后改名为煤炭工业部郑州设计院），任党委书记。到这样一个知识分子集中而且获得全国优秀设计金奖荣誉的设计院来担任党委书记，如何做好工作是摆在我这个多年从事业务工作的党员面前的头等问题。党委的工作要跟上全党工作重点的转移，要使全员继续保持积极上进、再创新高的精神。中央提出“科学的春天”是向科学进军的号召，也是要求各级组织正确执行党的知识分子政策，发挥他们的积极性、创造性。党委书记就是要团结党委一班人，通过正确的政策和有效的措施，充分调动全院人员，特别是广大技术人员，用其所长，开拓进取，而不要习惯于按发展党员、选拔干部的思路去培养和使用知识分子。对知识分子的管理要适当宽松些，而不要求全责备。我的想法得到党委同志的支持。

不久，煤炭工业部对于设计院管理实施重大改革，即对新矿井设计任务实行招标，但在评标工作中，工作人员有偏袒部属院之嫌。我们在实践中总结经验，并从 1987 年起，就向煤炭工业部申请实行以设计为主体的工程总承包，并筹组煤炭系统第一家从设计到施工交钥匙的“河南煤矿设计工程承包公司”。1989 年我自告奋勇兼任承包公司经理。经过煤炭工业部（中国统配煤矿总公司）批准，第一批承包项目为永城矿区的中心居住区及矿区公路、铁路、桥梁等地面工程。在初步取得成效和经验后，经过 1990 年永城“全国煤炭基本建设管理改革座谈会”，1990 年 8 月河南煤炭管理局下达由承包公司编制《永城矿区车集矿井建设组织统筹规划设计任务书》的任务。车集矿井工程量大、工期长、综合性强、参与建设单位多，要采用网络计划和目标管理等先进的管理理论，使传统的经验管理上升为标准化、规范化、科学的项目管理，并逐步运用电子计算机技术；需要以建设项目为主体，对各单位之间、各工序和各项活动之间的错综复杂关系做出周密的统筹安排。在承包公司的共同努力下，1991 年元月我们完成了设计文件初稿，1991 年 3 月上旬举行预审，并听取有关专家的咨询意见，4 月定稿出版上报。该设计文件被煤炭工业部树为矿井总承包的标杆，这项工程也获得全国工程总承包银钥匙奖。

回首我毕业后的工作历程，除去“文革”时期的农村插队三年，冶金矿山七年，有整整 30 年的煤炭工业生涯。感激伟大的党，使我这样一个童年下土煤窑的煤黑仔，接受新中国的高等教育，成为一个合格的煤炭工业基层管理人员。社会主义建设事业对能源不断增长的需要，使兴煤事业获得了历史性机遇，也赋予我们煤炭人无比光荣的历史使命，让我能为新中国的社会主义建设事业贡献自己的热忱。无论是煤炭工业的生产、基建、加工利用三条战线，还是煤炭的多种经营和集体经济，我都有幸亲身实践；涉足煤管局机关、矿务局、科研所、设计院、工程承包、工程监理以及矿井采煤区队的职务；井下行程累计 2 万千米以上。大学期间，曾有同学自嘲是万金油干部，我却想说，作为煤炭工业的万金油，幸甚。

刘范天自述，本次采访时间为 2023 年 10 月，由中国人民大学校友工作办公室负责采访、录音整理及文字编辑。

宋明

宋明，女，1949 年 4 月—1954 年 8 月参加人民解放军陆军、志愿军、海军，1954 年 9 月—1958 年 7 月就读于中国人民大学工业经济系，1958 年 8 月—1982 年 3 月任安徽省化工厅、重工业厅科员、科长、副处长，1982 年 3 月—1984 年 11 月任安徽省计划委员会副主任，1984 年 12 月—1988 年 4 月任安徽省人民政府副省长，1988 年 5 月—1989 年 7 月任安徽省华皖集团董事长，1989 年 8 月—1990 年 8 月任安徽省经济发展研究中心主任，1990 年 9 月—1995 年 1 月任中国人民银行安徽省分行行长，1993 年 3 月—2002 年 3 月任安徽省政协副主席，1991 年 3 月—2000 年 11 月任安徽大学校董会两届董事长，1994 年 3 月—2004 年 3 月任安徽金汇教育基金两届理事长，1994 年 9 月—1998 年 9 月任安徽省证券委员会副主任，1988 年 9 月—2006 年 12 月任安徽省企业上市指导委员会副主任，2006 年 9 月—2011 年 11 月任安徽省工业经济联合会会长。

◎ 年少从军意志坚

我出生在安徽省安庆市的一个知识分子家庭。祖父自幼读书，后在清朝安庆府任职，1884 年跟随淮军将领刘铭传赴台，在其麾下任刑名师爷（政法事务的谋士）。父亲 1899 年出生于台北，5 岁上学，10 岁随祖父返回安庆。父亲毕业于安徽省师范学堂，1920 年赴法国勤工俭学，1926 年毕业于法国刚省大学，获硕士学位，后在法国都鲁士化工学院任讲师，1928 年回国，信奉“教育救国”，先后任南京中央大学讲师、安徽大学副教授，并在安庆市创办了第一所女子职业学校，自任校长。

1937 年抗日战争全面爆发，不久安庆沦陷，父亲带着一家人一路逃难，从武汉、宜昌直至四川，一路上苦不堪言，1938 年底到了重庆才总算安顿下来。父亲在四川教育学院（在磁器口）和中央大学（在沙坪坝）两处任教。抗战胜利后他回到安庆，在安徽大学（在安庆）任教授。1953 年初父亲因患脑溢血病逝。母亲生于 1902 年，受五四运动影响，成为当时的“新女性”。母亲毕业于同仁医院附属护士学校并留任医院护士，后又考入北京协和医院学习并任护士。她是位伟大的母亲，我父亲去世后，她独自挑起抚养儿女之责，坚韧不拔，含辛茹苦，立誓即使砸锅卖铁、背债借款也要将儿女培养成大学生。我们兄弟姐妹也很争气，六人的去向是两个北大、一个清华、一个人大、一个南航、一个华东政法。一位单身母亲抚养和培育了六个大学生，无论是在单位上还是在社会上都受到人们的称赞。

我出生于 1934 年 7 月 6 日，童年生活充满了苦难。3 岁时，我就随父母逃难，到了重庆后生活条件很艰苦，吃的是糙米，穿的是补丁衣服，蹬的是草鞋，烧的是拾来的柴火，点的是灯草油灯，调味品只有盐巴，洗衣的只有皂角。更有甚者，我们要躲警报，因为日军经常派飞机来轰炸。警报一拉响，人们就从四面八方奔向防空洞，洞里人挨人、人挤人，直到警报解除才能回家。在此期间，被炸死的人不计其数，特别是有一次炸弹落在一个防空洞口，将洞口炸塌，全洞人员几乎都丧生了。

在这样的艰苦条件下，父母还是要求我们努力读书。我从 5 岁开始上学，1939 年上小学，学校名为嘉陵小学。放学回来我要去劳动，如种菜、扒柴、洗衣。11 岁时，我考入国立第九中学，虽然生活艰苦，每日三餐两稀一干，每周能打一次“牙祭”，但是那里学习气氛很好，大家学习很认真。抗战胜利后，我回到安庆，随后进入安庆女中（住校）。我在学校学习很努力，由于成绩优异，小学、初中两次跳级，15 岁时已经读了高中二年级。

在女中，我开始接受进步思想，地下党员陈乐煊（在新中国成立后担任女中校长），是我的革命引路人。1949 年 4 月 21 日，安庆解放。在他的影响下，4 月 28 日我去参军了。我的军旅生活有三段经历：陆军、志愿军、海军。陆军是二野十军卅师，7 月开始进军解放大西南，行程 7 000 里，全是步行。开始时，每天行军 80 里，然后增加到 100 里。到湘西后，就是急行军，从日行 100 里逐步加到 160 里。因为国民党军队兵败如山倒，只顾逃命，大战不多，就是追赶，直到 12 月在成都进行了一次大战役。1950 年 6 月，朝鲜战争爆发，我国组织了志愿军入朝。1951 年 3 月，十军离开四川，奔赴前线，参加抗美援朝战争，保家卫国。当时，我们女同志训练抢救伤员、包扎伤口、人工呼吸等。1952 年 7 月，十军建制撤销，整编到海军。我被分配到中南海军，到达广州石榴岗后，领导看我已是高中二年级的学力，决定让我去当文化教员。我被分配到汕头巡防区，负责数学和物理的教学工作，每天备课、讲学、改作业，忙得不亦乐乎。

军旅生活对我的影响很大，尤其是在思想上：第一是让我树立了爱国主义思想，热爱祖国，热爱人民；第二是让我锻炼了吃苦耐劳的精神；第三是让我增强了组织纪律性，服从组织需要，严守党的纪律；第四是让我养成了批评和自我批评的好习惯。

◎ 结缘人大知识长

1953 年中期，上级决定让部队的女同志全部转业。我们有两条出路：一是直接转到地方工作，二是报考学校学习。多数同志都去工作了，因为工作就能拿到薪水，马上就有收入，要是考学校不但拿不到薪水，还要自己负担一部分费用。当组织问我的意愿时，我说我想去学习，想考大学，想考中国人民大学。

当时不是统考，而是各校自主招生。当时我国正开始第一个五年计划，特别是苏联援建的 156 项工程，更需要有技术、有专长的人才。经领导批准后，1954 年 6 月我离开汕头到广州进行紧张的文化课复习。幸运的是，两年的文化教员工作对我有很大帮助。1954 年 8 月，我们 22 人同赴武汉考区赶考，但只考中 2 人，我就是其中之一。我和彭志文接到被录取通知后，高兴得欢呼雀跃，大家向我们 2 人表示祝贺。

1954 年 9 月，我踏进了高等学府，立志要学好各类功课，做一个有用的建设人才。当时工业经济系地址在北京东四铁狮子胡同 1 号，是过去段祺瑞的执政府。一进门，一座高大的钟楼巍峨壮观。我记得在人民大学期间共学习了 26 门课程：大一、大二两年是基础课，如马列主义基础、哲学、政治经济学、联共（布）党史、中国革命史、古代史、近代史、中外经济史、数学、物理、化学、俄语等；大三、大四两年是专业课，如经济学、管理学、国民经济计划、工业经济、企业管理、会计、统计、财政、金融、劳动工资、工业技术学等。通过系统的学习，我打下了坚实的政治、经济理论基础。

诸位任课老师中让我印象最深刻的，有教政治经济学的宋涛老师、教工业经济的方甲老师和教企业管理的李占祥老师。

我在学校里学习很用功、很刻苦，而且接受知识很快，所以成绩不错，几乎每门课都是优（当时是五分制），4 年学习中只有两门课是良。寒暑假我很少回家，而是去参加一些社会实践活动。我在班上一直担任团支部书记，还担任学习委员、课代表、墙报组成员等。我参与的社会活动也很多，但我从不厌烦，反而感到很锻炼人，无非是少睡一点觉、少玩一点。回想起来，这些对后来的工作能力提升是有很大帮助的。

我们在学校时最兴奋的事，是每年国庆节参加天安门的游行，有三个学校（北大、清华和人大）受到特殊待遇。阅兵式结束后，由三校的同学先进场，列成九排，形成八个通道，每隔一米站一人。然后游行队伍进入，举标语，喊口号，在通道内向前走。游行队伍走完后是“欢呼”仪式，三校同学一起涌向金水桥，直到天安门城楼下，欢呼雀跃。城楼上的毛主席和其他国家领导人向下挥手、挥帽，十多分钟才结束。

在学校最悲伤的事是在 1957 年。这一年全国开展反右派运动，由于“左”的思潮，在大学生中也划右派。某人由于某一句话、某一条意见，就可能变成了“右派分子”，因此人人不敢言语。我们眼睁睁地看着一个好端端的同学，一下划成“右派分子”被流放了，20 多年后虽改正了，可青春年华也已一去不复返。

◎ 恪尽职守成就丰

1958 年，我大学毕业，那时正值“大跃进”运动开始，当年的大学毕业生被分配到各省份。我被分配到我的家乡安徽省。

从 1958 年到 1982 年，我在化工厅计财处工作，从科员干到副处长。1982 年国家实施干部制度改革，领导干部要按“四化”（即革命化、年轻化、知识化、专业化）要求配备，一场破格选拔干部的活动在全国展开。我很符合“四化”的要求：我是共产党员（革命化），当时我才40岁左右（年轻化），我是大学本科毕业（知识化），我学的是工业经济（专业化）。所以我一下子就被组织部门选中。不久，我从化工厅的副处长升任省计划委员会副主任。1984—1985年，省政府领导班子调整，我被中央批准作为副省长候选人，又经人民代表大会选举为安徽省人民政府副省长。我觉得我并不比别人强，而是机遇给了我，时势造就了我。但机遇总是给有准备的人。

在化工厅工作期间，值得一提的有两件事：一是每个五年计划都有重点。我参与长远规划的编制工作，从“二五”到“六五”，每次均能根据不同的时期提出不同的主攻方向，供领导决策。1980年，省计委主任让我到计委，在会议室向处以上干部介绍长远规划编制工作的经验。二是领导全省小氮肥三年扭亏增盈。1977年至1979年，全省68个小氮肥企业经营亏损已达亿元。我经过认真调研分析，提出了《扭亏增盈包干与技术改造并举》方案。方案报经省政府批准后组织实施，效果良好：第一年盈亏相抵，摘掉行业亏损帽子；第二年多数企业盈利，行业净盈588万元；第三年所有企业盈利，行业净盈1 419万元。三年产量增加33%，能耗下降20%，成本下降15%。这项工作成绩显著，受到省政府领导的重视，要我在全省计划工作会议上做典型发言，供各方借鉴。

我在省计划委员会工作期间，值得一提的有几件事：

第一件事是加快发展县级（域）经济。1983年，在担任省计划委员会副主任期间，我提出要加快县级（域）经济发展的方针，不仅有重大的现实意义，也具有重要的战略意义。首先，我分析了发展县级（域）经济的重要性。县是提供粮食和农产品的基地，同时又是工业品销售的广大市场。要使农民富起来、县级（域）财政发展起来，必须大力发展县级（域）经济。当时全省70个县中只有10个县的财政收支平衡，60个县“吃补贴饭”。县级（域）经济上不去，全省也难以发展。其次，关于具体的县级（域）经济发展的内容，我提出：一要发展多种经营，二要大力发展乡镇工业，三要疏通流通渠道和加强产前、产后服务，四要抓好小集镇建设，五要发展教育事业，六要搞好规划工作，七要实行经济责任制。发展县级（域）经济主要依靠自身的力量，省里适当予以支持，省直厅局与对口县签订帮扶合同。1984 年 4 月到 5 月，我率组赴第一批 10 个试点县逐个了解情况，帮助制定规划、选择项目、加强领导，先后落实了 80 多个建设项目。1984 年 1 月我在全省农村工作会议上做了报告，4 月在《安徽计划经济研究》上发表了文章，《安徽日报》1984 年 4 月在头版刊登了我的文章。在 1983 年就提出发展县级（域）经济，在全国应该还是比较超前的，第一批试点的 10 个县成效也不错，可惜后来由于情况复杂，实践还是比较落后。

第二件事是为重点建设工程的征地拆迁工作创出新路。1983 年，我担任省重点建设工程办公室主任，当时征地拆迁工作难度较大，经常延误时间，重点工程迟迟不能按期开工。在副省长苏桦同志的带领下，省计委牵头组织六委厅多次赴重点工程所在地进行现场办公，制定了一套征地拆迁、农民安置、兴办工商业、小集镇建设相结合的办法，由区长负责执行。其主要内容包括提高认识、政府负责、农民安置、优先招工、小集镇建设等方面。这一整套的办法实施后，安徽省重点工程的征地拆迁工作进度大大加快，也使小集镇的建设进度大大加快，其效益至今仍有所见。

第三件事是提出“抓住三个环节、实现三个突破”的战略。1984 年，在认真分析省情和借鉴先进省、市建设经验基础上，我提出在今后若干年内“抓住三个环节、实现三个突破”的战略：一是抓住重点建设，在解决国民经济发展瓶颈和建设开发性事业上有所突破；二是抓住现有企业的技术改造，在技术进步上有所突破；三是抓住县级（域）经济的发展，在农村商品生产和商品交换上有所突破。我应邀在省委党校讲了课，在有关会议上做了报告。我的报告受到省领导的重视，省领导在全省宏观决策、社会发展计划安排中予以了充分考虑。《安徽日报》也全文刊登了这个报告。

第四件事是提出“三区一中心”的区域发展战略。1984 年在国家计委召开的武汉会议上，我提出了“三区一中心”的区域发展战略：合肥是中心，皖北为农业和农副产品加工区，皖东和长江一带为主要工业区，皖南主要为旅游区。这一战略也得到国家计委的肯定。

在省政府工作期间，值得一提的几件事是：

第一件事是为市长、专员讲授商品经济、价值规律与经济杠杆课程。1985 年 5 月，考虑到多数市长、专员对市场经济还比较陌生，省政府决定召开经济发展研讨会，由两位副省长亲自讲课。我讲的是商品经济、价值规律与经济杠杆，主要内容有商品生产与商品经济、价值规律与国家干预、价格改革与循序渐进、经济杠杆与调节经济等几个方面。我力求以通俗的讲法把道理讲清楚，所以大家对我的讲授的反映是：“深入浅出、结合实际、易懂易行”。

第二件事是在供销社系统开展“两清”活动甩包袱。1985 年 8 月，三个“包袱”问题日益沉重，严重影响供销社的业务经营活动。为此我率队赴阜阳、巢湖、宿县、六安等地深入调查，发现许多有问题的供销社年年报盈余，年年发奖金，问题却年年不处理，有 70% ～ 80% 的供销社实际已经成为资不抵债的“空壳社”。我感到问题的严重性，两次召集供销、银行、税务、财政部门的负责人开展会议，共商对策，决定开展“两清”活动，清库存商品、清资产亏空，对清理出的问题分门别类，区别处理。我主持制定了五条决定，以省政府文件形式下发，雷厉风行地推进。经过两年的努力，包袱问题顺利解决，供销社系统翻了身，1987 年不仅没亏损，还盈利 1.14 亿元。据反映，如此效果在全国供销社系统内是绝无仅有的，因此受到供销合作总社好评。

第三件事是深化商业体制改革，进一步搞活商品流通。1986 年，为深化流通体制改革，我组织省市有关部门开展调查研究，开会分析，提出办法，最终研究制定了“进一步搞活商品流通的十二项规定”。上述规定报省委以文件形式发出，并在《安徽日报》全文发表，经组织落实，贯彻执行，反响很大，被一致认为是最为有效的指导性文件。商业厅厅长凌霖同志说，这在全国商业厅长会上也反响不小。

第四件事是力主农产品价格改革，促进农村经济发展。农产品价格存在的问题有三：一是价格偏低，工农业产品价格剪刀差大；二是同类商品的质量差价没有拉开，加工优质商品不合算；三是主要农产品购销价格倒挂，销价低于购价。为此国家财政负担也越来越重。1983 年安徽省财政对价格的补贴金额达 10 亿元之多，因此必须进行农产品价格改革。1985 年开始，先是蔬菜和肉类，后是粮油。国家对粮食购销的政策是哪个省完成统购任务后就可放开议价。我觉得全省有 70 个县，等到全部完成才放开，不利于调动各县的积极性，因此提出将范围缩小，以县为单位。有人担心上级追责，我说若上面要追究，我来承担责任。政策实施以后效果良好，1987 年田纪云副总理来皖视察时，我向他汇报，不仅未受批评，还得到他的表扬，说我有创造性，敢负责任。

从 1990 年到 1995 年，我任中国人民银行安徽省分行行长。其间值得一提的是：

一是鼓励储蓄造舆论。1990 年上半年围绕市场疲软，有不少人对储蓄的迅猛增长发表议论，说储蓄增长对市场疲软有所影响，储蓄是“笼中虎”，一旦出笼将会把市场抢购一空。“笼中虎”论喧嚣一时，影响到银行对储蓄的顾虑。为此，我多次在一些研讨会上发表自己的看法。我认为随着居民收入的提高和社会信用化程度的提高，货币意识与金融意识逐步进入居民的头脑，储蓄的性质开始发生质变，它已不再是消费的余额的积攒，不再是“结余购买力”，而是一种资产保值和获取利息的金融行为，是一种“金融资产”。我的观点 1990 年 11 月 24 日在《经济日报》上作为周末论文发表，题为《迅速增长的储蓄是笼中虎吗？》，在全国产生一定影响，对当时和后来继续实施鼓励储蓄的政策起了重要的、有影响的舆论作用。

二是树立“金融工作大经济观点”。1990 年我在深入地市、县进行调研后，发现有些从事金融工作的同志的观念跟不上经济体制不断改革的形势，对经济了解不够、研究不多。我强调现在社会扩大再生产的积累模式已从财政主导型转变为金融主导型，不能停留在过去的层次上论银行、谈业务，要了解经济、引导企业，同时也强调经济部门与企业对金融与财政的区别要认清，不能把银行当财政，把贷款视为拨款。对此，我提出银行要克服单纯银行业务思维，经济部门要克服缺乏金融意识，要正确把握金融与经济的关系，要树立“金融工作大经济观点”。这个观点受到省内金融、经济界和各有关领导层的赞同，认为其对推进安徽省经济、金融理论的研究，提高金融工作政策水平，有重要指导作用。这个观点在《安徽金融研究》《安徽决策参考》《安徽经济报》等报刊上以不同标题刊登，同时也得到总行童赠银副行长的重视，在一次总行的会议中，他专门找我询问。

三是抗洪救灾受盛赞。1991 年夏，安徽遭受特大洪涝灾害，元气大伤。面对严峻形势，我提出要增强忧患意识、机遇意识和领导意识。金融系统要做出“快速反应”的对策，把抗洪救灾作为当前压倒一切的中心任务，召开一系列金融系统会议，统一认识、协调部署、督促检查。我多次赴京向总行汇报情况，争取资金和政策的支持。全省金融系统全力支持抗洪救灾，对恢复生产起了重大作用，取得良好成效，多次受到省领导和灾区人民的赞扬。年底省政府为金融系统开了庆功大会。

四是“实行七个结合，推动金融改革”。1992 年 10 月，党的十四大报告提出我国经济体制改革的目标是建立社会主义市场经济体制。金融系统怎么办？我认为必须加快金融改革的步伐，积极培育和大力发展金融市场，努力向着符合市场经济规律、更加接近国际惯例的方向发展。今后一段时期应加快步伐，“实行七个结合，推动金融改革”。“七个结合”具体为：直接调控与间接调控结合、传统业务与新兴业务结合、经营性业务与服务性业务结合、计划金融与市场金融结合、国内业务与国际业务结合、巩固现有机构与建立新型机构结合、适应性服务与超前准备结合。相关文章刊登在《中国金融》上，并入选科学出版社出版的《中国"八五"科学技术成果选》一书。

五是大手笔调整信贷结构。我提出新增贷款的分配要"破除基数法，突出重点，兼顾一般"，根据安徽省的实际，调整投向是"两个重点两条线，一个窗口十个县"。经讨论后形成决定，各行都去调整。

六是雷厉风行搞整顿。1993 年上半年全国宏观经济环境紧绷，金融局势严峻和金融秩序混乱的问题明显地暴露出来。严峻的金融局势突出表现在：货币投放过多、银行存贷款增长额下降、外汇收支出现逆差。混乱的金融秩序突出表现在：违章拆借资金、非法集资、滥设金融机构。为此，中共中央、国务院发布了《关于当前经济情况和加强宏观调控的意见》。7 月下旬朱镕基副总理在南京主持召开苏浙皖三省负责同志参加的会议，强调解决资金紧张问题要堵邪门、开正路，提出八条措施。

对此，我召开了"认清严峻局势，整顿金融秩序，承担光荣使命，做好金融工作"的动员大会。经过几个月的努力，到年末取得了显著效果。12 月 19 日朱镕基副总理来安徽省检查工作，我向他做了汇报——全部完成任务，没有辜负他的期望。年末省政府为金融系统召开了千人的庆功大会，授予了奖状，颁发了奖金。

七是精心组织金融体制改革。1994 年金融体制改革的步伐较大，其目标是建立三个体系：执行货币政策的中央银行宏观调控体系；政策性金融与商业性金融分离，以国有商业银行为主体、多种金融机构并存的金融组织体系；统一开放、有序竞争、严格管理的金融市场体系。根据国家的改革方案，结合本省实际，我提出了安徽省的改革方案：其一，积极争取设立政策性银行省级分行，将能够靠上政策性银行业务范围的尽量划进去。其二，各国有商业银行向各自总行既要申请限额，又要申请资金。其三，努力创造条件试办城市合作银行和农村合作银行。其四，对非银行金融机构从严控制数量，着重在规模和质量上进一步提高。其五，加快发展保险，特别是要加速社会保险的发展，引进保险市场竞争机制，逐步健全和完善保险体系，开展商业保险和再保险业务，建立存款保险基金制度。

八是发展证券市场，促进企业上市。1990 年底上海证券交易所成立，拉开了我国证券市场的序幕，我和金管处处长参加了交易所开业庆典，心情十分振奋，这是我国迈进市场经济的重要一步。回来后我们着手筹备组建证券机构。1991 年 5 月安徽省证券公司成立了，1995 年 5 月证券公司与人行脱钩并改制为股份制企业，我（已从人行退下来）担任第一届董事长。当时社会上对“证券”还非常陌生，我根据学到的知识现学现卖，编写了一份证券知识讲稿，到各市巡回演讲。为推动证券市场发展，促进企业上市，省政府成立了证券委员会，汪洋副省长任主任，我和刘永年任副主任，下设办公室。从 1996 年到 2006 年，我主要从事调研与指导企业上市的工作，如企业改制、资产剥离、效益测算、资金投向、潜在风险、项目准备、前景展望等。

九是建立金汇教育基金。1992 年开始筹备，筹集了 2 000 多万元，经民政厅登记，于 1994 年 4 月正式成立金汇教育基金。我从 1994 年至 2004 年担任两届基金会的理事长，喻成樸、柏守逊等担任副理事长。基金会的宗旨是：扶持贫困地区和革命老区基础教育，改善中小学办学条件，建设金汇教学楼；在两所高校即安徽大学和安徽农业大学建立金汇奖学金，帮助贫困学子完成学业。基金会内建有严格的管理制度，制度规范，按章办事，深受社会好评。1991 年安徽大学成立校董会，这是一个动员和组织社会力量支持安大建设的组织。我担任了两届董事长，每年都组织若干企业赞助安大的建设项目，从硬件建设到创造条件进入 211 行列，尽了一定的力量。

◎“六要”箴言益终身

我的人生心得和感悟可以归纳成六句话：学习要刻苦，做事要用心，能力要历练，待人要宽厚，作风要民主，信仰要坚定。

学习要刻苦。人不是生而知之，而是学而知之。做学生时要学习，工作后要学习，换岗位要学习，老了还是要学习。一是要认真读书。我多次更换工作岗位，有人问我为什么能干一行懂一行，我说我是干一行学一行，每天临睡前一至两个小时我都坚持认真地读书。二是向别人学习，听别人的意见，向别人学习。三是从实践中学习，工作完成后要反思和总结提高。

做事要用心。用心不用心是决然不一样的。比如小氮肥的三年包干、扭亏增盈，以县为单位放开的粮食购销政策，征地拆迁的一套办法，抗洪救灾中金融的效力，大力整顿金融秩序，等等，都是用心做事的结果。

能力要历练。用自己的知识去实践就得靠能力。能力不是生来就有的，而是靠历练出来的。要历练哪些能力？应该包括分析能力、表达能力、处理能力和协调能力。首先分析清楚事情的原委，然后要表达出来，使大家能够明白，再提出处理的方案，最后还要协调各方共同努力，把事情办好。

待人要宽厚。一是要包容，人都是不一样的，不能强求一致，要多看别人的优点，以别人的优点比自己的缺点，不要以自己的优点去比别人的缺点；二是要允许别人犯错误，犯了错误能改正就好；三是对曾经伤害过自己的人，不要斤斤计较，而要以德报怨，以情感化。

作风要民主。俗话说，三个臭皮匠，顶个诸葛亮。要集中大家的智慧，听取大家的意见。我们党的根本组织原则就是民主集中制，所以不能够自己一人说了算，要听取大家的意见。

信仰要坚定。共产党员的信仰不可动摇，自己的入党宣誓不能忘。要看到我们揭露的贪污腐化分子只是少数，党有自己清党的魄力与能力。

我多次讲，人民大学是我的母校、我的根。我的很多工作进展，都跟人民大学给我的教育分不开。有人问我，转了这么多行当，你怎么都能很快上手？我就告诉他，这个就是人民大学教我的。人民大学教了我最基础的理论，教了我思维的方式，我觉得我后来所有的工作都得益于在这四年里学到的东西。

首先，人民大学比较注重基础理论的学习，这个非常重要。比如我们学马列主义基础，这就坚定了我们的信仰。为什么我们的信仰一直很坚定？我觉得就得益于它。又比如我们当时学的经济学、管理学，对后来管理一个部门、管理一个企业都是非常有益处的。其次，在学校学习的理论深度非常重要。基础理论扎得深，就能触类旁通，容易接受新的知识，就能够像孔夫子讲的“温故而知新”。有的人说学哲学会走火入魔，我说我学哲学不感到入魔，我觉得哲学教了我一些思维的方式。我们当时学辩证唯物主义、历史唯物主义，还有自然辩证法。好多问题都要辩证地看、历史地看。这段历史过去以后你就要往前进，进而创造新的历史。这些都是哲学教给我的思维的方式，我觉得这些都是很不错的。

人民大学是中国共产党创办的第一所新型正规大学，是以人文社会科学为主的大学。我希望人民大学不忘“为党育人、为国育才”的光荣使命，培养出更多栋梁人才。希望母校成为“最懂中国管理的一流大学”，并为世界所公认。

对于青年人，我想引用毛主席的话：“世界是你们的，也是我们的，但是归根结底是你们的。”“你们青年人朝气蓬勃，正在兴旺时期，好像早晨八、九点钟的太阳。希望寄托在你们身上。”我觉得这是送给同学们最好的话。习近平总书记也讲，“青年兴则国家兴，青年强则国家强”。我觉得人大的校友应该是博学多识、德才兼备的人，有坚定的信仰，努力工作，有奉献精神。所以我想对人大的学弟学妹说：社会主义的大厦，有梁有柱，有墙有顶，要砖瓦，要砂石，要木匠，要石匠。你们要将自己的职业生涯规划好，一步一步脚踏实地做实，千万不能浮躁，不能急功近利。我发现现在有些年轻人有点浮躁，有点急于求成，在这一点上，我希望大家在学校的时候就端正思想，在每个岗位上都不要忘记自己曾经是人民大学培养出来的学子，要为我们的母校增光，要争取让母校以我们为荣！

宋明自述，本次采访时间为2022年6月，由中国人民大学校友工作办公室负责采访、录音整理及文字编辑。

扈伦

扈伦，广西桂林人。1956—1960年就读于中国人民大学计划统计系国民经济计划专业。毕业后分配到贵州省计划委员会工作，直至1996年退休。在省计委先后任副处长、处长、总经济师。曾兼任贵州省国际工程咨询公司经理、贵州省工程咨询协会会长。

◎ 为一生积淀知识

我是广西桂林人，出生于 1934 年 9 月 22 日，今年 88 岁了。1942 年抗战的时候，我们家逃难到了贵州。1943 年我在贵州的安顺市读了一年小学，后来又在贵阳读了一年。1945 年日本投降，我们就回到了广西。我的父亲在广西梧州市的广西银行工作，他是复旦大学毕业的大学生，后来在广西银行当了梧州分行的经理。由于他自己是知识分子，所以也一定要我好好读书，我的初高中都是在梧州市就读的。

1949 年，梧州市解放了，我也高中毕业了。第二年我到了广西有色金属管理局干部学校学习。1951 年，我在学校的学习结束，被分配到了广西平桂矿务局工作。工作五年后，也就是 1956 年时，领导跟我说人民大学分配了一个调干生的名额给有色局，并询问我是否愿意去人大学习。由于当时我完全符合条件，也非常愿意去人大学习，经过报考以后就到了人大，学的是计划统计系国民经济计划专业。

1956 年到 1960 年，学校中运动比较多。1957 年学校进行了一年的反右派运动，后来又搞大炼钢铁，所以真正学习的时间只有 1958 年、1959 年这两年多一点。

人大让我记忆最深刻的一位老师是原来计划统计系的系主任，后来担任了副校长的李震中老师，他原来的名字叫薛政修。当时我们上大学一年级，他针对我们将来四年的学习规划给我们开了一个清单，列出了几十门课程，包括化学、机械工业、冶金工业、农业、财务、会计等。但是同学们看了之后对课程并不满意，认为我们应该培养又红又专的学生，老师列的清单像一个大杂烩，学生要学的东西纷繁复杂，所以大家认为它不够红、不够专。那时候正在进行反右运动，很多同学还写了大字报对他发表意见。后来，他给我们全系做了一次报告，详细解释了学计划为什么要学那么多专业知识，他说只有学好这些东西将来才能够适应工作需要。刚开始，我也和大家一样，觉得学这些没有用，但他的这个报告给我的印象很深，极大地转变了我的思想，所以我后来非常认真地跟着他学。而事实也证明了他所说的是完全正确的，因为后来我在工作中处处都用上了我在学校学到的东西。所以我也一直保持着对李震中老师的关注，看了他写的一些关于计划经济学的书和其他很多文章。所以说，人大的这段学习经历对我的一生非常有用，我靠在人大学的专业知识解决了一辈子的工作问题。

人大还有一位让我印象深刻的同学，是我们二班的班长兼党支部书记项竞泉。他毕业以后被分到国家计委工作，现在还住在人大，因为他的爱人是人大附中的老师。从 1960 年我们毕业之后，他每年春节都会给我们全班 26 个同学一人写一封信，介绍大家出去以后在各个岗位上的工作情况，互相交流。这些年有了智能手机以后，他建了一个老同学微信群，把我们班上会用手机的同志都拉到群里。原来只有我们班的 6 个人在群里，年纪最大的现在已经 92 岁了，最小的也有 82 岁了。现在他把这个群扩大到了年级四个班的群，群里有 19 个同志了。我们每天在群里互相交流情况，大家有些什么有趣的内容都发上来，有唱歌的、跳舞的，还有一些评论、关于母校人大的信息，等等。在我们心里，他从前是班长，后来也一直是班长。多亏了他，大家几十年来还保持着联系，延续着同窗情谊，实属不易。

刚进入大学的时候我并不了解我们国民经济计划专业，但由于我对经济方面很感兴趣，学习也认真踏实，在人大的这四年，我的考试成绩全部是优等。我非常喜欢人大的课程，对我来说非常有帮助，尤其是接触工作之后，我更加深刻地体会到了人大培养的内容对我非常有用。

◎ 为国家规划蓝图

1960 年毕业以后，我服从学校分配到贵州工作，人事部门见我是学计划的，就将我分到贵州省计划委员会。由于我学的专业和工作对口，从 1960 年开始，我在计委一直工作到 1996 年 6 月退休，36 年间没有换过岗位，也没有换过单位。

我一直从事的工作是编制贵州省的年度计划、五年计划以及十年到十五年的长期规划。从 1963 年到 1995 年，我编制了第二个五年计划到第八个五年计划，参与编制了 1961 年到 1995 年的 35 年的年度计划、十年规划和十五年长期规划，以及国家计委组织的大型专项规划。除此之外，还有一些全国性的计划，如乌江干流沿岸地区国土规划、长江上游地区支援开发和生态保护总体战略研究、西南和华南部分省区区域规划研究等，这些是国家计委组织编制的，我和其他省份的计委同志共同参加了规划的编制。

我在工作中最深刻、最宝贵的记忆是参加了整个贵州三线建设的全过程。从 1964 年 7 月国家计委在四川西昌开三线工作会议开始，我就作为贵州省的一个代表参加会议，当时是计委主任带着我去的。参加会议以后，我就一直在从事这项工作，从 1964 年到 1976 年，我参与了三线建设 13 年的全过程。中间还经历了“文化大革命”，我们机关的同志到五七干校去了，只剩我一个人留下来在生产指挥部做三线建设方面的工作。当时全省就我一个人在做这件事，每年三线建设的投资安排、项目安排、配合中央各部选点选址，都是由我全权负责的。我从一开始的科员，到后来当上了综合处的处长，最后到了计委当副厅级总经济师，这段三线建设的经历起到了不小的作用，所以我对这段经历是情有独钟的。

因为每年都有新的计划，一个年度基本上大半年的时间都在考虑如何编制，今年的编完了就考虑下一年度的问题。而且中间有调研，需要分析、统计计划完成的情况。第二年需要提前准备资料，参加全国会议，带着任务回来后，要给省政府汇报，以及给省委提出下一年度国民经济计划的建议、意见，省委采纳建议、意见以后，就要给人大会议起草报告。所以计委的工作是比较繁复的，内容很多，需要持续不断地写东西。

不过，我的工作之路总体来说是比较顺利的，没有遇到太多困难。由于专业对口，领导交代的任务我都能够顺利完成，而且完成得比较好。也由于在人大学到了对口的专业知识，很多东西我很容易理解，很快就熟悉了工作内容，因此省里的领导，如省长、书记参加一些中央工作会议讨论经济问题的时候，都带我去做助手。我得以有机会参加很多领导参加的会议。所以我一直都很满意母校的栽培，没有这些学识，我不能这样好地适应工作。后来，我作为贵州省计委的总经济师为贵州发展规划蓝图的时候，其实也是在为全国其他地方的建设做出自己的贡献。我记得人民大学的传统就是培养“人民共和国建设者”，所以我觉得我能为国家做一些自己的贡献，也是受到了人民大学的光荣传统的影响。我一直是踏踏实实做工作，按照人大的校训“实事求是”的精神，发挥自己的能力尽量把事情做好、把工作做好。我每天都是以这样的心态去工作。

1988 年，人事厅给我评了高级经济师的职称；2003 年，国家计委又授予我注册咨询工程师的职称。这两个职称也算是对我工作的认可。能够在贵州用学习的知识为人民服务，我感到很满意、很骄傲。一辈子能为人民做这么一件事，我就觉得很了不起了。

在计委，我遇到了不少人大的校友。这些人中，有两位也是计划统计系的，其中一位从人大毕业以后到我所在的处里面来工作过。我也参加了人大贵州校友会举办的许多活动，接触到了很多年轻校友。我觉得人大校友都有一种“实事求是”的精神，按照党中央的方针去努力工作，追求创新、现代化，跟着时代的步伐前进。我现在看到贵州很多毕业回来的年轻校友都表现得很好，有一些已经做出了不错的成绩，我很替他们感到高兴。

在人大建校 85 周年之际，我想祝愿母校继续发扬“实事求是”的精神，始终奋斗在时代的前列，与党和国家同呼吸共命运，在新的百年进程中，在为实现中华民族伟大复兴的历程中奋勇前进，把人大建设成以人文社会科学为主的综合性、研究性的高等学府，建设成为立学为民、治学报国、人民满意、全国顶尖、世界一流的大学，为国家培养更多的精英人才！我也希望人大的学弟学妹们能够一生勤勤恳恳、兢兢业业，最后都成为国家的栋梁之材！

扈伦自述，本次采访时间为2022年5月24日，由中国人民大学校友工作办公室负责采访、录音整理及文字编辑。

李之杰

李之杰，1932 年 10 月生，南京人。1956 年考入中国人民大学新闻系。曾任重庆市建筑工会主席秘书及机关报主编、山西省天镇县文化局干事、山西教育出版社编辑及英语读物终审等职务。担任责任编辑出版的图书有《新闻事业概论》《外国文学》《基础写作教程》《办公室工作》《郭沫若自叙》《巴金自叙》《建安风流人物》等。30 年来累计编辑图书 300 余册，约 3 000 万字。1993 年获山西省一等功奖章及证书，1995 年被评为局模范党员，1999 年获山西省奉献出版工作三十年奖。山西省吴玉章研究会常务副会长。

◎ 上海："少不更事"的岁月

我叫李之杰，1932 年在上海出生。我的祖籍在南京，父亲毕业于南京金陵大学，后来在上海工作，那时他的职业是给在上海生活的外国人教授中文。小时候他把我送到一所教会小学读书，那里对英文很重视，因此我从三年级前就开始学英文，这给我打下了很好的英文基础。

我在小学的时候就爱好广泛，对地理尤其感兴趣。在上童子军课的时候，其中有一个项目就是把一条街道上鳞次栉比的商店按顺序记下来。初中时来了一位陈老师，他讲课讲得非常好，同学们都很喜欢他，在他的教导下我了解了许多必备的基础地理知识。后来我 20 世纪 80 年代当编辑时还负责编写过初高中的地理教辅读物。退休以后我和爱人去旅游，把全中国几乎走了个遍，从东北开始一直到西藏，除此之外还去了巴厘岛。我到哪里都带着地图，随时能分清东西南北，这和我学地理的关系非常大，也算是我对老师教学之恩的回报了。

我的父亲因为工作原因每天早出晚归，平时我很少能在家里看见他。我的大姐 1937 年去了延安，上高中的时候就参加了地下党。三姐在当小学教员时加入了地下党。二姐在我 9 岁的时候随着我的舅舅远赴新加坡。哥哥在读高中的时候加入了地下党。我和姐姐、哥哥从早到晚见不上几面。在那段"少不更事"的岁月里，大多时候是我和母亲彼此陪伴。

我的母亲王美德生于 1900 年，她善良、慈祥，对家人、外人说话都是细声慢语的。在我的印象里，母亲从没有严厉训斥过我。那时每天下学后我常到同学家玩，或者参加排戏、演出等活动，母亲也从不阻拦。

星期天的时候，她也任由我在被窝里看书，我可以一直看到中午吃饭，这也使我养成了广泛阅读的习惯，平时空闲了逮住什么就看什么。家里有一本大姐留下的工部局（工部局指租界的管理机构）中西女同学们的文集，就是作文汇编，我看得津津有味。我把《第二次世界大战画史》来来回回读了好几遍，将家里仅有的一本古典小说《今古奇观》也看了很多遍，还看了《黄河大合唱》《太行山上》等曲谱。这些书和曲谱都是大姐去延安前留在家里的，通过阅读它们，我在很小的时候就知道了抗日歌曲以及冼星海其人其事。

母亲对我几乎是有求必应，但在有些事上她的态度很坚定。在上海吃带鱼历来方便，而且价格便宜，我们家经常吃。但是每次吃带鱼的时候母亲只分我两块，绝不多给，她还总是叮嘱我“不要光吃菜”。母亲长时间的叮嘱还真的起了作用，直到我上大学吃饭时，也一定要把菜和肉留到最后吃，绝不会吃到最后只剩下米饭。在只给两块带鱼的坚持中包含的潜台词是“要知足，不要贪”，“不要光吃菜”的意思其实是“不要挑食”，我也是在离家之后的几十年里才渐渐加深了对母亲这些话的理解。

母亲还经常在闲暇时满脸带笑地给我讲成语，说得最多的就是“人心不足蛇吞象”。她也给我讲一些传奇和历史故事。我印象最深的是她讲的乾隆三下江南时与梅龙镇的故事。这个故事说的是乾隆皇帝在民间吃到了在宫廷里从未见过的一道菜，菜名是“红嘴绿鹦哥，金镶白玉板”。乾隆回京城后仍对这道菜念念不忘，厨师们谁也做不出来，但其实这道菜就是老百姓生活中最常见的菠菜炒豆腐。

父亲的睿智、母亲的慈爱深刻地影响着我，这样的家庭环境让我的少年生活充满了自由和乐趣。弄堂里随着炎炎夏日一起蒸腾的小贩们不绝于耳的叫卖声、秋日和同学们从荒地里抓蟋蟀回来时被夕阳拉长的影子、窗外不知哪片花草丛里远而模糊地传来的虫声……这些片段在我的少年时代中闪着光芒，构成了我一生最美好的回忆。

◎ 南京：改变一生的决定

1948 年，我在南京工专读书，在这之前还在上海做过半年报童。1949 年初我从南京回到上海，那时各个学校春季开学很早，我本来错过了时间，但是恰逢远在江湾区的江湾中学临时搬到市区来租房上课，延迟了开学时间，这次机会被我赶上了。

在参与学校社团活动的过程中我认识了共产党员朱金兰。她为人热情、开朗，在她的影响下我担任了宣传队内的康乐委员，可以说这个宣传队就是一个不穿军装的文工队，有时到部队、工厂、商店等地去演出，一去就是一个月，这些活动都是在朱金兰的领导下进行的。朱金兰大姐是我人生道路上认识的第一位党员，几十年来我与她一直保持着联系，她是我走向革命的引路人。2021 年 10 月，她走完了人生 81 年的旅程，可她的音容笑貌永远留在我心中。

在江湾中学学习不久后学校掀起了参军热潮。那时我只有 16 岁，但是站在时代的风口浪尖上，我亦怀着强烈的责任感想要参与到祖国的建设事业中来。1949 年 7 月我参加了中国人民解放军西南服务团。我离家时只带了一条旧毯子，身上没有一丁点儿金银财物，戴上绑腿和五角星，穿上军装，就成了解放军的一员。当时为什么那么执着地想要参军？大概是因为我在上海长大，在街上看过美国兵、日本兵、国民党的军营大兵，却唯独没有见过一支真正为人民解放奋斗牺牲的军队吧。我自幼向往从事与文学和艺术相关的事业，所以到部队以后就报考了文学队。当时我的内心其实也是朦胧的，但人生往往就是在一次次偶然和机遇中走向不同的轨迹，在那时我也一定想不到，后来这将会成为我终身的职业。

在南京学习的两三个月里，我敢于暴露思想，也敢于争论和批评。组里的大哥哥、大姐姐们对我都很好。我积极参与各种活动：在《淮海战役组歌》大合唱中唱男高音；参加京剧《打渔杀家》的排练；在京剧《白毛女》的表演中先是分到了家丁的角色，后来又调整为群众的角色。

10月中旬的时候，部队公布了一项重大的决定：未来的重庆市文工团确定以文艺大队人员为基础组建，同时抽调文学队的大部分同志另成立文教大队，负责接管重庆的文教事业。

那天我在日记上写下了这样一句话：我是留下还是会调出？我认为自己不会去文教大队，我当时个子矮、年龄小，这模样怎么能去接管学校？似乎是不太可能的。后来部队果然决定留下我和石曼等7人，其余47人则调出编入文教大队。当晚李庆昇教导员来征求我的意见，我说我喜欢话剧、京剧，希望把我调入戏剧队，教导员应允了。10月26日行军开始，我和石曼最终被编入了戏剧一小队，踏上了去重庆的征程。行军路上非常艰苦，每天两头不见太阳，摸着黑起床填饱肚子后就得拔腿走路。尤其在湖南地界，阴雨连绵，有一次下了七天七夜，我们的棉袄一直是潮湿的，泥水、雨水和汗水混在一起。有时征不到粮食，没有大米，就只能吃红薯。两个多月的川湘路行军中，我还跟过两次车，每天迟走晚到，车上装的大多是战友们拿不动的行李和女同志们的背包。如今回望这些经历，我们居然能把这3 000里的负重行军征服下来，也实在是不简单。

◎ 重庆：实践和工作的日子

我在1949年12月到达了重庆，先是到文工团，后来到了工会。在考上人大之前，我在重庆一共待了7年。

1950年的上半年在市文工团工作时，我曾下厂演出《红旗歌》并辅导群众文艺活动。从4月开始我连续几个月跟随剧组下厂巡回演出《红旗歌》，每天的任务是在前座的观众席上听取反映，散场后与工人同行，听听他们的观后感。我每天记录下来搜集到的情况，然后把采访的素材、资料写成稿子，由石曼同志帮我转交给《新华日报》。7月27日，我写作的《红旗歌教育了我》得以见报，这也是我人生中第一次投稿被采用。

从1949年7月到1950年7月，这一年是很不平凡的一年。在这一年里，我从少不更事的阶段渐进到了成熟的道路上来。1950年7月7日，我加入了新民主主义青年团，不久又和十几个同志一起调入了市委农委，进入了新组建的重庆市农民协会。回首往事，我发自内心地感谢文工团的领导早早把我调出文工团，并及时把我调入农协。

到农协后，我先是去西南局农训班里学习了两个月，之后又参加了巴县、江北的土改。我之前从未接触过农村、农民的生活，但是当我真正亲眼看过他们在寒冬腊月里脚上穿的草鞋、平时吃的是辣椒盐水就饭以及他们身上打满补丁的大衣后，我便能深刻地感知到他们的困苦，同时也就更能体会到他们分配到土地时的喜悦。在一年多的农村生活中我和农民同吃同住，我看到他们虽然在政治上翻了身，可生活还处在极度的贫困中。也是在那时，我逐渐认识到了民主革命时的中国革命实质上是农民革命，并且意识到了要想让农民过上好日子，在我们国家是一项何等艰巨、繁难和长远的任务。

完成了一年多的农村工作后，市委立即把农协的全体人员转入了工会。当时恰逢市建筑工会筹委会召开成立大会，我在其中负责会议简报。从采访、写稿、刻钢版到最终油印成报，大部分工作都得自己实践。这是我第一次独立编辑出版的一张油印小报，它虽然不是一张正规的报纸，但与正规报纸的生产流程是相通的。我还负责编辑过两本《学习文件汇编》，有七八十万字，其中包含了很多重要的政策性、指令性文件，主要作用是为干部学习做参考。我在工会工作了五年多，其中有将近一年时间被派到西南工会干部学校学习，在那里我还编过黑板报，同样也是从组稿、编稿到写板报，全过程参与其中。

从干校回来后我担任了市建筑工会主席桑林同志的秘书。桑林同志是个很了不起的工农干部，他参加革命后先是在本县县委民运部当部长，南下后又先后担任了市建筑工会主席、建筑党委副书记、重庆市总工会主席等职务。他大胆放手让我工作，在实践中锻炼我。办公室主任休假时，他让我去代理了主任的职务，在处理公务的过程中给予了我许多实践的机会。桑林同志常到基层去，到工地上考察、调研，及时发现问题并解决问题，领导建筑工会反把头、搞建设、树先进，在他的带领下全市掀起一波又一波的热潮。在20世纪50年代重庆大搞基本建设时，建筑行业能成为重庆的四大龙头之一，工会机关发挥了极大的作用。

这一时期工会的写稿报道比较多，这也给了我很多实践的机会。1953年、1954年我作为《重庆日报》《西南工人日报》的通讯员写了不少稿件，很多被刊登、发表了出来，有的也曾成为头条消息。我还尝试写过长篇通讯和人物特写。那时西南建筑工程局有一位叫沈听涛的工程师发明了“电引放炮采石法”，这一方法极大地改善了传统的手工操作的采石方式，在当时石条需用量巨大的情况下，他的发明为重庆市的基本建设做出了杰出的贡献。1955年重庆出版社专门为他出了一本科技书，名为《电引放炮采石法》，我为这本书写了几千字的长篇通讯稿，被附在书后。

1956年，在工会主席王延平同志、生产部部长田树德同志的鼓励下，我创办了名为《重庆建筑通讯》的小型机关报，从筹办、组稿、编辑、校对、印刷直到出版都由我一个人负责。这张八开的小报我办到了第四期，那年春天我为了继续上大学而参加了高考补习班，所以后来将办报的工作移交给了别的同志负责。在这次办报的过程中我充分发挥了能动性与创造性，在实践中增长了才干，我至今仍从心底感激工会领导和组织对我的信任。

◎ 北京：人大十二载

1956年，我报考了中国人民大学新闻系，考试的科目是政治、语文、历史、地理，这些正好是我的强项。后来我才知道，当时全国报考新闻专业的有4 000人，一共录取200人，重庆考区只录取10人。所以这次考试能够被录取，也是很不容易的。当然，我能考上人大也要感谢当时领导的支持，他同意我不用上班，可以去补习功课。现在想想没有那三个月的补习还真不行，因为我离开学校参加革命的时候才刚上高中不久，各方面的知识还是不太够。我至今仍清楚地记得，7 月 10 日《重庆日报》刊出了中国人民大学的录取名单，那天中午我回到工会食堂时，同事们给予了我非常热烈的掌声。

我十分珍惜这次来之不易的机会。第一学期，我的哲学、文艺学引论课程考试成绩都是优。第二学期开学后，班上团支部改选，我们班一共有 14 名团员，我以 12 票的成绩当选为团支部宣传委员。班党支部书记于恩光同志告诉我，好好努力，今年准备发展你入党。

回想起那段学习时光，有两门课对我启发很大。一门是郑国铨老师的文艺学引论，另一门是王食三老师的现代汉语。由于我过去没有上完高中的基础课程，所以对很多问题的理解还停留在感性认识上。而这两门课程涉及很多理论的学习，这一点对我启发很大，也是直到那时我才懂得，只有理解了才能有真正的感觉。当时语文系还有专门的写作课，由李尚公老师负责授课，他要求我们每个月写一篇作文，有时不定题目，就是自己写。写完之后老师会一字一句地帮你批改。这门课程给我的收获很大，也为我以后做编辑工作打下了坚实的文学基础。

大学的时候我们的时间比较自由，课下都是自己安排学习、娱乐活动。我在课余时间去图书馆看了不少书，人大图书馆的藏书很丰富，借阅也很方便，我有时间就去。那些年我读了很多古今中外的名著，渐渐地我的阅读量上来了，眼界也开阔了不少。

1957 年 6 月反右派斗争开始，全班 27 名同学，被划为“右派分子”的竟有 7 名，我名列第二。斗争后期开始讨论对“右派分子”如何处分时，传到我耳朵里的是一片开除声。这个时期我开始考虑今后怎么办。我想得最多的是回重庆当工人，没有技术也可以当小工；也想过回我的故乡上海当不要技术的壮工。那段时期我的任务就是批判检查自己，不断地深挖思想和历史根源。

几十年后，我的同室同学，在黑龙江工作的赵印同志还告诉我，当年他曾对我被划为“右派分子”这件事很不理解。他说：“李之杰怎么可能反党反社会主义？他出身于革命家庭，哥哥姐姐们都是党员，他的姐夫还是省里的领导呢。”也许是因为班上还有这样的一批同学明里暗里保护我，我才没有遭受更大的厄运。最后我的处分是“劳动观察、保留学籍”，这个处分没有超过我想象中的底线，比最坏的处分“开除学籍、劳动改造”要好一些。我在处分表下面签了字，欣然地接受了。

人就是这样，别人认为你是“右派分子”，在这里劳动是受处分，是惩罚，是管制，可我自己心里明白，我不是。我认为出大汗，从事又苦又累的劳动是为社会主义做贡献。我先后在国营农场、校农场接受了五年的劳动考察。当时农场在搞“大跃进”，我们白天劳动一天，有时晚上还要挑灯夜战。我不会偷懒耍奸，属于积极肯干的类型。春天，农场开展春季运肥比赛，我一边听着喇叭里“远方的客人请你留下来”的欢快歌声，一边不断地给自己加码，从肩挑两筐增加到四筐、六筐，把肥送到百米外的大田里。那次劳动结束后，还意外地给“右派分子”也发了春季运肥奖，奖品是一个笔记本。那是我平生第一次得到荣誉奖，我很珍惜它。初春时节，水稻田在过冬后需要耙地，我也曾欢快地光着上身，牵着牲口，在水田里来回耕耙，脸上、身上溅满了泥浆，可心里非常满足。

1958 年夏天，赶上暴雨来临时，玉米饲料地水深过腰，乳牛断粮，机器无能为力。领导号召我们自愿报名，我毫不犹豫地举手前往，头戴一顶草帽，佝偻着身子，用镰刀的刀尖探索到玉米的根部，再一根一根地割下来。那次我在暴雨中干了两个小时，顺利完成了任务，我不觉得累，甚至还有点愉悦的感觉。

作为一个生长在上海的青年学生，曾经的我“肩不能担担，手不能提篮”，这五年的劳动让我脱胎换骨，对人生有了全新的体悟。后来 20

世纪70年代时我在县里生活，每天饮水要到近百米外的水井旁挑水，七八十斤的水我能够应付自如。县城住的小土屋需要用石头垒一个小垛子，我一个人拉了20多回小平车，一趟趟装石头、卸石头，垒起了这垛墙。那时我就常想，这实在是得力于年轻时的劳动考察生涯啊！

以体力劳动为考察的方式在1962年初告一段落。学校宣布，改造的方法可以多样，不一定非要体力劳动，也可以在工作上改造。于是不久后我们被调回了学校，编入了图书馆。我当时被分配到图书馆的剪报资料室，负责报纸的借阅和出纳。我观察到每天的新报纸量很大，就提议采用择取新闻报道进行剪报张贴的办法，以便让最新的资讯能够迅速和读者见面。后来我的建议被采纳了，读者朋友们对这个新的读报方法也纷纷表示赞扬。

在图书馆工作的八个月中，我又一次遇到了教我现代汉语的王食三老师。恰好他的夫人冯宝珠也在图书馆工作，冯老师知道了我的家庭情况，十分同情我的遭遇，她常常鼓励我早日摘帽、恢复学习和生活。那时每逢周末的时候我都会被邀请去他们家中做客，冯老师每次都用她最拿手的好饭——水饺来招待我。山东人直爽、热情的性格为我的生命注入了一股暖流，几十年过去了，这段往事在我心中依然鲜活，令我没齿难忘。

1963年1月，学校又一次宣布要摘掉一批“右派分子”的帽子，这次我终于在列了。回望这五年的劳动考察生活，我最大的收获之一就是自身的信心、决心得到了锻炼。多年以来我坚持不抽烟、不喝酒、不饮茶、不打扑克、不打麻将，并且坚守着“简单、简单、再简单”的生活方式和信念。现在我已经90岁了，身体基本上还可以，这都得益于当时的劳动锻炼。

在办理复学手续时，我又面临着一个现实的情况：回到新闻系，我不是党员，未来很难在新闻单位开展工作；回去复学，我可以插到二年级或三年级。我当时心想：当初考大学就是为求学而来的，如今七年过去了，没有学到多少知识，为什么不可以下定决心“从头越”？想清楚这个问题之后，我向当时兼任语言文学系副主任的张照馆长提出了要求，请他把我调到语言文学系，我希望能插入一年级从头学起。张照同志和语言文学系的主任何洛同志在商议之后批准了我的要求，不过我当时没想到学制会由四年改为五年。

1963 年 2 月，我插班到语言文学系一年级，那时每个年级只有一个班，一共是 36 人。当时能考上这个系的同学都是中学里的尖子生。我那时已经 30 多岁了，同班同学都是比我小 10 ～ 12 岁的小青年，我们在一起同吃、同住、同学习，睡的是 16 人一间的大房，还真是有点不适应。我因为晚上睡不好觉，白天上课时常常打瞌睡、走神。我曾试过吃安眠药入睡，但是作用不大，后来听从医生劝导，改用体育锻炼的办法来治疗。我开始坚持每天去跑步，从 1 000 米逐渐增加到 1 500 米、2 000 米。这个方法很有效，我的生活逐渐变得规律了，学习、上课也不瞌睡了。第二年，语言文学系搬到了西郊，我又参加了校足球队。后来班上还选我担任了体育干事，那时候每天清晨我都会沿着郊区的运河跑一大圈，一天能跑 5 000 米。

1968 年 8 月，我在中国人民大学历时 12 年的劳动、学习生活终于结束了。

20 世纪 50 年代流传着一个说法：大学生在全国人口比例上只有万分之几。且国家培养一个大学生，一年的费用相当于 30 个农民的全年收入。我常常想，我 12 年的大学生活，是用了 360 个农民的全年收入来供养的，所以人民对我的培育之恩是我一生一世不能忘记的。

◎ 山西：从贫困县到出版社

从人大毕业后我被分配到了山西最北部的一个贫困县——天镇县。这里自古以来就是边防重镇，县城的北面还保存着古长城的遗址。西洋河从这里流淌而过，除了沿河有少数的平川自然条件尚且较好，其他地区多是丘陵和山区。距离县城九十里地的南高崖乡山高路险，有的村就夹在两山之间，整个冬天几乎见不到太阳。这里十年九旱，每年的无霜期不足 120 天，冬天最低气温可达零下 30 摄氏度。人们把这个县称为“糊糊县”，足见其环境恶劣、物资贫乏。

我当时想着到县里去当一个语文老师的可能性比较大，所以在去之前还实实在在地做了一些语文教学方面的准备工作。谁承想报到、分配时，政工部门看到档案里写着摘帽右派后决定退回，后来因为上级部门不同意，我最终被安排到了培育优种树苗的苗圃。苗圃距县城八里地远，我在那里拿起锄头实实在在地干了起来。夏天的时候，树苗蹿到了一人高，我不怕苦、不怕累，在又闷又热的树垄间从头锄到尾，苗圃的主任大概看我劳动还可以，时间长了也就比较信任我了。

我在这个苗圃待了六年，总之叫干啥就干啥。细细数来，前后也干了不少工作。我曾在政治学习的时候读过报纸，借此锻炼了朗诵的基本功；也干过财会，1970 年冬天的时候披着老羊皮袄到六七十里以外的村子里去收取欠款。还有一回，附近的东沙河公社中学请人专讲绿化祖国，主任派我去给初中生讲了两小时的课。1971 年夏天，放马的人手少了，我剃了一个光头，到有草的野地里优哉游哉地放马，从此跟牧马人也沾上了点边。1970 年，全省林业会议召开在即，我们单位被评为先进单位，亟须报材料到省里去。我临危受命，完成了写材料的任务，后来地区林业局又让我随主任一起去参加会议。从晋北到晋东南，我第一次走了个遍。还有给杨树灭虫、在墙柱上写美术字等，这些工作我也都干过。

1972 年尼克松访华，中美关系解冻。24 年未见的二姐从美国回来，我们在上海相会。二姐让我走出国门，到美国去，我谢绝了她的好意。之后她每次回来都要提及此事，党的十一届三中全会后，我明确地告诉她：我就待在中国了。

1975 年夏初，我调到了县文化局工作。因为当时县里接到了地委书记秘书安玉根的电话，说是听说这里有一个中国人民大学毕业的学生，被安排在苗圃工作了。原来这位秘书也是人大毕业的，他的班主任成美是我 20 世纪 50 年代在新闻系就读时的同班同学。她有一次曾向学生提起过我的事，这位学生回来后立即落实，帮助我调到了县文化局工作。

在县文化局的四年多时间里，我作为工作干部曾连续三年下农村蹲点。我在三个村蹲过点，一个村待一年，那时我坚持每天劳动半天，争取达到省里面“县级干部每年劳动不少于 100 天”的要求。我曾有幸在县城的东南街下乡一年，这个队由县委组织部部长张问智带领。我在队内担任总结经验、写材料的工作，在这个过程中和大家渐渐地熟悉了起来。1979 年我调动到省城工作时又遇到了阻力，办事人员认为你既不是两地分居，又无任何调动理由，不应予以办理，就此搁下了。我向张问智部长诉说了此事，他问我说：“你真想走啊？”我说是的，我已经离开新闻工作 20 多年了。于是他掷地有声地说了句“好！”，然后给我开了绿灯。

1979 年，在即将离开的那年，我办的最后一件大事是保护了唐代留存下来的古建筑——慈云寺。慈云寺又被称为“关北巨刹”，具有很高的文物价值。我们与住持心密和尚密切配合，先是去省文物局批下了一笔可观的款项，之后我又专程跑到太行山林场调运了一批上好的松木。在我们同心协力的努力下，民国以来第一次对慈云寺的大型修建工作便如火如荼地展开了。这次工程历时半年，修建之后的慈云寺各殿已呈现昔日之辉煌景观，同时又增添了许多新的色彩。

在天镇县蜗居的 11 年，日子过得很平淡，也很愉悦。从我 1956 年入学算起，直到 1979 年离开天镇县，这 23 年的学习与工作为我后半生重新踏上工作岗位做了充分的准备。23 年的光阴，时间似乎长了点，这是历史的原因。我在打基础时比别人多用了功，费了点时间，但这也正好应验了那句老话：厚积而薄发！命运让我终于干上了自己热爱的文字工作，踏上了新闻出版之路，并一口气干到了 80 多岁。

1980 年刚过完春节，我就只身一人来到了省城太原。我先是在铁路报社工作了整整三年。除了完成本职工作以外，我还用业余时间去采访了新闻事件和典型人物。我又一次专注于人物特写，写了《她真像活着的雷锋——记女列车长李秀琴》《文物战线英雄谱》《养路工安小楞》等稿件。这些通讯稿上了省报，有的还上了中央人民广播电台的青年节目。此外我还接受了山西人民出版社的组稿，与其他几人一起撰写《山西名人》一书，我负责隋、唐、宋、元、明这几个时期的50多位历史名人。在夏日炎炎的三个月时间里，我每天只睡四个小时，最终完成了近10万字的撰稿。《山西名人》先后印刷过两次，其中有的文章还被转载到了报纸和杂志上。

1982年，铁道部撤销了部分铁路局。太原局被并入了北京局，我也又一次面临着工作的调动。

当时我的选择有：高等院校、报社、出版社。最后我果断地选择了出版社，这也要感谢时任山西人民出版社总编辑的李平同志，感谢他愿意接受我这个“天命之年”的老编辑。我先是在社里做了一年期刊编辑，之后期刊撤销，我又转为了图书编辑。我一生中先后担任了报纸、期刊、图书三种不同岗位的编辑。一个编辑能够在三个职能相似而又有所不同的岗位上都有过亲身经历，这样的机遇是十分难得的。也正是因为有了这样的经历，我才得以在后半生的编辑生涯中如鱼得水地一连干了30多年。

20世纪90年代时，我参与策划“美育丛书”系列的编写，这套书是“八五”计划的重点图书，分为三个系列，共有35本，组织写稿的均为专家、教授。“美育丛书”出版后，两年内先后印刷了三次，共13 500套（合计印制出版472 500册），并且在很短的时间内就被抢购一空了。图书选题也是我们编辑需要关注的关键一步。出版界都知道选题要做到“人无我有，人有我优”，这就要求编辑具有独特的眼光，在创新的过程中闯出新道来。2000年初，我在与多位大学教授、艺术界人士交流的过程中，意外发现了大学美术、音乐两个专业开的史学课程都会分设中国和外国，而没有一本把中国融入世界中的世界史。那时我就暗暗设想，可不可以出两本简史？一本是美术，一本是音乐。我将自己的想法与作者进行了沟通，与作者达成一致意见后，第二年就出版了《世界美术简史》《世界音乐简史》。十年后这两本书在图书市场上依然畅销：《世界美术简史》已印制3次，累计印数为15 000册；《世界音乐简史》也已经再版过4次，累计印数为13 000册。

在新闻出版行业工作的这些年，我一共编辑了300多册图书，总字数达3 000多万字，能再版印刷成为畅销书的有100多册。

2008年11月，在社内的党支部大会上，我被全票接纳加入中国共产党。这是我40多年前的申请，如今终于成真。入党过程中的最后一道手续是党委负责同志谈话。当时那位老同志问我，如今有不少人要退党，你为什么还要加入呢？我的回答是：因为信仰。我又说：无论中国共产党自身出现多大的问题，我始终坚信党完全可以依靠自身的力量去解决，社会是一定要向前发展的。

在人生之旅九十载的实践中，我一直在自发、自觉地探索着做人的道理。回望这一路的经历，我所迈出的每一步，都未曾离开过社会的助力和众人的扶携。我想，无论怎么说，下面这些话应该是不变的真理，那就是必须牢记那些在人生道路中曾经帮助过你的人，要用心地去体会“滴水之恩，涌泉相报”的哲理！

◎ 展望：祝福母校

今年，人民大学迎来了85周年校庆，我真诚地祝愿母校越办越好，未来能为国家培养出更多的人才。同时，我希望人大能够加强对校史资源的利用，不要忘记“中国人民大学是中国共产党创办的第一所新型正规大学”，不要忘记人大的前身是陕北公学。我们从烽火连天的革命岁月里一步步走过来，从1937年陕北公学的创办到华北联合大学、北方大学、华北大学，再到今天的中国人民大学，我们具有光荣的传统和鲜明的红色基因，这一点始终不能忘记。

2022年4月25日，习近平总书记来到人民大学进行了考察，作为人大学子我感到非常自豪和光荣。希望各位还在校学习的同学以及已经毕业了的校友能够一同努力，不负党和国家的栽培和期望，争取在各自的领域和岗位做出更大的贡献。

李之杰自述，本次采访时间为2022年4月25日，并于10月29日进行了内容补充，由中国人民大学校友工作办公室负责采访、录音整理及文字编辑。

梁景山

梁景山，山西人，1956年进入中国人民大学计划统计系国民经济计划专业学习。毕业后，他和同班同学张瑾瑜回到老家结婚，并于1960年进入西藏工作，成为中国人民大学首批进藏毕业生。他们在西藏工作20年，张瑾瑜还被委任为自治区物价局的副局长，为西藏人民做计划经济的工作。1981年，他们被调回北京工作。张瑾瑜被安排到国家物资部综合计划司任副司长，仍然主管价格工作。退休前的两年被调至中纪委驻物资部纪检组任副组长（正局级）。张瑾瑜于2018年去世。

◎ 尴尬时刻幸运考上人大

我高中是工科生，报考大学的时候听说北京外贸学院有一个教育部给山西的名额，山西把这个名额给了我们学校。学校问我的意愿，我同意了，于是从工科改成文科。可是快到考试的时候，山西的名额又被取消了。就在这个尴尬的时候，中国人民大学招生了。中国人民大学可以进行提前招生，是统考之前唯一一所要提前招生的学校。

人民大学名气很大，因此报名的人很多。如果能考上当然好，考不上我也可以考其他学校，我硬着头皮想碰一碰运气，没想到真的考上了。我是山西晋中人，看到《山西日报》公布的录取名单，我真是喜出望外。

进入人民大学后，我们系一共 10 个班，唯有我们班是青年学生。我还是班长，其他班都是老同志当班长。我在人大学的是国民经济计划专业。这个专业在当时名气也很大，还很新颖。

毕业以后分配工作，应该说一般人没有我的条件好。我父亲的老战友在北京工作，曾在我们那儿当县委书记，我在北京找工作的话，说实话比其他人方便。但最后，我和我爱人申请去了西藏。

◎ 主动请缨前往西藏

1959 年西藏叛乱以后，学校组织在劳动人民文化馆参观西藏展览。那时候我和爱人张瑾瑜正上大四。当时西藏还是农奴制度，我和我爱人看了农奴被残害的照片后，心里面都觉得非常难受、非常伤感。我们过上了和平的生活，西藏却还这么残酷。出于这样的心情，我和她都暗暗下定决心，等毕业了我们一定要去西藏，为民主改革和社会经济发展贡献力量。

到了1960年7月，学校各系分别召开毕业动员大会时，我们向学校递交了请求去西藏工作的报告。这一行动引起了时任计划统计系领导的高度关切。系副主任王经老师专门找我们俩谈话了解情况，问我们为什么报名去西藏工作，并特别问到了家长会不会支持等。我父亲是老革命，他说有党就有我的家。我爱人的父亲是省人大代表，原来是大学的教授，后来在西藏做过工程师，他也坚决支持我们的想法。王经老师听后十分高兴，鼓励说：你们坚决响应国家的号召，到边疆去，到最需要的地方去，这种精神十分可贵，希望你们作为人大第一批奔赴西藏的毕业生能勇于克服各种困难，迎接来自各方面的挑战，努力完成领导交给的任务，为西藏的民主改革和发展多做贡献，为人大争光。他也祝愿我们一路顺利、平安健康。

1960年9月，我和老张在山西太原老家办完结婚手续，就带着人民大学的信任、鼓励和嘱托以及革命家庭长辈们的坚定支持启程前往拉萨。（据了解，当年人大还有哲学、法律和统计等专业的毕业生共八九人被分配去西藏）。我们进藏的第一站是甘肃省的峡东，这里是青藏公路与兰新铁路唯一的交接点，是当时进藏人员和物资最多的起发点，所有进藏人员均需持有国家有关部门的批准文件，在此站由西藏派来的专车接送。从峡东至青海的格尔木大约500千米的道路，多为沙石加“搓板”的简易路面，一路上剧烈的颠簸及飞扬的沙尘，加上不时的头撞车顶，让大家共同经受到了进藏的首次“考验”。有人开玩笑说：“铁头硬汉就是在进藏的车厢里练就的。”

过了格尔木，汽车一直在弯曲的道路上登高，直至5 300米高的唐古拉山口。司机向我们介绍说，温泉至那曲曾不断地遭叛匪干扰，这股叛匪前不久才被我军歼灭，但东面的巴青等地仍有叛匪据点，平叛战斗没有结束，所以说我们是“在平叛战火中进藏的”。司机还介绍说，到了唐古拉山口就是到了西藏。从这里开始，几乎所有的人都不同程度地出现了头晕、头疼、气喘、全身发冷，甚至上吐下泻的状况，这是高原反应的症状。两千千米的路程，整整走了八天才到达拉萨。自然条件的巨大变化，没有动摇我们的初心，反而更增强了我们的斗志。

◎ 为西藏人民做经济计划工作

到了拉萨，我们在街上看到很多人。西藏自治区组织部的人说，这都是被残害的人，现在解放了，有家了，有吃有住了，很高兴，每天出来在街上转。西藏人爱唱歌、爱跳舞，有时候一个唱，大家跟着一起唱，几个人聚在一起就跳开了。老张说，从西藏人身上就能看到两个社会：一个是西藏的农奴主、农奴社会，农奴制度给人民留下了残疾；另一个是在共产党领导下得到了解放的社会。组织部的人说老张“说得好，说得对”。后来她被分配到西藏工委工业交通部，把路上节约的粮票给了当时的秘书，她说：“现在粮食比较缺，很多人都吃不饱，我没有别的东西，就节约了十五斤左右的粮票给他们。”我是和老张一起去的，我也捐了我的粮票。把粮票给那些被残害的人，让他们的生活过得好一点，组织上很感激。

到了 1961 年，平叛还没有完成，有的县里面还有一些叛匪的据点，另外还有一些在尼泊尔、印度，但是形势基本上好了。在这种情况下，西藏工委根据中央的指示，边平叛、边改革、边搞积极建设，改善人民的生活。1961 年改革，建立了西藏筹备委员会，把公交部和经贸部撤销了，纪委改成经济计划委员会，即经济委。原来的公交部和经贸部作为纪委下面的处，老张就到了纪委物价办公室。当时物价办公室有三个人，办公室主任是一个 1938 年参加工作的同志，下面两个具体管事的。该办公室虽然人少，但是是一个管事的单位。该办公室的建立不仅促进了全区物价机构、物价体制的建设，也开创了政府对全区各行各业乃至边境贸易的物价管理。由此老张也开启了物价生涯。

做好物价工作，必须摸清全区经济家底，首先要进行全面的调查研究。西藏的经济主体是农牧业，要调查就要一户一户地造册登记。在牧区，要把人口数，各种牲畜的头数，畜产品中的奶、酥油、肉、皮张、羊毛、山羊绒等的产量和自用量都登记清楚。因牧民多是文盲，所有数字都要反复核实，甚至都要老张他们亲自过秤。比如牛奶的产量，要天天入户过秤，才能知道牧民自己吃了多少奶，剩下多少奶用于加工酥油，多少奶可以加工一斤酥油，加工出来的酥油牧民自己吃多少、能卖给国家多少，如此大量的繁杂工作正是他们必须做的。张瑾瑜在参加自治区一个综合调查组时说："物价处只有一个人管商粮贸，这个人就是我。国家物价委员会要西藏畜产品价格的有关情况，整理编写这个报告的也是我……"其工作量之大可想而知。

最大的困难是不懂藏文，但她记住了十个数字，在没有翻译的时候可以综合统计报表。让她感受最深的是通过调查密切了与农牧民的感情。她看到了藏族同胞真正成了社会的主人，一个惨无人道的地方仅仅用了几年的时间就变成了欢乐的高原。藏族同胞看到调查组就载歌载舞、热情欢迎，说调查组就是共产党。他们把信任和感恩的情感全部倾注到调查组身上。每每看到如此感人的场面，张瑾瑜都会自觉地增强建设新西藏的责任感。

我在计划处主要做农业计划和商业计划，除了制度建设以外，还要下县搞调查研究。那时，每个下县的同志都带着武器。因为有三股势力不得不防。当时交通非常不便，经济委只有一两部小车。下县可以坐公交，但是公交很少，到了地区以后，有的县没有公交，就坐货车，再往下走就骑马。当时老张还不会骑马，需要有人带着她练，弄不好就摔下来了，经常练得两胯内侧流血，臀部破裂，在这种情况下她慢慢学会了骑马。有一次到内蒙古牧区调查，也需要骑马，结果一个内蒙古人反而骑不过她，这是在西藏多次下县锻炼出来的。

我们下去以后群众很高兴。群众认为工作组就是共产党，他们对共产党很感激，对我们很热情。老乡给我们抓糌粑，有的同志嫌卫生条件差不吃，老张却说一定要吃，因为这不只是糌粑，还是人家的心、对我们党的心。群众也很高兴，他们没有文化，只有几匹马、几头牛、几只羊。他们把我们拉到山上，说这就是我的。我们跟着数一数，看看群众的情况到底怎么样。在这种情况下，我们增加了和藏族群众的感情。这份感情很深，群众这么热情，我们也很感激。

老张在多年的物价实际工作中不断积累和总结经验并逐渐形成了自己的一套思路和做法，在此基础上起草了一些切合实际的管理制度和实施办法。她在任职副局长期间，制定了“西藏进出口商品和内地调藏商品的作价原则”，以及交通、工业、服务业、农牧产品等行业和产品的定价原则调整方案，整理了西藏历年价格资料，主持编印了西藏 1959—1977 年的《物价文件选编》等。

她在工作中学习，在学习中不断提高。她经常说：脑子里没有党的政策，就不能为企业和群众服务好。专业知识不精深，就不能完成好组织交给的任务。她每年都参加全国物价工作会议，在充分准备好工作汇报的同时，她特别注意学习兄弟省份的经验并对各省份对西藏的支持表示感谢。我和老张在西藏自治区的物价岗位上整整干了 20 年。

◎ 对家人付出太少深感愧疚

我和老张在西藏的 20 年，是我们实践初心和实现梦想的 20 年。我们勤勤恳恳地工作，默默无闻地奉献，不管是高寒缺氧，还是生活上的饮食、清洁卫生以及交通工具等条件多么艰难，都可以超常规地去克服，老张甚至在自己患了寒腿症之后仍然坚持下基层做调研。但是，对于家人没能做出更多的付出，让我们深感愧疚。

我和老张在西藏共生了三个孩子，每个孩子出生之后都不适应高寒缺氧的气候。没办法，只能把孩子送回山西太原请老人抚养。按照西藏的规定，汉族干部三年可回家探亲一次。我们每次看望老人和孩子时，孩子不认我们，刚刚和孩子熟悉了，我们又该回西藏了。老人缺温暖、孩子缺少爱竟变成了常态化。面对这个现实，我们深感愧疚，但从不埋怨。

老张的老父亲，是山西工学院的教授，山西纺织厂总工程师。1980年的一天，老人突然患脑溢血症住院抢救，适巧我从北京开会后路过太原，赶赴医院看望并想告知张瑾瑜老人的病情，但老人怕影响女儿的工作拒绝了。就这样，老人在我这个女婿的陪护下虽经半个月的抢救仍没有好转，最终驾鹤西去。噩耗传给张瑾瑜，她悲痛欲绝，泪洒高原。她悔恨自己，老人在世时没能尽到孝心，特别为临终前没有让父亲看到自己一面感到十分愧疚。在她不能离开拉萨的特殊情况下，她让我一定要代表她处理好善后，照顾好老母亲和孩子，愿最敬爱的老父亲一路走好，让老母亲节哀并呵护好身体。而她自己则尽力做到了化悲痛为力量，把工作做得更好。

◎ 在物资局继续从事物价工作

1980 年，胡耀邦到西藏调查，说西藏的藏族干部成长很快，让藏族干部做西藏的工作就可以，汉族干部可以陆续调回来了。所以我们这些人调回来了。我们第一志愿报的是山西，因为我们的老家在山西。一个月后山西发了通知——同意我们调到山西，我是山西省纪委综合处处长，她是山西省物价局的处长。事实上档案已经寄到山西，但报出志愿后很快我们又得到了通知——我们被调到了北京去国家物资局（物资部的前身）。我们到了国家物资局以后，人家对我们很关心，给我们安排工作和住房。老张到国家物资局负责物价以后，和她在西藏一样进行调查研究，这是她工作的特点。西藏海拔四五千米的牧区她经常去，农区也经常去，因为农牧业是西藏的经济主体。她说一定要把整个经济情况掌握起来，物价是经济的反映，对整个经济的发展都有影响。调查重点有两个地方：一是深圳。那时候深圳刚开始建设，基本什么也没有。二是上海，针对上海经济发展提出一些改革方案。有些人管她叫“张物价”“张经济”。老张说：“千万不要开这个玩笑。我们作为物价工作者，这是我们的岗位，也是对我们的考验。不能说领导说怎么办就怎么办，一定要把它作为我们的一项事业，了解情况以后进行协商，给上面决策提供依据，当好助手，这就是我们的责任。”

后来，凡是西藏来的人来了北京老张都要看一眼。人家说，虽然她人调到了北京，但是心还留在西藏。她会先听听西藏的情况，而且把情况给人家介绍。她经常说：“西藏是我的第二故乡，我永远不会忘记奉献青春的地方。”她真是一个一生搞物价的“老西藏”，西藏的很多物价制度凝聚了她的心血，那片土地的很多地方有她的脚印。一个是物价，一个是西藏，二者紧紧联系在一起，她是“一生物价的老西藏”。

◎ 深情寄语母校

关于我对母校的建议：一是人民大学应一如既往地以“人大”来建设学校，以党的纲领、党的宗旨来考验学子。育人育才，千万不能离开这个原则。二是加强信息技术建设。在这一方面，我们一定不要落在别人的后面。因为信息技术能拓宽人民大学的视野，使其了解社会上、国际上发生的情况。信息技术是我们理论建设的重要支持。三是加强校友会建设。我认为校友会的精神是：同志同行，友谊长青。利用校友会，建立起校友之间的往来，校友之间相互帮助，解决一些工作上、事业上的难题。

人民大学一贯秉持爱国、创新、求真务实，以党的宗旨来教育人、培养人。学生不管是在校也好，毕业了也好，都要为人民服务。我们专业这百十个人里面，从工作到现在，我们没有听说过或者出现过一个贪污盗窃的，更没有出现过叛徒。

有的学校国家投资很大，培养了很多专业的学生，国家拿钱资助其留学。但是很多学生留学以后就不回来了，有的研究的东西的矛头甚至是指向我们的，冠冕堂皇地挂着中国人的脸，干的是反对、背叛中国人的事，这是可耻的。在培养学生方面，中国人民大学是值得骄傲的，因为中国人民大学没有出现过这种事，中国人民大学强调的是中国，是人民，这是我们的原则。具体体现在几个方面：一是对于国际上的大事、国家的重要决策，从校领导到院系领导都要做报告，让大家对国际国内局势有所了解。二是在教学方面，人民大学的理论课要结合中国实际、党的政策来讲，将马克思主义中国化、社会化。三是在生产劳动方面，人民大学每到秋收的时候，都要组织老师、学生帮他们收割，将劳动和人民的生活紧紧联系到一起。大家有劳动的感情，有人民的感情，人民大学的学生就是戴着大学生帽子的劳动人民。四是调查研究。调查研究对我有深刻的影响。我在 1959 年参加了调查工作，一家一户地进行调查，真正地了解了人们的生活情况。如果人家说什么就是什么，不把真实情况搞清楚，不反映人民的意见，就是对人民的不负责。

人民大学有一个特点：一个班建立一个党支部。在党支部中，大家思想比较统一，有集体观念。党支部的建设对于建设集体、开展群众生活都有好处。人民大学一点一点做下来以后，让人民大学的学生变得不一样，我觉得我们应该坚持、继续推行。

梁景山自述，本次采访时间为 2022 年 7 月 20 日，由中国人民大学校友工作办公室负责采访、录音整理及文字编辑。

吴映珠

吴映珠，女，广东人，1955年就读于中国人民大学预科班，1956—1959年就读于中国人民大学工业经济系机械制造专业。毕业后分配到山西省经济贸易委员会工作，之后先后任职于福建省经济贸易委员会、广州市经济贸易委员会和广州市计划委员会。曾任广州市计划委员会副主任、广州市政协常委、人大广州地区校友会常务副会长。

◎ 追随父辈，参加革命

我今年 87 岁，是广东人，出生在香港，于 1949 年 6 月参加革命，转业前在中南军区通信兵部负责电台工作。参加革命的时候我岁数比较小，还谈不上有多么崇高的革命理想，只知道父亲在做伟大的事情，我要追随他的脚步。

我的父亲是老革命，是地下工作者，负责党的一个重要联络点。当时党的地下电台在香港，属于机要部门，只有信仰坚定、工作能力出众的人才能担任电报员一职。那时候经常有人来家里找父亲商量工作上的事情，我就在一旁帮忙端茶倒水。有一次，一个伯伯看我机灵，又长期受到父亲和哥哥的熏陶，对党的工作有了初步接触，就建议父亲送我去学习发电报。父亲认为我才 14 岁，什么都不懂，学习发电报还为时尚早。那位伯伯觉得年纪不是问题，而且当时中国快要解放了，地下电台工作特别缺少专业人才，所以急需像我这样的新鲜血液。既然是党的解放事业需要，那么每个人都责无旁贷。我的父亲虽然担心，但还是决定送我去学习发电报，为党服务、为党做贡献。听到这个安排，我毫不犹豫地答应了，没有感觉害怕，只知道这是父亲正在做的事情，所以自己也敢做。就这样，我成了一名电报员，虽然不曾拿着枪炮上过战场，但也在没有硝烟的岗位上，为解放战争贡献了自己的力量。1950 年，我们从香港撤回广州，然后党的电台就和部队的电台合并了，我也随之穿上军装，成了中南军区的电报员。

后来部队开展整风运动，检查入伍动机，负责人就问我：

"'小鬼'，你的入伍动机是什么？"

"我没有动机。"

"怎么可能没有动机？那你是怎么成为军人的？"

"一个伯伯让我去学习发电报，父亲也支持，然后我就去学习了。"

对方听完哈哈大笑。

诚然，我参加革命的时候只有14岁，甚至不知道什么是革命，更不懂得长辈们要解放全人类的伟大志向和崇高信念，我只知道我的父亲、我的哥哥，还有来我家里开会、工作的叔叔阿姨都是好人，他们在做的都是有意义的事情，所以我也要追随他们的步伐。

◎ 结缘人大，心怀感激

1954年，部队要精简整编，就鼓励有条件的女兵继续读书深造。当时人大是全国唯一一所有预科的学校，预科就是学习文化。我当时只有初中文凭，直接考大学是不可能成功的，所以参加人大的预科考试成了我为数不多的选择之一。参加预科考试也有颇多限制，首先就是要求有5年工龄，我刚好符合，于是就和几位战友一起去武汉参加考试。还记得那年因为洪水暴发，铁路不通车，考完试我回不了广东，只能在武汉待了很长时间。虽然那次考试的经历比较曲折，参加考试的人数也比想象中多了不少，但最终我还是幸运地考上了人大的预科班。然后我就拿着录取通知书去部队办理转业手续，正式从军人摇身一变，成了一名人大学子。我和人大的缘分，也从这时起，正式拉开了序幕。

预科阶段的学习十分艰苦，我很小就去当兵了，没有念过多少书，只能用这一年的时间努力补齐文化短板。和我同期的同学有的跟不上学习进度只能转入工农速成中学。但我一直坚信，既然我可以考上预科，那我拼尽全力也一定可以考上本科。

一年后，我正式参加人大的全国统考，顺利考上工业经济系。工业经济系有三个专业——机械制造、冶金和采煤，机械制造专业有五个班，我在机械一班。当时我也可以选择中文、历史、法律、档案等文科专业，但是我对数学很感兴趣，成绩也非常好，这正好符合工业经济系的要求。另外，选择这一专业也是受到了苏联电影的影响。我依稀记得自己在一部电影里看到过一个专门负责开车床的女工，她的一举一动，让我内心升起一种难以言喻的向往。所以我决定自己也要学习工业，将来从事像她们一样的工作。

◎ 互帮互助，亲如一家

现在回忆起那段在人大学习、生活的时光，我印象最深刻的是同学间的深厚情谊。那时候人大的学生要参加各种社会活动，比如去农村接受社会主义教育。每次班里有人需要离开学校去参加活动时，为了不让他们落下课程，同学们都会帮助他们整理笔记，然后等他们回来再耐心为其答疑解惑。有时候有的同学生病了，室友们就会主动帮其打“病号饭”，承担起照顾病人的责任。工业经济系的课程并不简单，机械原理、制图认图等工业方面的基本知识都要学习，班里的同学都很用功，但难免有跟不上进度的时候。我们有一个好传统，同学之间会结成“一帮一”互助小组。如果遇到困难，另外一位学习成绩比较好的同学就会主动来帮助你。我当时学习成绩不错，所以也总是热心地给其他同学讲解难题。

这些都是我们班融洽氛围的缩影，大家在同一个集体中相处四年，这份情谊非常来之不易。我们 26 名同学，虽然没有血脉维系，但真正做到了亲如一家。毕业以后，留在北京的同学比较多，我也经常到北京出差，一有机会大家就会聚在一起。人大 70 周年校庆的时候，班里很多人都回到了母校，一同回忆我们曾经共度的时光。直到现在，班里的同学们还有一个微信群，我们没事就会在里面聊天。

◎ 人大岁月，全面发展

在人大学习期间，我各方面表现都比较突出，还热爱体育运动，是学校田径队的队员，擅长短跑，曾代表学校参加北京市高等学校运动会，在 4×100 米接力中取得了第三名的成绩。我的文化课成绩也很好，当时人大工业经济系的分数差不多是统考中最高的，同学们都很有才学，但我也能算得上是其中的佼佼者。

除了文化课的学习，机械制造专业的学生都要按要求去工厂实习，也要练习开车床。我和几位同学还有一个特殊的任务——参与北京市委组织的《劳动志》编写工作。所以我们更需要住在工厂，和工人们多相处、多交流，了解他们的基本情况和日常生活。编写工作进行了三个月左右的时间，北京市委对我们的编写成果表示了极大的认可："人大的组织工作做得很好，学生政治素质高，做什么事情都非常认真。"

◎ 为党付出，远赴山西

1959 年，我从人大毕业，和现在不同，当年学校统一负责分配工作。那时候赶上国家经济大开发，急需大量人才奔赴西北，推动当地的工业发展。学校党支部也动员党员们积极响应国家号召，带头到西北去。我于 1956 年在人大入党，作为一名党员，我主动报名去西北工作。

其实我做出这个决定十分不容易，因为在毕业前我刚刚和之前部队里的战友结婚。我的丈夫当时是空军某部负责电台工作的一名电报员，常驻福州前线，也经常要到别的地方出差，如果我再去西北，我们就会常年分居两地，很难见上一面。但我一直认为，是党和国家培养了我，所以党和国家有需要，我就到有需要的地方去。就这样，我被分配到了山西。

到了山西，当地领导了解到我是人大毕业的，又是共产党员，就把我留在了省委工交部。工交部有两个牌子：一个是工交部，一个是山西省经委。我在山西省经委工作。

领导们都非常和蔼，我们在一个楼里办公，上下楼经常能见到。有一次，一位领导和我在电梯里聊天：

"'小鬼'，你是哪里人？"

"我是广东人。"

"广东人？'小广东'。"

就这样，"小广东"成了我的昵称，大家都这样亲切地称呼我。那时候大学生比较少，有时候开常委会需要做记录，领导都会第一个想起我："去叫那个'小广东'来记录。"

当时山西有很多兵工厂，就是制造枪炮的地方。那些兵工厂的保密级别都很高，有资格去视察的人不多，但我可以去，因为我是共产党员，又是人大的毕业生，领导认为我值得信任。那时候我经常下工厂，去检查他们的生产进度，再回来向处长汇报情况。我很感激这份信任，那时候我只是一个刚刚毕业的新人，却能得到如此重用，这更加让我坚定了认真做事、默默奉献的决心。

我在山西只工作了不到两年时间，但是那段经历却给我留下了非常深刻的印象。当时各位领导都很照顾我，虽然平时生活条件比较艰苦，住的是窑洞，但每天我都充满干劲，而且非常开心。现在回忆起来，我还是很怀念那段时光。

◎ 调任福州，家庭团聚

在山西工作那段时间，我和我的丈夫分隔两地。那时候通信和交通没有现在这么发达，他还是现役军人，我们两人又都在为工作忙碌，所以将近两年的时间，我只去福州探望过他一次。我们虽然新婚不久就奔赴各自的岗位难以相见，但都没有怨言，而是努力克服个人家庭困难，把工作放在首位，不给组织添麻烦。

后来部队考虑到我的丈夫经常要去前线，回来连个家都没有，就出面协调，把我调到了福建省经委。我丈夫所在的部队常驻福州，这样一来，我们终于结束了分隔两地的生活。

我还是一个“小鬼”的时候就认识了我的丈夫，解放战争时期我们两个人负责一个电台，他见证了我参加革命后的全部成长。在人大读书期间，我的成绩不错，参加各项活动都很活跃，我还是学校田径队的队员，拿过不少奖项。很多人觉得我这五年间认识了很多人，接触了比之前更广阔、更不一样的世界，应该有其他人追求我，或者我应该重新选择更适合自己的另一半，但我可以问心无愧地说，我从来没有想过要和别人在一起。

记得当年要出发去北京读书的时候，我的丈夫来送我，他跟我说：“你安心学习，我会等你毕业的。”他说到做到，一直支持我的学业，一直等着我毕业。所以如果因为认识了条件更好的人，我就把这份承诺抛之脑后，那真的对不起自己的良心，也对不起一直等待我的他。很多人不理解我的选择，那是因为他们不懂我和我的丈夫一起经历、一起面对了很多，这些经过共同奋斗、彼此陪伴凝结的情感，不会因为时间和空间的距离而改变，所以我们也无惧刚刚结婚就分隔两地的困难。

我在福建省经委工作六年，在综合技术部门负责企业管理方面的工作。原来我们国家是以计划经济为主，后来逐渐转变为以市场经济为主、以国家统一调控为辅，我在福建的时候正好赶上这一变革的过渡时期。怎么处理好计划经济和市场经济的关系？怎么平稳过渡？这些对经济社会发展、国家政策规划来说是非常重要的问题。

要做到综合平衡需要全面规划和深入实施，这是一件非常不容易的事情。我在人大上学的时候学习过怎样平衡需求，所以这个艰巨的任务就交给了我。那时候我经常下基层，视察各企业的经营状况，然后努力寻找适合当地的计划经济和市场经济的平衡点。

◎ 扎根广州，推动“菜篮子”工程

我在福建省经委工作六年后，我丈夫转业了。他是广东人，在部队一直做通信方面的工作，后来转业回到广州，进入了一家无线电公司，继续从事老本行。我跟着他一起调到广州，被安排在广州市经委。后来市经委和市计委合并，那个时候大学生比较少，各部门的工作都希望我能参与，组织部门就征求我个人的意见。综合考虑后，我觉得计委的工作更适合我，也更能运用自己学习过的专业知识和积累的经验，于是领导就安排我负责计划管理这方面的内容。

那时候我分管涉及国民经济领域的几个部门——社会处、科技处和农村处，主抓社会事业和科技教育，所以我经常外出开会，还会代表广州市参加高校毕业生的活动。农村处后来多挂了一个牌子，叫“菜篮子办公室”。“菜篮子办公室”主抓农业部为缓解我国副食品供应偏紧的矛盾提出的“菜篮子”工程。1987 年，《广州市“菜篮子”工程实施方案》出炉。它依托广州市城郊型农业，贯彻“服务城市、富裕农村”的方针，在理论运用的过程中考量实际条件，并在探索中不断总结新的经验。经过两年多的努力建设，农村、农业的经济结构得到了调整和完善，农业效益提高了，农副产品生产发展了，菜市场的商品丰富了，价格也越来越合理了。到 1991 年，广州已初步形成了“八鲜”（菜、肉、禽、鱼、蛋、奶、果、花）为主、综合经营（农、林、牧、副、渔）的城郊型农业生产格局，粮食作物和经济作物所占耕地面积的比例也从 1980 年的 70 ∶ 30 变为 60 ∶ 40。今天，广州市“菜篮子”工程仍在不断地扩大和完善。“菜篮子”工程在当时是一个全新的概念，也是十分惠民为民的政策。在我看来，既然关乎人民急需的生活生产用品，就更要做到以人为本，努力为基层服务。

"菜篮子"工程能够顺利实施，最重要的是保证市场供应。那个时候正处于以计划经济为主转变到以市场经济为主的过渡期，处理好计划经济和市场经济的关系尤为关键，市场经济什么时候占比多一些以及占比多少，需要看当时市场的供应满足程度。现在的年轻人没有体验过买米需要购粮证、吃油需要油票的生活，因为市场供应、物资储备充足之后，不再需要依靠票证来控制购买力。例如曾经买鸡蛋需要蛋票，不能放开购买，是因为市场无法提供足够的商品，后来之所以取消限制，是因为鸡蛋的产出多了，供应充足，即使每个人放开购买也不会发生市场混乱、食品短缺的情况。年轻人没有经历过我们老一辈生活的年代，所以很多那时候的事情都让他们难以理解，但一定要记住，现在的好日子来之不易，是国家大力发展经济的显著表现和利民成果。

在大家的共同努力下，广州的"菜篮子"工程开展得有声有色，真正做到了思民之所想、解民之所忧。"菜篮子"工程取得的成绩，让广州的"菜篮子办公室"成了广东省的窗口单位、先进单位，就连国家计委也对我们的工作表示了极大的认可，还邀请我们派代表赴天安门广场观礼。这样一来，全国各地的单位都经常跑到广州取经，我们也毫无保留地介绍、分享自己的特色成果和经验教训。我们虽然收获了不少鲜花和掌声，但并没有因此停止前进的脚步，还是踏踏实实地继续做好自己的工作。可以说，推动广州"菜篮子"工程的稳步实施，是我为党、为人民服务这几十年来最值得骄傲也最有成就感的事情。

现在国民经济已经顺利完成转型，计划经济只是在关键领域、特殊时刻起到辅助市场经济的作用，但不曾改变的是国家对粮食生产的重视。粮食是一个国家的重中之重，国之根本。习近平总书记说过："饭碗牢牢端在自己手中。"这样才能让百姓一直吃饱饭，国民经济才能持续发展。

◎ 一心为民，不惧困难

我那时候还分管科技领域的工作，比如，协助解决研究所在研究过程中遇到的困难。归根结底也就是两方面的问题，即人和钱。科研工作需要大量有真才实学的研究人员共同推进，所以发现人才、引进人才就显得尤为重要。我们先要有合适的人选，然后再利用自身的优势，吸引他们长久地留在这里。所以作为领导，我们要经常去了解科研人员的情况：有没有遇到什么困难？有没有什么需求？这些都是我们要尽力去协调和解决的。在这个过程中，资金上的支持很重要。没有钱，做什么都寸步难行。

我在任期间推出过一条政策，就是在税收或者其他政府收入中，按比例留出科研工作的专项经费，大概是 5% ～ 10%，主要是为了在科研经费缺乏时及时给予支持。即使如此，科研工作还是经常缺少资金。不光是科研，所有产业的发展都离不开钱这个话题。

现在回想起工作那些年，我好像没有遇到过什么特别难以解决的问题，但每次提起钱，都会让我叹一口气。那时候筹集资金主要有两个渠道：一个是争取上级政府的支持，也就是争取国家计委的支持。还有一个是争取市财政的支持，但是财政每年的预算都要经过人大的审查、讨论才可以决定，最终结果都是有法律依据的。比如今年有多少资金用于固定资产投资，都有明确的预算、严格的审批程序，不可能完全按照谁的想法决定。虽然现在以市场经济为主，但这种大政方针还是需要统一调配，才能将资源利用、实际作用发挥到最大化。

遇到资金上的问题，我们除了向上级部门反映，争取财政支持外，还可以想办法自筹，主要是企业自筹。“菜篮子”工程在没有国家计委支持前，所需资金都是我们自筹得来的。所以筹集资金的办法其实有很多，政府部门的工作人员要灵活思考，想出的办法既要符合大政方针，又要能很快地把资金筹集起来，关键是要根据地方的具体情况来制定具体政策，这样各项事业的发展才能有动能。

◎ 服务人民，踏实做事

在广州工作期间，我从经委到计委，从科员、科长、处长，到1983年被提拔为广州市计委副主任，再到1998年12月办理离休（这么晚是因为我是广州市政协常委，要等到政协换届才可以办理离休），几十年的时间里我经历了各种各样的事情，也遇到了各种各样的人，但从未改变的是一颗为基层做贡献的心。

清远县位于北江中下游沿岸，每年雨季几乎都要受到洪水的侵袭，严重干扰了百姓正常的生产生活。那时候清远县归广州管辖，看到当地百姓因为洪水问题生活困难，我十分焦急，就赶快到国家计委和农业部向上级领导反映情况、寻求对策。上级领导了解到这一情况也非常重视，赴清远县视察分析后决定拨款修建两个堤坝。有了这两个堤坝，清远县再也没有受到过洪水侵袭，百姓得以安居乐业。

类似利民的事情我还做过不少。我经常下基层，了解百姓真实所需，为基层解决一些实际困难，也经常跑到国家计委为基层争取投资，改善生产缺失。现在我退出工作岗位已经很多年了，原来我帮助过的那些基层百姓还经常来看望我，因为我为他们当年的生产发展提供了非常有力的支持。我认为这是我应该做的，是我的职责所在。我是一个公务员，一个综合部门的领导，实实在在地为基层服务是理所当然的事情，无须过多宣扬。

虽然荣誉和赞美并非我所求，但真心为群众付出的人，自然会得到认可。当年组织在一众处级干部中提拔我为广州市计委副主任，很大程度上就源于群众的呼声。选拔干部的小组组织群众投票，选出他们心中的最佳人选，我最后获得了最高票数。

◎ 铭记教诲，传承精神

能够进入领导班子，除了群众的支持，还因为我是人大的毕业生。人大在当时算得上是一个金字招牌，各地都希望能得到人大的毕业生。每年分配给广州的人大毕业生只有 1 ～ 2 个人，基本上都被党政机关留了下来。

人大的毕业生在地方很受欢迎，这和母校的培养方式还有学生质量有很大的关系。上学的时候老师就经常教导我们，要老老实实做人、踏踏实实做事。从政的道理也是一样，最主要的就是为民，一定要全心全意为基层服务。这些都是母校的谆谆教诲，也是每一位人大学子铭记在心的行为准则。

我原来是广州地区校友会的常务副会长，能够经常接触到来自各行各业的校友。我每次都提醒他们，让他们牢记自己是人大的毕业生，一定要传承人大的好传统，多做好事，为母校争光，千万不要为了一己私利损害母校的声誉。现在人大在社会上的声誉都是之前的校友们在各个岗位上奋斗、拼搏出来的，所以后辈们一定要努力做实事，把母校的优良传统发扬光大。

◎ 感激培养，知足报恩

我一直都很感激党和国家、感激人大的培养。还在读预科的时候，我就可以按照国家规定领取助学金，也就是说我读大学期间不仅不用交钱，每个月还能领到国家发放的 25 元生活费。

我于 1956 年申请入党，因为 1957 年没有召开党支部大会，所以我的转正问题在 1958 年的大会上才正式开始讨论。大会决定要将我的入党预备期延长一年。

幸运的是，人大党委秉承着实事求是的原则，正确处理我的党籍问题，取消了当时延长我入党预备期的决定，还把按时转正的决定直接寄到了广州市委组织部。这样的结果对我来说不仅是多计算一年党龄，更重要的是，重新肯定了我对党的忠诚，我一直心存感激。

回首过往岁月，有两个词让我感触颇深，一个是感恩，一个是知足。我经常说，我是吃共产党的饭长大的，我是共产党培养的，没有共产党的培养就不可能有今天的我。所以在工作岗位上我一直带着感恩的心，努力为人民服务、为党奉献。我从来不认为自己获得了多大的成就，为党和国家的事业做出了多大的贡献，但是党和国家却给了我非常优厚的待遇。我现在是广州市正局级的离休干部，还享受部市级的医疗待遇，如此这般，我怎能不知足？真的要感谢党和国家，还有人大对我的培养，这些我永远牢牢记在心上。

◎ 坚守特色，共同努力

今年，是人大建校 85 周年。85 年间，人大一直是一所自身特色突出的高等院校。很多人用我们的弱势学科去跟其他学校的优势学科比较，然后认为我们的发展规划存在问题。我们的确应该认清自己现在的不足，但不代表要照搬其他学校的发展模式，也不需要生搬硬套地改变现有专业。我们要按照实际情况，寻找真正适合人大的前行之路，但一定不能放弃人大自己的特色。

另外，人大未来的发展也需要所有人大学子共同努力。社会上对人大的看法，大多数来源于人大校友们的言行举止，所以作为普通的人大人，我们为母校做贡献的最好方式就是时刻牢记为母校争荣誉的信念，无论在哪里都老老实实做人、踏踏实实做事，只要做出了成绩，自然会让母校的声誉更上一层楼。比如你在金融领域闯出了天地，大家就会知道是人大培养出了金融界的人才，人大金融的声誉自然也会提高。我们不需要盲目去改变自己现有的专业，无论是什么专业，只要培养出更多能够在社会上站稳脚跟的栋梁之材，都一样会得到认可和支持。

所以我希望还在学校学习的学子们，把理论基础打牢，认认真真学习，为今后走到工作岗位上积蓄力量。也希望每位人大校友，都能学以致用，努力工作，表现出色，为母校争光。

吴映珠自述，本次采访时间为 2022 年 3 月 25 日，由中国人民大学校友工作办公室负责采访、录音整理及文字编辑。

周锡樵

周锡樵，1935 年生，诸暨人。1956—1960 年在中国人民大学贸易经济系读本科，1960—1963 年在中国人民大学贸易经济系读研究生。曾任上海大学商学院教授、院长，上海市市场学会会长。

◎ 因缘遇母校，最忆是相逢

我出生于 1935 年，今年 88 岁。我虽已是耄耋之年，但回忆起青春时光、成长点滴，一幕幕仍是鲜活。

我是浙江诸暨人。我的父亲在新中国成立前已经去世了。早年失怙，家庭难免困难。我有一个姐姐、一个妹妹，家里男孩只有我一个。母亲在上海打工，支撑起全家。

我的小学、初中是在诸暨读的。初中毕业后，我本来想考上海一个很有名的技校，结果没录取，后来就考了上海的高中。我进高中是在 1953 年，这所学校如今没有了，被并到其他学校去了。

和中国人民大学的相遇，既是机缘巧合，也是水到渠成。高中三年毕业后，正遇上 1956 年人民大学第一届开放向全国高中应届生招生。说来幸运，我是保送录取、免试直升的。当时是人大到各个高中里面去选人，依据三年的平均成绩和政治表现综合考量。我当时是学生干部，担任学校的学生会主席、团总支书记，学习成绩也不错，所以被人大招生组录取。

人生际会自如是。就这样，我的人生篇章在 1956 年的夏天掀开了新的一页：上海入学人大的青年学生一共 20 个，我们同一趟火车来到北京。那时候北京火车站还没有建，是到前门火车站。下了车，校车把我们拉到铁狮子胡同 1 号。那是 1956 年 7 月 20 日，我到人大报到。

我入学的那个时候，人民大学校区有三个地方。第一个是铁狮子胡同 1 号，吴玉章校长一直住在这里，新闻系也是在这里上课。它面积不大，但房子很漂亮。第二个是西郊校区也就是现在的主校区。第三个校区当时是在海运仓，那里有一批老房子。

我的大学校园生活，是在西郊这个校区度过的。触目所及主要都是平房，东风楼那边是老师宿舍，是标准的住房，我们学生的就是一排一排的房子。当时我们贸易经济系是两排筒子楼，一排有七八间房间。楼房里头有暖气，学生宿舍没有，冬天要烧煤球炉取暖。我们的房间里南方同学比较多，不会生煤球炉。记得有时到半夜里煤球炉灭掉了，冻得受不了，毕竟北京冬天是很冷的。改革开放以后校园逐步改造，现在两层楼基本上都拆光了。

时过境迁，感慨系之。当时我们看校园感觉面积很大，现在看可能就很小了；原来是西郊，现在已经是市中心了。那时候，学校很简陋，条件也比较艰苦，但青春美好，生命蓬勃。

◎ 青春恰自来，风华正茂时

岁月因青春慨然以赴而闪光，回首人大的那些年，正是“恰同学少年，风华正茂”的写照。

我当时读的是贸易经济系，现在已经改称为商学院了。到校报到之后，系领导找我谈话，安排我做生活班长。生活班长要协助系办公室，安排学生生活、卫生劳动、发助学金等。我做了 4 年，一直到毕业为止。

业精于勤，学习、生活忙碌而充实。大学本科期间学生一共要上二十几门课，有四大理论课——党史、政治经济学、哲学、科学社会主义是一定要学的，一进大学就要学。具体到各个专业，还有公共课、基础理论课、专业课、生产实习课等课程。

我在学校的时候，校长是吴玉章。我们专业的老师，现在大都已经去世了。那时候人民大学的教师大多都在学校里住，所以我们学生找老师很方便。时间长了，老师对待我们就像亲人一样。我们也常往老师家里跑。学校当时有这样的制度——给老师们排好班次，每周几晚上是哪位老师来学生宿舍区坐镇辅导，为学生答疑。学生们也学习刻苦，生活简朴。人民大学是党创办的第一所新型正规大学，所以学校对学生教育很严格。党的组织建设也很强，每个班级都有党支部。

有张有弛，课余生活也十分丰富。当时党和国家号召青年学生要锻炼体魄，提出“为祖国健康工作五十年”。我们那个时候在学校里，6点钟铃声一响，天还没有完全亮，大家就都起床去操场锻炼。我们几个要好的同学还不满足只在操场上兜圈子，就跑到校外，一直跑到白石桥再回来。这个坚持锻炼的习惯，我一直保持到工作时。那时的娱乐活动，跳舞是一道风景线。学校有个简易的大会堂，和大平房相连的是个水泥地面的露天舞池，每周六晚上开舞会，跳交谊舞。爱跳舞的师生们就涌向这里，但我不太喜欢跳舞。

日常生活方面，学校也很照顾学生。我在人大获得的是甲级助学金。吃饭有两种灶，一种是大灶，一种是中灶。大灶是12元一个月，两菜一汤，一荤一素，八个人一桌，吃饭管饱，吃得也很好。中灶每月饮食费15元，带薪调干生和条件好的学生会去中灶。后来到三年困难时期，供应紧张，粮食就定量减了，学生也吃不饱了，直到中央的调整政策落实，供应好转，这种紧迫的状况才得到改善。

处在特殊的年代里，平静的生活难免遇到起伏的插曲。本科四年期间，我们经历了两次政治运动。一次是反右运动。这次运动伤害了一些人，后来都改正了。再一次就是“大跃进”。1958年，刮起了一股浮夸风、“共产风”，国家受到很大损失，人民大学的师生一度全都到农村四季青公社去了。大家不上课，和农民一起去劳动，人大副校长邹鲁风同志还一度兼任四季青公社的社长。但这些政治运动，对当时的青年学生无疑是一次次的政治洗礼，让我们更成熟。

1960年本科毕业以后，我留校读研，继续攻读贸易经济学。读研期间我光荣地加入了中国共产党。

“博观而约取，厚积而薄发。”我得到真正的成长是在人民大学，以后人生的基础也基本上是在人民大学打下的。回望七年荏苒，仰取俯拾，捆载而归。

◎ 教坛躬耕久，一业终一生

人生路漫漫，其中关键的几步，也许当初并不经意，却足以影响终身。我几十年的工作生涯都在高校，起点正是毕业分配。1963 年，我研究生毕业被分配到上海财经学院，也就是现在的上海财经大学。1986 年，市里把我调到上海大学商学院做院长，直到退休，我没有离开过高校。

动荡的时代会给每个亲历者留下或深或浅的烙印。我工作之后，最难熬的是十年“文化大革命”。那段时间什么事情也做不了，也不招生，就空在那里。1972 年宣布撤校，我到了复旦大学，复旦也一样不招生。在复旦待了六年，其间我又被借调出去，直到“四人帮”粉碎。

“四人帮”粉碎以后复校了。刚刚复校的时候忙得不得了。学校第一届新生进来，首先要学的一门课是政治经济学。由于缺乏师资，校领导要我开讲政治经济学，我教了五六年。我本身的主要研究方向是市场流通，后来我说我还是搞本行，开始做教研室主任，后来做贸易经济系副主任。再后来领导就把我调到上海大学去了，1992 年我成为正教授，获得国务院政府特殊津贴。

平仄人生岁月稠，万千滋味在心头。我们这一辈的大学生经历的运动太多，浪费了很多时间。但也要一分为二地看，运动也是考验人生的，好的坏的都是试金石。最重要的还是要认清方向、把握好自己。

◎ 珍重同窗友，长念旧情愫

人大校园里留存的青葱记忆，有着不同的样貌。时间流逝，同学间的情谊始终真挚如昔。

大学生那时可以结婚，特别是到了研究生的时候，好多同学都成家了。我们有两个同学都是在人民大学读研的时候结婚的。那时也有人给我介绍女朋友，但是我封闭得很。我想我们这些人毕业以后要服从分配，还不知道去向。如果我现在找了女朋友，将来怎么办呢？两地分居麻烦得很，自己当时也年轻，也不想过早去考虑这个问题。所以拖拖拖，一直到上海才成家，那时我已经 30 多岁了。

我的同学中留在北京的最多。当年本科毕业分配的时候，去向是全国各地都有，但去商业部的最多，有 30 多个。

在我工作的上海财经大学中，人民大学毕业的人也不少。老一辈的都已经过世了，我的同学还有几个，他们都是教育骨干。人民大学是藏龙卧虎的地方，为国家输出了很多人才。我作为人民大学的学生，也与有荣焉。

◎ 切切赤子意，依依校友心

七年的人大岁月，在我人生中至关重要。我的七年青春在这里度过，这七年也是我政治上成熟的时期。我虽告别人大校园多年，但作为校友，一直怀揣对母校的情谊。我感谢党、感谢人大、感谢恩师们！

说起人大校友会，在我印象当中，是在上海的几大高校校友会里最活跃的一个，也是凝聚人最多的一个。其他学校的校友会也有活动，但没听说这么活跃，组织的活动也没有这么大的规模。早在改革开放初期，人大上海校友会就已经成立了。我当时还参与了筹备，是副秘书长。做实际工作的是秘书长尹协华同志，他做了很大贡献。现在的校友会完全是自发的，每年组织几次活动，做得有声有色。尹协华老师始终是积极参与者，我们也积极参加活动。殷辉是现任会长，也是第三任会长。

对于现在的人大学子，我希望大家要发扬人大精神，艰苦朴素，为祖国而刻苦学习，将来为国家做大的贡献，牢记人民大学的光荣传统不能丢。

对于学校的发展，我希望人大在专业上面还要再扩展，在专业结构上做一些调整，向更深的方向发展。原来人大的专业结构太单一，主要是文科。当然如今文科还是要发展，但也应该向边缘科学有所开拓，夯实人民大学的底气。我们不一定去发展工科，也没必要，但是理科的一些基础学科应该有所扩展。文科与理科其实是相通的，我们的学生将来在专业内容上学习得更加丰富，就会更有发展前途，事业更宽广。

我觉得，太单一就会影响发展，只能“短跑”不能“长跑”。在改革开放以后，人民大学要想不断壮大，建成世界一流大学，基础一定要打得更结实才行。这恐怕不是一年、两年的时间就能够达成的，需要几代人共同努力，把人民大学的学科办得越来越丰富。不仅在全国，而且在世界上，都应该有我们中国人民大学的话语权。

周锡樵自述，本次采访时间为2023年3月28日，由中国人民大学校友工作办公室负责采访、录音整理及文字编辑。

采写 / 李宣谊

赵慧

赵慧，1940年3月生，研究员，民盟成员，1957—1961年就读于中国人民大学历史档案系，曾任民盟武汉市委副主委、武汉市政协常委、武汉市政府参事，现任武汉市政府文史研究馆终身馆员。

◎ 动荡年代的童年往事

1940 年 3 月，正值抗战，我的父母在战乱年代辗转从武汉到了湖南。就在那个年代，我出生于湖南新化。抗战胜利以后，我们全家艰难地穿越洞庭湖，回到故乡武汉。也正是由于童年颠沛的经历，直到现在，我还可以讲多半口新化话。

我来自一个知识分子家庭，父亲是大学教授，母亲是小学校长。正是家庭的原因，我读书早，4 岁开始上学读书。后来，1949 年武汉解放前夕，白崇禧要保卫大武汉，当时的知识分子们又纷纷离开武汉，我就随着家人又回到湖南。我在湖南邵阳高沙的一所学风很好的中学里学习，成绩一直都还可以。

回看我的成长经历，我将更多的时间用于读书。我喜欢读书，喜欢读书是年少乃至一生最大的爱好。

◎ 青葱岁月中初识人大

我报考人大的 1957 年，人大在我就读的湖南只招 43 人。1957 年高考的形势非常严峻，全国高考学生只招收 10.6 万人，现在回想起来是不可思议的。面对严峻的形势，大家都非常紧张，拼命读书，做好十足的准备。

统考前人民大学就开始招生了，人大的招生考试比统考提前半个月。坦白说，当时我也不知道人民大学是什么类型的学校。当年统考的考试时间是7月15日，人民大学是7月1日考试，每个省设一个考点。

当时，湖南的人大考点在省会长沙市，我现在仍然记得是在长沙市五中（一所华侨学校），招考的老师是人大夏觉老师。但是这些之前我都不懂，无非是想多经历一次考试，积累经验后再去迎接严酷的统考。

人大的考试要考两天，即7月1日和2日。我背上行李认真地去参加考试，7月1日考试结束以后就住在那里。依稀记得当天晚上所有教室的灯都是亮的，考生晚上都在教室复习。

华侨学校的体育设施特别好，有高低杠、平衡木之类的，这些都是我所在的湘西中学里没有的，而我很喜欢体育，考试间隙我就在杆子上玩耍。当时，有一位老师走到我的面前问："这位小同学，你怎么放假没有回家？"我说："我是来参加考试的。"老师接着问："你考什么试？"我说："考人大。"老师好奇地又问："别人都在认真地读书，你为什么在这里玩呢？"我说："到现在再去用功也没有什么用处，而且我考的是文科。"直到后来，我才知道这位老师就是湖南招生组的组长夏觉，而这段简单的对话我记忆至今。

7月14日，也就是高考开始的前一天，《湖南日报》登出了人民大学在湖南录取的学生名单，我的名字列于其中（在20世纪50年代，所有通过高考考上的学生的名单都会登报通知）。后来纸质通知也来了，就这样，1957年，刚满17岁的我幸运地成为邵阳专区（地区）十几个县第一个考上人大的学生。

开学前，我坐上了离家的火车，正式开启了求学之路。当时的交通不像现在这么发达，火车开得非常慢，我在武汉上的火车，第一天晚上10点发车，第三天中午才到北京。来北京之前，学校通知的是去东四十二条。到了北京下了火车以后，我发现有一拨来自天南地北的学生都是去东四十二条，我们在前门坐电车去学校。电车经过天安门的时候，看到人行道都是土路，还有骡马在街上跑，相对于南方城市的繁荣，我不由得觉得很荒凉。就这样，带着万般思绪，我乘着电车到了东四十二条，进了铁狮子胡同1号的大院。进大门右侧钟楼前有一排迎新的桌子，我正式跨进了人大校园。

当时人大校内发行《人民大学周报》。1957年9月，在入学后的一个星期左右，有周报的记者来采访我和我的女同学。周报的记者问我："你进入人大，现在是人大学生，你最幸福的感觉是哪一刻？"我说："是戴上人大校徽的那一刻。"之后，周报的记者就在钟楼后面的小花园拍了一张我们两位女同学互戴校徽的照片，后来登在了周报上。

◎ 象牙塔里的时代印记

在人大的求学经历是我这一生最珍贵的精神财富。作为人大的一名学子，我感到无比自豪。

我的家庭成员大都从事教育工作，在进入人民大学之前，我是在学校里长大的。但是我之前成长的学校环境和人大完全不一样。人大有很多独有的特点，都给我留下了深刻的记忆。

初入人大校园，学校会发很多生活、学习用品。最特别的是，学校给每人发一个马扎，这个马扎会跟随我们四年的大学生活，应该说是在全国所有的高校里面独一无二的学生随身物品。我们干什么都带着马扎，它就是我们学校生活的一件"宝物"。这个传统伴随着陕北公学、华北联大、华北大学一路传承，成为一个独特的历史印记。

除了马扎以外，人大学生的穿着也很独特。当时，在校园里穿各类旧军服的学生特别多。这些军服包括各个军区的，其中就有西南军区。这些军服有不同的兵种，有志愿军的，还有坦克兵的。坦克兵的制服裤子比较特别，是马裤。学校里就像各个时期军服的展览馆一样，像海军的呢大衣、骑兵的马裤，都可以在学校里随时见到。我觉得海军白色的女制服是特别漂亮的，我非常羡慕。我还跟一个海军的同学周涛渲说："我用什么衣服能换你的这套衣服？"她开玩笑道："你给我6尺布票，

第 2 版　人民大学周报　1957年9月26日 星期4

热烈欢迎，認眞学好

作个名符其实的社会主义大学生

端正态度，改造思想！

究竟怎样才能学好"社会主义思想教育"

我对学習"社会主义思想教育"的認識

决心改造自己

1957 年 9 月 26 日《人民大学周报》（右下角为赵慧提到的照片）

我就给你 1 套。"

人大的另一个特色是，学生之间不称同学，而称同志，甚至学生对老师也称同志。这是由于学生中有很多都是调干生。1957 年以前，调干生都是要党龄三年以上的。这些调干生多半来自部队，他们将干部之间的一些交往特点和作风带到学校，并体现在学生的交往之间。

1958年元旦人大历史档案系一年级女生在红八楼宿舍二楼倚栏合影

我把很多的时间都花在了看书上，这是我最喜欢干的事。读书时间往往被我安排在星期六下午党团活动时间，我常常在图书馆里看书。人大的图书馆里面有个小资料室，资料室里面有沙发，有茶水，一般人都不知道。而我，凭着对书的独特嗅觉找到了这里，并时常躲在里面看书。

人大不凡的历史注定了图书馆也独具特色：除了新中国成立以后的图书、报纸、杂志以外，还有大量新中国成立前的图书资料；除了华北大学的那些书以外，还有很多朝阳大学的图书，内容着实丰富。人大的校风也是当时独有的，主要受学者和一些来自军队、机关里的学生影响，比如政治上的极度敏感、对党的无限忠诚、组织纪律性格外强等。

到天安门广场去见毛主席，是所有到北京读书的学生的共同愿望。学校为我们提供了参加每年“五一”或者国庆的天安门广场大集会的机会，别的学校（像清华、北大）的学生要早晨两三点起床，进城后就在东长安街、南池子和北池子那一带聚集等候入场。而我们人大的学生早晨4点起来，背着馒头，经过沙滩、南池子，站到天安门广场的正中间。广场上军乐队的后面是少年先锋队，再后面就是一大堆群众，这批群众就是人民大学的学生，叫天安门护卫队，这是人大学生的特殊待遇。所以我们从始至终都能够从正面看到天安门城楼上的国家领导人，可以看到一切，也能听到一切。

我记得我们站在那里也要站好几个钟头，就在那里等，谁也不敢多喝水，谁也不敢上厕所。天安门城楼正对面的天上飘浮着几个大氢气球，气球下面还有几个很大的石头，我们人民大学几个高大的男同学就站在石头旁边，腰上系着氢气球和大石头的绳子。其他同学从他们旁边经过，和他们打招呼，他们也不动。现在想起来觉得有趣，当时那些同学他们也不敢动，一动气球就跟着动。

晚上，天安门前有大狂欢，给人民大学分配的活动区域在金水桥前。那时候都是跳集体舞，也有少数人跳两个人的交谊舞。整个东西长安街人山人海，那时候秩序管理也没有今天这么讲究。你不时可以看到某一个女同志就坐在地上，因为她的鞋子被挤掉了。现在回忆到这个场面就非常怀念，无限感慨。目睹“五一”的天安门护卫队、参加天安门前的国庆集会、亲历金水桥前的狂欢，这些都使我永生难忘。

密切联系国家政治生活是人民大学的又一大特点。例如，强调教育要为政治服务，教育与生产劳动相结合。对于这样的教育方针，我们也有亲身的体验。1958年2月，天气特别冷，同学们就去北京郊区逮耗子，回来还要上报数量，逮到多少就算是你的成绩。在田野里各处扒拉逮耗子，又冷又饿，难以想象。同年4月19日，我们还参与了全市性的打麻雀，铁1号人大的学生负责整个铁1号、铁2号、铁3号、铁4号区域。大家早上 4：00 起床，拿着脸盆和棍子爬到树上、屋顶上，用敲脸盆的方法把麻雀累死，不让麻雀有片刻的休息。当时人大所有的树，包括古树上都是人。我没有爬树，仅负责广播室的任务。我在铁 1 号的广播室里通过广播为大家加油鼓劲，写一些小的片段消息来鼓励大家。此外，我们也亲历了人民公社的建立。我们曾经去丰台上游人民公社深翻地，并且在人民公社待了好几个月。许多公社社员的名字我至今记得，其中就有一位叫张善友的车把式。

1958 年 12 月胡锡奎副校长（前中）和人民大学体训队的同学们在一起，前排右一（81 号）女生为赵慧（时为历史档案系二年级学生）

1959 年，当时正处饥荒，我们在北京的密云，只能把苞米磨碎了熬成粥。我们睡在老乡家里，7 个女同学睡在一个炕上，有一位女同学一夜起来 7 次上厕所，因为肚子里都是水。1959 年冬天，我们就生活在北京密云县前栗园村，亲身体验了艰苦、贫困、饥饿的农村生活。

1959 年五一劳动节同班女生在铁 1 号钟楼前

此外，我还参与了学校合唱团的演出。我依稀记得当时的几句歌词，如“我们和高炉一起成长”“我们和铁块一样成钢”。在学生都去下乡的时候，学校的老师们就在铁 1 号院子里面垒高炉，炼钢铁。现在，人大的铁 1 号旧址已经全然不是过去充满朝气与活力的铁 1 号了，而这些独特的记忆、有趣的经历在我的记忆深处久久不去。

1959 年人大校合唱队在铁 1 号人大十一楼前操场演出《人民公社大合唱》

◎ 学术殿堂内孜孜以求

直到1960年的春天，我们才回到学校继续学业。我在人大就读于历史档案系，专业课以历史学为主。当时的人大没有历史系，只有历史档案系、国际共产主义运动史系和中共党史系。历史档案系是当时整个人大历史学科最坚实的一个系，因为以尚钺先生作为主任的中国历史教研室就设在我们系。我前面所说的夏觉先生，也是历史教研室的老师。

尚钺先生，我至今仍记得他儒雅的轮廓。他是李大钊先生的学生，他在北京读书的时候受过李大钊先生的教诲。李大钊先生要他走出去，他就到了南方。尚钺先生非常谦和，从来不用讲稿。他讲到母系社会的时候，还跟女学生们笑着说，你们女学生可不要骄傲哦。尚钺先生的夫人阮季也是我们的老师，教过我们世界史。后来因为学术问题，尚钺先生受到批判，影响了他的命运。尚钺先生被批判后，又被开除了党籍，然后下放。在"文革"期间，尚钺先生更是吃了不少苦头，他的夫人和儿子也不堪折磨结束了自己的生命。一直到人大复校以后，尚钺先生才重新回来当了中国历史教研室的主任。

曾宪楷先生也给我们讲过课。曾宪楷先生是曾国藩的亲戚，她从湖南到燕京大学上学，之后去了华北大学，后来是人民大学清史研究所的所长。"中国通史"是我们系的主课，我们学"中国通史"就学了5个学期，从上古一直学到清代。曾宪楷先生给我们讲的中国通史，是按照尚钺先生的理论来讲授的。

当年教我们逻辑学的王方名先生是从陕北公学一路走来的，有浓浓的四川口音，因为在人大刊物《教学与研究》撰文认为形式逻辑学没有阶级之分而引起毛主席注意，毛主席请他去中南海叙谈并请他吃饭，这在学生中引起强烈反响，因此我们听他的课格外认真。王方名先生有个后来很有名的作家儿子王小波，王小波就是在铁1号长大的。

铁1号人大小礼堂太小，只能跳舞或者举办小型的集体活动，城内各系开大会要到海运仓。城内铁 1 号、海运仓的系除历史档案系外，还有马研班、新闻系、中共党史系等。海运仓是原朝阳大学旧址，有操场和大礼堂，1957 年冬天我们常常冒大风雪去海运仓开大会。一次在海运仓开大会，我照例坐在最后一排看书。我发现坐在我旁边的一个男生也在看书，我就把书拿过来一看，是《一千零一夜》。我再看看人，哦，是高玉宝。我说："你看这个？"他说："我读书太少了，我没有读过什么世界名著，人家引用的典故我都不懂，所以我现在的重要任务就是拼命地读书。"我笑一笑，表示理解。高玉宝非常热情，朋友很多，他总是乐呵呵的。他的爱人叫姜宝娥，他们都是人大工农速中毕业后进人大新闻系学习的。当时高玉宝夫妻两人已经有三个孩子了，夫妻两人都非常谦和、热情、朴实。他们住在铁 1 号钟楼旁二楼的宿舍。

母校为她的学子提供了良好的学术成长环境。1961 年，我们开始写毕业论文。别人都是写档案有关的命题，我却独独写了一个关于清代军机处和录副奏折的论题。当时讲清史的时候，学校请了单士元先生。单士元先生是清史专家，后来是故宫博物院的副院长。我当时提出来，希望单士元先生做我的论文指导老师，系里马上就帮我联系了单士元先生。现在想来，当时的我真是不知天高地厚，学校有那么多学识渊博的老师我不找，而是找了德高望重的单士元先生。声名赫赫的单士元先生还专门跑来铁 1 号与我这个青年学生见了一面。他看了我的论文后，对我论文中所提到的若干问题提了一些建议，并传授了我很多知识，比如"清代军机处的由来""军机处的特点"等，并告诉我因为有些档案不能外带，邀请我在方便的时候自己去故宫翻阅。

后来，我大学实习就在中央档案馆的明清部，接触了大量的奏折和明清档案。当时我研究关于太平天国时期的历史的一个课题，从金田村开始，一直到太平天国灭亡，我按照时序，看完了关于这方面内容的所有奏折，主要是朱批"朕知道了"的皇帝御批奏折。当时老师表扬我的课题做得非常好，还说“小赵慧以后会不得了”。此外，在人大经常能听到各式各样的报告会，包括一些省委书记的时事报告、吴运铎等英雄模范分享个人经历，这是母校独有的宝贵资源。

这就是人民大学的学术特点，给每一位学生提供了成就学术之路的台阶。我到现在还常常跟人们说起读书要读名校，名校能够开阔眼界，名校能够让人亲沐名师、名家的哺育。我一直认为一个人知识广博是学术成长的一个重要的基石，母校培育了我一生的学术习惯，阅读不止，不断积累。2020 年，我完成了一篇一万字左右的纪念闻一多的文章。

人民大学的学校生活还有很多非常有意思的事情，比如体育课。我们的体育老师曾是北京男篮的球员，每次上体育课都要求我们换上学校提供的衣服——一套绒衣绒裤，整齐划一。冬天，我们会滑冰。铁 1 号没有专业的溜冰场，我们在人大的几个稍微有点平地的院子用水泼成溜冰场，换上运动服，穿上学校的溜冰鞋，在屁股上绑个坐垫，玩得不亦乐乎。

此外，学校的合唱也是很有特色，中国人民大学学生演唱的《人民公社大合唱》和《教育方针大合唱》在北京市的高等学校会演中均获一等奖。在那个年代，人们都会说“人大的党性，清华的科学性，北大的艺术性”。作为人大的学生，我们很骄傲。

◎ 走上岗位后的毕生之志

从人大毕业后，我迷上了古籍研究，且对版本学情有独钟。因为古籍奥妙无穷，非常迷人。我用了近 20 年的时间从事古籍整理，这要感谢在母校的历史学科的学习经历。我们当时还专门学习过“文字学”这门课，这也为我从事古籍整理奠定了学术基础。

20 世纪 80 年代全国编修一代社会主义新型地方志书蔚成风气，各地成立以主要领导担任主任的编纂委员会，下设办公室。在湖北省省长（编委会主任）的直接领导下，我参与了1 500万字《湖北省志》的领导、组织、编纂工作并主持《湖北方志》与相关省级机关刊物的工作，在新型地方志书的编纂、研究、宣传方面做出了有一定影响的贡献。

除了古籍整理和史志编纂研究外，我一直到现在还在进行着一项重要工作，就是从事闻一多先生的宣传研究。我是闻一多先生的亲属，我的先生是闻一多先生的亲侄子。在闻家五兄弟中，我先生的父亲行二，闻一多行四，闻家驷行五。闻一多先生是民盟的创始人之一，他的故乡在湖北。我作为闻一多先生家族里唯一的民盟成员，以及闻一多先生的故乡湖北的家族代表，责无旁贷，为宣传研究做了很多努力。我参与组建了闻一多基金会和中国闻一多研究会，参与召集了多届闻一多国际学术研讨会，使武汉成了海内外闻一多学术研究与宣传的重要阵地。我是活动的实施者、论文的提供者，也是宣传研究闻一多先生的保障性人士之一。

基于闻一多亲属的特殊背景，我成了武汉市民盟的代表人物之一，曾经担任过民盟武汉市委副主委和若干届武汉市政协常委。我为武汉的城市建设、城市发展做了很多建言。有的建言是宏观层面的，关系到武汉城市形象和城市发展；有的看起来可能是小事，但却是小提案大文章，例如让武汉市成为全国第一个公共厕所免费的省会城市的提案就是我提的。我多次被评为武汉市优秀政协委员和湖北省优秀政协委员。我在政协的职能包括政治协商、民主监督、参政议政。此外，我还担任了几届武汉市市政府参事，由市长颁发证书，负责为政府的建设发展提供决策咨询。我至今仍是武汉市市政府文史研究馆终身馆员。

2019 年 11 月，赵慧（左二）与闻一多孙闻黎明（右二）一家（闻黎明于 2022 年初病逝）合照

我是人民大学的学生，热爱读书，醉心研究，同时也非常注重个人的人格形象。我的先生是中共党员，新中国成立前长期在南方局周总理身边从事地下党工作，同时也是南系平津学生运动的领导人和天津地下党工委书记。我人格上廉洁正派，学术上勤勉耕耘，被人们广为认可。

◎ 执母校之手　与时代同行

成为人大人，成为海内外人大校友中间一员是我人生不竭的动力，也是我终生的财富。我和朋友、同事说起我 20 世纪 50 年代就读于人民大学，总会十分骄傲。我会永远珍惜人大人的身份。2019 年 10 月，我当选为人大湖北校友会名誉会长。记得 21 世纪初湖北校友会正在筹建的时候，正逢人大校庆，作为重要发起人，我以人大湖北校友会名义自拟自书了一个条幅敬献母校：“执母校之手　与时代同行”。在每次人大校友活动上，我都用这 10 个字来和我的新老人大校友共勉，这是我对新一代母校校友的殷切的期望，也是我毕生自勉的信条。

今年是人大建校 85 周年，我想将我的座右铭分享给母校的校友们——热爱学习，终身学习，将知识融会贯通，做一个对母校、对社会、对国家有用的人，才没有辜负人大人这样一个非凡的人生印记。最后，感谢我的母校，感谢我的母校成就了我的人生，我也期待着有更多的校友与我一起，在新的历史起点上，执母校之手，与时代同行。

赵慧自述，本次采访时间为 2022 年 2 月 22 日，由中国人民大学校友工作办公室负责采访、录音整理及文字编辑。

马诚

马诚，1958—1960年就读于中国人民大学哲学系研究班，辩证唯物主义与历史唯物主义专业。曾任青海民族学院政治系副主任，青海民族学院副院长、院长、党委副书记等职。

我是人民大学的老学生了。到人民大学读书，距离现在已有 60 多年，我如今也已是 95 岁。岁老根弥壮，阳骄叶更阴。而今回想，许多往事历历在目。

我生于 1928 年，家在青海大通县。大通隶属于青海省西宁市，按现在的行政区划叫作大通回族土族自治县。我是回族，在农村长大，小时候家庭很困难。1949 年，是中国历史上一个重要的里程碑。天翻地覆慨而慷，我的人生也随之掀开了新的一页。新中国成立之后，我就参加了工作，在青海省青年干部训练班。那个时候参加工作叫参加革命，青年干部训练班实际上是革命训练班。早期我主要是学习政治理论和有关政策，青干班的教学方法主要是上大课、组织报告会、自学讨论等。文化活动有唱革命歌曲、扭秧歌、庆祝节日游行等。生活方面不需要担心，公费，管吃管住。

时移事迁，根据实际需要，青干班一步步发展壮大。1950 年，青干班改为青海省人民公学，后又改为青海省民族公学。到了 1956 年，经国务院批准，在青海民族公学的基础上成立了青海民族学院。我的工作也在不断调整：班主任、教员、图书馆负责人、政治教师……岗位不同，但初心不改，责任相当。1954 年，我光荣地加入了中国共产党。

成为人民大学的学生，是不期而遇，也是不解之缘。当时人民大学哲学系研究班招生，青海一共只有 2 个名额。参加选拔首先要通过学校推荐，体检、考试等各个方面都要符合要求，比如是党员，而且工作好、学习好。那个时候没有录取通知书，但当时的心情我记忆犹新。

求学之路漫漫。地理上的距离是真真切切的遥远。当时交通很不方便，西宁还没通火车，要从兰州坐火车去北京。到了北京，再转到海淀区中关村的校区。那里离北大不远，后面是颐和园，周围有中央民族学院，交通也方便，可以到西直门。校园很宽敞，环境非常好。那个时候没有现在这种高楼大厦，只有一些三层的方形教学楼，还有一些平房。

勉之期不止，多获由力耘。虽然研究生学习只有两年的时间，但学习生活丰富而充实。当时给我们上课的有王方名、苗力田、艾思奇等。老师们水平都很高，渊博的阅历和知识在讲台上得到了淋漓尽致的发挥。学习马克思主义哲学要读原著，比如《反杜林论》《关于费尔巴哈的提纲》。老师没有专门教如何读，我们自己去钻研，通过给原著做注释的方式进行研究、理解。我主要负责注释《反杜林论》《自然辩证法》《哲学笔记》等，这些后来都出过书。学生们还参与教科书的编写活动。其他同学参加了，我没有具体参加，但参加了讨论。这种种不同的方式方法，对我后来的教学事业都很有帮助。

人大的教育培养，是文体并重的，当时也是落实国家的“劳动卫国体育制度”。比如要跑 3 000 米，达标的才能证明合格，然后获得由当时体委颁发的体育合格证明书。我还取得了一张射手证明。当时要打靶，我打了 36 环，成绩还不错，学校给我发了证明。我自己也比较满意，因为在来人大之前我从没有练过这些。

1958 年入学后的那个冬天，我专门到天安门照了一张照片。后来在 1959 年国庆时，我还参与了天安门游行。那是新中国成立十周年庆典，赫鲁晓夫也受邀出席。大家一起喊“毛主席万岁”，气氛热烈，群情激昂。这一幕给我留下了特别深刻的印象。

课余时间也安排得有声有色。我和同学们一起去了八达岭、香山、颐和园这些地方。我们参加了人民大学小锅炉炼钢，我有感而发，还写了一首诗。参加四季青人民公社的经历，也令人难忘。

在生活方面，学校的照顾贴心尽心。我是一个回民，学校里有一个清真食堂，我在清真食堂吃饭。宿舍楼大概总共是 5 层，我住在 2 楼，4 个人住一个房间。屋里也很宽敞，有 4 张小书桌。当年条件有限，夏天热，就拿个芭蕉扇扇；冬天没有暖气，但屋里有火炉也不冷。

同宿舍的室友们关系都很好。一个同学从新疆来，老家在安徽；一个姓单的同学，从福建来；还有一个姓吕的同学，也是从安徽来的。大家相处融洽，那段记忆十分宝贵。

我在校的时候，校长是吴玉章，副校长是胡锡奎。吴玉章校长是延安五老之一，大家很喜欢他。他工作很忙，没有给我们讲过课，但我见过他。当时学校没有礼堂，平时就是在广场上露天开会。我们每人带一个小马扎，听各种时事报告。有一次是吴玉章校长带着英雄向秀丽来学校，先是转一转，之后是请英雄到广场上给大家做报告。他一直坐在主席台上，并没有讲话。

两年的时光荏苒而过，1960 年我离开了人大。至今我仍珍藏着当年的毕业文凭，上面写着："研究生马诚系青海省大通县人，现年 32 岁，于 1958 年 9 月 1 日入本校哲学系研究班学习辩证唯物主义与历史唯物主义专业，学习二年。按教学计划完成全部学业，成绩及格，准予毕业。中国人民大学校长吴玉章"

纸上得来终觉浅，绝知此事要躬行。毕业之后回到青海民族学院，我一直把人大给予的教诲铭刻于心，并努力践行。后来的日子里，我先后担任政治系副主任，青海民族学院副院长、院长、党委副书记等职。2009 年，学校更名为青海民族大学。2019 年，时值青海民族大学成立 70 周年，我写了一首诗送上祝福："长风扬帆正当时，勇立潮头日千里。沧桑却顾慨以慷，前景一望更绚丽。育人核心铸厚德，教科能量奠基石。起图高原新一流，学子莘莘满成器。"

岁月不居，时节如流。一转眼，我离开人民大学 60 多年了。如今我也经常翻看当年的照片，重温过去的记忆。现在的人民大学和原来不一样了，学校的专业设置也不一样了，但富于正气的好传统一以贯之传承了下来。我看电视上总有关于人民大学的报道，社会上对人民大学也非常重视。我非常关心母校，希望母校更强更大，可以有更好的发展。人民大学如今对口支援青海民族大学，于我更有特别的意义。两所学校都是我的母校，希望两所学校都越来越好。

马诚在中国人民大学读书

马诚自述，本次采访时间为2023年6月2日，由中国人民大学校友工作办公室负责采访、录音整理及文字编辑。

采写 / 周荣　李宣谊

石丽莹

石丽莹，女，1940年生，祖籍天津，中共党员。1957年参加工作，1959年至1960年在新疆大学中文系本科学习。1960年至1965年在中国人民大学语言文学系文论专业学习。毕业后志愿赴新疆工作。前后在喀什师范专科学校（现喀什大学）、新疆大学中文系任教，历时38年。退休后先后受聘于自治区教育厅、自治区妇联、新疆兵团电大、天津西青区政协史志办《西青文史》编委会等部门和机构，参与修志、教学、教学评估、考试命题及编纂文史资料等工作。2003年始参与两项妇女理论研究国际课题，组织、撰写调查报告17篇，编纂和参加撰稿的专辑共出版6本，多篇论文获奖。之后参与指导大学校园文化工作，担任多次大型演出和赛事的撰稿和策划，指导学生参与国内外大赛并多次获奖。2004年至2016年担任新疆大学《新大校友》刊物主编。2014年获新疆老教授协会“老有所为先进个人”称号，2015年4月荣获新疆维吾尔自治区“离退休干部先进个人”称号。

◎ 告别北京，奔赴新疆

1965 年 7 月，我从中国人民大学语言文学系文论专业毕业，当时可供我选择的单位有文化部剧目研究室、团中央办公室、全国总工会干部学校出国人员培训部。这些诱人的岗位几乎可以使我永久地留在北京、留在国家机关工作。站在人生的十字路口，正当我要做出抉择的时候，新疆教育界的一位领导来到北京，通知我们十多位毕业生去北京西郊百万庄新疆办事处见面。他当时见到我们的第一句话是："祝贺你们在北京完成学业，新疆的教育事业正等待着你们！" 这句话令我耳热心动，同时让我想起 1960 年刚考上人民大学时的情形。那时正值国家经济困难的时期，新疆的领导批准我参加了人大录取考试，之后我才获得了在北京学习五年的难得机会，要知道这样的机遇并非人人都能得到的。人既要知恩，也要报恩，祖国培养了我，现在不正是我回报祖国的时候吗？于是我不假思索地告诉领导，请他放心，我一定回去。我怀着理想主义的信心和热情，同北京师范大学政教系、中文系毕业的三位同学一起，经过七天火车和八天汽车的颠簸，来到了新疆南部的喀什师范专科学校，投身到了新疆民族高等教育事业的队伍当中。

喀什师范专科学校是 1962 年根据中央部署，从新疆大学和新疆师范学院中调出百余位教工和管理人员赴喀筹建的。我的丈夫服从组织派遣，是当时首批从乌鲁木齐南下的骨干之一。我们一同在喀什度过了 26 载春秋，见证了这所民族高校从无到有、从简陋到繁荣的创业历程。当年这支队伍有上百人，乘坐着十几辆解放牌大卡车，拖家带口，用了七八天时间，行进了千里的路程，从乌鲁木齐向喀什迁徙，这在新疆教育史上是绝无仅有的。

喀什师范专科学校初建时，校舍简陋、设备匮乏、师资奇缺。那时没有教学楼，每每遇到重大集合或操练，唯一的校园操场都会尘土飞扬，让老师和同学苦不堪言。教职工的生活环境和今天相比有天壤之别。当时校园里没有自来水设施，全校师生、员工和家属一律饮用涝坝水。水非常浑浊，有时还有杂物漂浮其中，必须经过沉淀后才可以饮用。“遥想师院初创时，设备匮乏陋室空。七尺土屋作讲堂，涝坝池水充甘霖”，就是我们当年所面临的困难境况的真实写照。

这里尽管环境艰苦、条件匮乏，却聚集了20世纪60年代从北大、北师大、西北大学、复旦大学、四川大学、陕西师大、新疆大学等调来的一大批教学骨干。我们的付出成就了这所边陲高校最初的辉煌，大家撩衣奋臂、毫不退缩的姿态时隔多年在我的脑海里仍然清晰，每每想起都会引起我对那些岁月无限的怀念与追忆。

我的学生来自南疆五地州，其中有不少兵团子女。课余时间他们常向我讲述兵团屯垦戍边大军开赴新疆的艰难历程和忘我奋斗的动人故事。这些“献了青春献终身、献了终身献子孙”的感人事迹时刻激励着我，印在我的心底深处，促使着我在教学的过程中更加竭尽全力地将专业知识和技能毫无保留地传授给这些根正苗红的年轻学子。

作为中文系的新生力量，我被任命为班主任，同时负责“文学概论”“影视鉴赏与写作”等课程的教学和其他多项任务。20世纪80年代初我开始担任学校的学报编辑工作。我负责的学报虽然起步晚、起点低，但因为双语、维吾尔文学等方面的学术论文和研究成果本身具有突出的地域特色、较强的实用性和师范性，所以最终在全国学报评估中得以跻身前30名。为了提升汉语言文学专业学生的文字写作能力，我向学校建议筹办学报《葱岭》副刊。《葱岭》副刊一经问世，便受到了全校师生的欢迎，大家为刊物的创办建言献策，并且十分踊跃地向我们投稿。这些年来从这里走出了不少优秀的创作者，他们的作品之后甚至发表在全国重点刊物上。

我在自己创作的《抒怀》一诗中曾经发抒过对自己学生成长的期待和自豪："学海操舵通彼岸，书山引路达云程。不惜秋霜两鬓染，最喜弟子呈盛名。"在教学的过程中我从不墨守成规，而是倾向于守正创新。在讲授文学评论的"创作论"一课时，我以当时已经成为知名作家的一位学生——文乐然的小说为例，用他的《温柔的荒原》《桃花溪》等作品来辅助学生理解。都说"惊异生疑问，疑问生探索"，这样的教学方式使理论讲授瞬间变得鲜活起来，最终让课堂呈现出了求知求解的活跃气氛。此外，我还常年给高年级同学开设"马克思恩格斯文艺论著选读"课程，这是20世纪80年代中文系课程设置中的"硬骨头"。这门课程理论艰涩，涉及的作品年代久远，重重的阻隔使学生对此普遍感到兴趣索然。我决心与电教室老师密切配合，充分利用丰富的多媒体影像材料，开创教学的新局面。校内没有资料，我就向外校的同行求助；本地缺乏影像，我就利用外出的机会去求人复制，甚至自费负担相关费用。我的一位在大学工作的学生，听说自己老师开新课缺乏资料，竟将他精心制作的课件送给了我。通过这番努力，这门课程受到了学生们的普遍欢迎，每次上课不仅没有迟到的同学，甚至连走廊里都坐满了人。

故知必行，而行必力。这些生活在边陲的学子，内心有着强烈的求知欲望，在不断向外界汲取知识的过程中，他们更新了知识结构，提高了素质，夯实了基础，加深了理论，开阔了眼界。尤其令我惊讶的是，在校的文学专业的同学竟动手编写出了一本《中学语言教学参考资料》，里面的内容涵盖了全国统一教材初中至高中语文课本中的全部中外文学作品，包括文言文、小说、诗歌、散文、议论文等题材，涉及时代背景、作者介绍、注释、课文分析、词语解释等部分。这本参考材料后来出版发行到了全疆各地，学校收到上百封感谢信。不少同学在校学习期间，学以致用，勇于实践，组织成立了课余创作小组，并创作了一定数量的散文、短篇小说、诗歌、小型歌剧、话剧，这些作品充满青年人的灵动与奇想，受到广泛传播，颇受好评。还有同学与图书馆合办了《学习与研究》这一刊物，并协助资料室编印了《报刊中引用的古诗古文汇释》《文件中的典故汇释》《毛主席诗词资料》《怀念周总理诗选》等专著，它们在出版后受到了社会的广泛认可，也让作为老师的我感到骄傲、自豪。

从喀什师范专科学校到新疆大学，我在新疆高校耕耘了38个春秋，赢得了各民族兄弟朋友的敬重，受到了千万名学子的热爱，内心深感欣慰。2012年9月，喀什师范学院曾举办建校50周年庆典，我们作为建校的元老级嘉宾应邀出席。当我被隆重迎接出机场，时隔多年再次走进欣欣向荣、无比美丽的校园时，在我心中积蓄已久的悲欢喜乐，火红的年代里飞扬的青春、挥洒的汗水等回忆一时间都翻涌上来，我不禁潸然泪下，将我的万千感慨融化其中。

2015年5月29日，新疆维吾尔自治区主席雪克来提为喀什大学揭牌，我在得知这一喜讯后亦是欢欣鼓舞、激动不已。喀什大学已由初创时的几个专业发展到如今的23个本科专业和34个专科专业，涵盖教育学、文学、历史学、理学、法学、工学、管理学、经济学、艺术学等9个学科门类。在校的本、专科生达到11 133人，少数民族学生占比达到了76%。这是援疆工作的重大举措，也是国家做出的一项重大战略部署。作为早期的创建者之一，我为边陲教育事业的辉煌成就深感骄傲。志之所趋，无远弗届，越过奔涌的岁月，那些付出与奋斗依然掷地有声、永不褪色。

◎ 启迪梦想，助推后辈

我刚刚退休就被新疆大学团委邀请去指导校园文化工作，先后出席了新疆大学团委学生社团、话剧社、艺术团、演讲协会、辩论队等组织举办的多种活动，在主持人大奖赛、“挑战杯”赛上担任赛事的辅导老师、评委，负责文案策划和主持词的撰写。

我所面对的学生大多处在十七八岁到二十多岁的年龄段，为了跟进形势、贴近主旨、弄清工作上造成疏漏的原因，我不停地去团委、学工部、宣传部阅览《中国青年》《青年报》《新晨》《青年文摘》等报纸、杂志和了解网络资讯。我对学生的指导从不是声色俱厉、耳提面命式的，而是试图用一种润物细无声的方式来使他们发自内心地认可、心悦诚服地接受。正如德国哲学家雅斯贝尔斯所说的那样，真正的教育，是一棵树摇动另一棵树，一朵云推动另一朵云，一个灵魂唤醒另一个灵魂。教育的影响是潜移默化的，是急不得的。例如在一次爱国爱疆主题教育活动中，我与其他指导老师耐心启发同学们：要将“中国梦”的内涵、“社会主义核心价值观”、“一反两讲”、“四个认同”等主题教育的核心思想内化为自己的认知，结合自己的成长故事和所见所闻的实例表述出来，这样的发言才是生动的、能感人的。演讲的社会作用和现实意义在于彰显社会公德、弘扬先进事物、摒弃社会时弊、推进精神文明，这是我一直以来的认识和看法。为了使同学们有更深刻的体会与感悟，我利用课余时间反复向他们讲述，指引他们以真诚的态度投入其中，鼓励他们贴近现实进行创作，切忌用形式主义卖弄。

在学校筹办首届“十佳大学生”演讲活动时，我是指导老师之一。当时我们收上来的十份演讲稿中有八份都不合格，从学生们的稿件中我感受到了他们的迷茫，于是我让大家暂停修改，先补充缺失的功课。我从毛主席批评的“八股”文风说起，用“墙上芦苇，头重脚轻根底浅；山间竹笋，嘴尖皮厚腹中空”的形象比喻切入进行讲解，课后学生们纷纷感觉顿开茅塞。经过不断的调整与训练，最后我们在三校区正式巡回演讲中大获成功。

在自治区高校举办首届双语大赛时，我和多位新疆大学的老师负责才艺策划和文稿撰写等工作，和新疆大学参赛的学生们一同聚集在博格达宾馆进行集中培训。当中语系的孙斌同学用娴熟流畅的维吾尔语落落大方地讲述阿凡提故事和维吾尔寓言时，全场评委和观众都被他高超的维吾尔语表达才能震撼了，他鞠躬下场时台下经久不息的掌声至今让我印象深刻。最终，参赛的三位同学荣获了两个第一名、一个第二名的好成绩。

此外，我还在国际高校辩论赛举办时担任过新疆大学辩论队的教练。我负责的队伍最终在比赛中战胜了实力强劲的湖北武汉大学队，获得了第二名的好成绩。2011 年我参与了新疆高校十五届新疆大学主办区校园廉政文化建设年主题活动，负责撰稿。在我与其他老师的协同努力之下，新疆大学主办的这次活动紧扣主题、原创性及表演性俱佳，得到了时任自治区副主席的靳诺同志以及其他领导同志的高度评价。

2013 年 11 月 15 日，自治区大学生参与筹办的“我的中国梦”演讲比赛在乌鲁木齐举行，当时共有 19 所高校的 37 位选手进入了决赛。在我的指导与帮助下，新疆大学外国语学院的瑞娜·库尔班同学以《一颗民族心，一个中国梦》为题，用精彩的图片和激情的演讲博得了听众热烈的掌声，获得了大赛的一等奖；新闻与传播学院的迪力努尔·亚生江同学凭借出色的演讲技巧和真挚的感情，获得了大赛的二等奖。

学校举行 80 周年庆典时我因为组织教工编撰了《新大老年报》和纪念文集而被评选为优秀工作者；在全国本科评估和 211 工程汇报演出中，我撰写的主题朗诵诗和主持词得到了与会领导的好评，我还受到了表彰；在中央电视台举办大学版“挑战主持人”大赛时，我负责为参赛的新疆大学队撰写文稿，之后新疆大学队光荣获奖，成绩在西北区名列前茅，得到了高度的评价和赞赏。

我是校园文化园地忠诚的耕耘者，同时也是幸福的收获者。在指导校园文化工作的过程中，相比于具体的知识，我更加注重的是对学生世界观、人生观的塑造和培养。例如在给新疆大学青年马克思主义大学生骨干培训班开展的一次讲座中，我曾与同学们分享了“当代青年首要具备的素质”，其中包含：可靠的政治素质、高尚的道德素质、扎实的智能素质、健康的心理素质、健全的体魄素质。当时在场的一位同学提出了他的疑问，他认为政治素质是否可靠只有在战争年代才好区别，和平年代谈论政治素质是很抽象的。面对这位同学的疑问，我用新中国首批公派的 52 名赴美留学生全部如期回国的事情来举例，并且讲述了负责“两弹一星”研制工作的多名科学家拒绝高薪毅然回国的故事，以及新疆大学校友缪勒在老山战役中的光荣事迹。欧阳修曾说“得其大者可以兼其小”，这句话被习近平总书记用在对北大学生的回信中，当时也被我用在给学生们开展的讲座中。我希望用这些例子来向学生说明，政治素质不是抽象的、不可触摸的，而是非常具体的。我想这一番话语一定能帮助这位同学更加深刻地认识这个问题，并对他未来的人生有所启发。

◎ 文化引领，桑榆未晚

我退休之后不久，就被推荐担任自治区离退休妇女干部联谊会秘书长、副主任。这个集体中有各民族、各厅局离退休的女领导、妇女活动家，以及兵团女战士，同事之间团结亲和，大家做任何工作都充满了热情。处在这个团体中的同志有一个共性，那就是虽然我们离开了工作岗位，走向了生活的另一个阶段，但是我们的家国情怀和对美好生活的追求始终没有泯灭，大家试图用智慧和才能关怀人民、奉献社会的理想依然长存。同时，联谊会对于我们个人来说也是有深刻意义的。在参与重大活动的过程中，同志们自身的价值得到了体现和肯定，那种发自内心的幸福感和满足感是无可替代的。

为了推进社会精神文明建设，我曾代表联谊会起草了《提倡文明办婚事，抵制大操大办风》的倡议书，并以维、汉两种文字发送到有关部门和团体。自治区党委对此倡议的批语是：党组研究后，向社会宣传，妇联转发一下，今年的精神文明建设中重点抓。在联谊会成立后的第一个三八国际妇女节之际，我们还组织举办了 110 对金婚夫妇婚庆活动。

这 110 对金婚夫妇曾在激情燃烧的年代里奔赴边陲的各个岗位，为新中国的建设奉献了自己的花样年华，其中还有多位老人拥有“第一代戈壁母亲”的光荣称号。他们的人生经历就像自治区老领导给我们的活动题词里写到的那样——“半个世纪是夫妻，全部历史为人民”，这话是十分贴切的。

为了倡导社会精神文明，我曾为联谊会撰写了一篇《加强社会主义道德宣传教育，维护妇女形象》的理论文章，并向自治区党委宣传部、老龄委、老干局等在全国范围内与自治区妇联、团委、工商联等有关的单位报送。《老年康乐报》还专门就此事进行了通报，提到我写的这篇文章对抵制社会不正之风起到了积极的推进作用，在当时引起了强烈的社会反响并得到了领导的高度重视。我还写过一篇名为《新疆维吾尔族女性服饰的美学特征》的文章，意在抵制社会极端宗教主义着装，试图通过写作造成影响，从而对这种现象进行有针对性、有说服力的疏导，这篇文章在当时取得了一定的效果。

联谊会好比一个关爱时代、传承文化、陶冶情操、健康和谐的大家庭。我们一共有 13 个分会，600 多名会员，其中没有任何一位参与邪教活动。在“法轮功”邪教组织在全国各地猖獗活动时，联谊会举行了批判“法轮功”邪教组织的座谈会，用各种形式揭露其罪恶本质。座谈会受到了自治区领导的重视和表扬，并且多次被新闻媒体采访和报道。当阿克陶县巴仁乡武装暴乱事件、乌鲁木齐的“7·5”事件发生时，联谊会理事会迅速反应，先是开会对此类暴乱事件进行了义愤声讨，会后我们还带着慰问品到新疆武警二支部幸福路特警部队慰问武警指战员。此外，每到纪念抗日战争胜利、世界反法西斯战争胜利的时候，联谊会都要召开大会，向经历过抗战的老八路献上鲜花并进行慰问；在国际禁毒日，我们也会组织宣传车、运用扩音设备等配合禁毒宣传，并到少年管教所和女子监狱开展帮教活动。

2015 年元月，在《老年康乐报》与德汇文化公司举办的“文化养老”研讨会上，我代表联谊会汇报发言，讲述了联谊会为传承文化、推进文明、弘扬正气、向社会传播正能量等方面所做出的努力。在联谊会工作的这些年，我一共组织了30余场演出、3场主题报告会、5次帮教活动、4次工艺美术展览、5次传统教育座谈会、3次慰问老红军的活动，还有多次个人慰问活动。这个优秀的老年文化群体为新疆倡导高层次、高境界的文化养老理念树立了优秀的榜样，同时也为新疆的老龄事业做出了突出的贡献。

◎ 传承文化，推进文明

我自1995年正式退休以来一直受到社会各方面的邀约，可以说是从来没有停止奉献的脚步。在组织、策划各项活动的过程中，我深深地感受到了社会对我们这一代人的需要和期望，这更加增添了我的自信和热情。

退休之后，我仍然在为新疆大学中文系大三学生讲授“文秘”课，为继续教育学院、成教院讲授“现当代文学作品选”“影视鉴赏与分析”“应用文写作”课，为昌吉、米泉、和丰、克拉玛依及独山子等地的自考班讲授“文学概论”“马列文选”课；并为乌鲁木齐市职大中文本科班讲授了一学期的“文学概论”课。后来兵团电大函授学院中文系开办，我被聘为主讲，担任中文专业“文艺学概论”“文艺批评史”“唐宋小说”“元代戏曲”“儿童文学”等课程的命题库建设工作，同时负责每年度总考前的面授辅导。

我曾被自治区教育厅史志办返聘，完成了两年的《教育年鉴》的编写工作及《新疆大百科全书》中部分教育条目的撰稿工作；曾在新疆大学妇女研究中心负责兵团女干部的培训。我为兵团及其他机构的女性群体做过《马克思妇女观指引中国妇女运动前行》《改革开放使女性面临挑战和机遇》《当代女性素质谈》《直面家庭暴力》《新时期女性的多彩人生》等多场讲座，都取得了很好的效果。2010 年，我受邀辅导华夏银行的职工参加行业演讲比赛，我负责辅导的队伍最终获得了优秀奖。此外，我还两次受邀辅导新疆电信总公司的职工，他们最后在全国行业演讲比赛上也拿到了奖项。

我还担任过新疆大学妇女研究中心的秘书长一职。2001 年我到日本奈良女子大学参加“中日妇女生活”实态比较学术交流活动，并在会上宣讲了《新疆维吾尔族女性服饰的美学特征》一文，收到了良好的评价。我参与主编、合编、撰稿的专著有《新疆妇女问题》《西部女性风采》《新疆妇女进步与发展》《世纪女性思考》《新疆妇女运动史》《50 年代女干部成长口述史》等，其中有两部专著获得了自治区社科奖。

1994 年我参加了“20 世纪妇女口述史”课题，负责新疆地区的调研访谈与文章撰写工作。1994 年至 1998 年，我完成了《妇女与战争》《新疆生产建设兵团进疆女性婚姻状况调查》《上海支边女性在喀什》《上海支边女性在阿克苏》《倪豪梅访谈录》《鱼珊玲访谈录》《乌力罕访谈录》等 17 篇调研报告，多篇被兵团史志办收录出版。“20 世纪妇女口述史”这一课题的开展历时近四年，研究人员的足迹遍及南北疆 8 个地州市，采访的人数加起来有近百人。2003 年课题组到伊犁州访问时，当时州党委、政协的有关负责同志称赞我们课题组有勇气、有担当，选题内容填补了历史研究的空白，有深远的价值，非常难能可贵，这样的评价给予了我们极大的鼓舞。

2010 年我被天津报业集团、社科院、西青区政府和政协等邀请进行访问交流，发表了《新疆历史上的天津商会》《新疆津商在历史上的坎坷遭际》《“赶大营”是民国时期的伟大壮举》《“赶大营”壮举所蕴含的深邃的人文精神》《新疆津商的崛起》《左宗棠西征促进了民国时期新疆商业的崛起》等 20 多篇论文，后被政协文史委收录。2011 年被“新疆天津商会”聘为文化顾问，后任“新疆赶大营历史文化研究会”副会长。2014 年我获得了新疆老教授协会“老有所为先进个人”称号，并在 2015

年 4 月获得了新疆维吾尔自治区“离退休干部先进个人”称号。

这些丰富多彩的活动使我的生活变得充实。我以极大的热情和责任感来为社会奉献所长，这成了我暮年振奋生命、颐养天年的慰藉和动力。在投入、参与的过程中，我赢得了领导和群众的赞誉，同时也为自己的夕阳岁月赢得了无限的风采和欣慰。

总愿余光酬盛世，尚期夕照映天红。我庆幸自己经历磨砺后尚未褪去生命的亮色和热度，仍能从五彩斑斓的传统文化中感受到盛世的华彩乐章，从青春勃发的莘莘学子身上感受到生命的律动，从“80 后”“90 后”的青春身影中叠加出自己的青春记忆。愿我的经历能在你们心中激荡起深沉的回响，愿你们的青春如花般绽放。

撰稿 / 李虹　王新新　倪嘉慧

李受恩

李受恩，1937年3月生于江西省南昌市，中共党员，教授。1950年毕业于南昌市松柏小学，1956年毕业于南昌市第一中学，1960年毕业于中国人民大学马列主义基础系国际共产主义运动史专业，1986年9月至1987年1月在中共中央党校科学社会主义研究班学习期满毕业。1960年至1976年在中共新疆维吾尔自治区党委党校工作，1976年至1979年在中共新疆伊犁哈萨克自治州党委宣传部工作，1979年至1996年重回中共新疆维吾尔自治区党委党校工作。在自治区党校工作期间，先后任自治区党校哲学教研室教员、科学社会主义教研室主任、党校校刊《实事求是》主编、新疆科学社会主义学会常务副会长、中国科学社会主义学会理事。先后在报刊发表文章近百篇，其中：《必须坚持马克思主义教育》获自治区哲学社会科学优秀成果二等奖，《民主社会主义在东欧表现的新特点与我党思想建设面临的新任务》获自治区哲学社会科学优秀成果二等奖。主要著作有：《新编科学社会主义》《建设有中国特色社会主义简明读本》《马克思主义与建设有中国特色社会主义》。

◎ 在人大学习四年，使我终身受益

中国人民大学是1949年中华人民共和国成立后中国共产党创立的为新中国培养建设干部的第一所新型正规大学。人大的创立在刘少奇、周恩来的主持下进行，刘少奇主持了人大开学典礼。

当时人大主要设有“八大系”。人大的办学方式不拘一格，是从当时实际出发的一种创新。人大招收的学员以在职干部为主，在一些专业招收少数高中毕业生。人大还办有工农速成中学和夜大，招收了如山东国棉纺厂工人郝建秀（全国劳动模范）和部队作家高玉宝等来校学习。人大还有少数外籍学生，比如我们系有一名叫吉野的日本女学生，她从人大毕业回国后成了一名企业家。

在20世纪50年代，我是江西南昌一中的一名学生。受苏联电影和文学作品影响，我读了斯大林所写的《论辩证唯物主义和历史唯物主义》一文，喜欢上了马克思主义哲学，并在学校组织的一次征文比赛中以自己写的《加里宁论学校纪律教育》（加里宁是当时苏联教育家）获得第一名。

1956年我从南昌一中高中毕业。在全国统一高考前，人大派人到南昌举行招生考试。当时报考人大需要老师推荐，语文老师王士权便推荐我报考人大，我高兴地接受了老师的建议。当时本想报考人大哲学系，但听说考哲学系要考数学，我来不及准备，便报考了人大马列主义基础系国际共产主义运动史专业，并被录取。

去人大前，我只知道吴老1949年在天安门城楼上参加了开国大典。后来了解到，他早在1915年就倡导和组织留法勤工俭学会，邓小平、聂荣臻等同志就是在他的影响下赴法勤工俭学和从事革命活动的。

吴老是辛亥革命的老前辈。1905 年加入同盟会，在辛亥革命中领导过四川“保路运动”等革命活动。中华民国临时政府成立后出任孙中山总统府秘书。1925 年到北京经赵世炎介绍加入中国共产党。1927 年参加八一南昌起义，同年奉组织之命去莫斯科学习工作。抗战爆发后，被派往欧洲从事抗日战争国际宣传。1938 年回国。1939 年到延安，曾担任延安宪政促进会会长、陕甘宁边疆文化促进委员会主任、延安鲁迅艺术学院院长、延安大学校长等职。新中国成立后，吴老担任过中苏友好协会会长、全国文字改革委员会主任等职。

我在人大听到过吴老用浓厚的四川口音给我们做报告，还阅读过他写的《论辛亥革命》一书，受到教育。

人大的副校长是参加过地下革命工作的胡锡奎同志和参加过革命武装斗争的聂真同志。

如上所说，人大招收的学员以在职干部为主，在一些专业招收少数高中毕业生。所以在我所在的班级，不但有参加过解放战争和抗美援朝的老大哥，也有做过党团工作的老大姐，还有来自不同省市与我大体同龄的高中毕业生，我们共同组成了一个相互关心和团结友爱的大家庭。

当时在职干部学员是带薪学习，高中毕业生是免费入学，并发放助学金。我父亲是工人，家庭经济状况不好，所以学校每月发给我 6.5 元甲等助学金。显然，如果在旧社会，我是根本不可能来北京上大学的。

人大给学员提供的生活条件也很好，比如食堂吃饭是自选，在食堂还设置了座位。

另外，我想说一个细节，当时学校请了一些专家来校教学员做气功。方法是：坐在板凳上，两手放在两腿上，闭目养神（称为“入静”），同时有节奏地调整自己的呼吸（称为“运气”），使大脑得到很好的休息，身体得到很好的保养。这个细节体现了领导对学员身体健康的关心。

人大有不少与音乐相关的活动。1959 年为庆祝中华人民共和国成立十周年，在周总理的领导下人民大会堂组织了“东方红”大合唱，需要在背景台吸收一些高校学生参加大合唱，我们班和其他班的不少同学参加了大合唱。

此外，我在人大附中还听了郭兰英同志的演唱。

人大还举行过各系同学参加的文娱晚会。在一次文娱晚会上，我们班的一位来自云南的叫王启信的女同学唱了一首名为《绣荷包》的云南民歌，很受同学欢迎。

除音乐活动外，我还在西郊人大校园见过我国著名乒乓球运动员庄则栋和李富荣进行乒乓球表演赛。另外，在海运仓人大校园有一个溜冰场，学校为我们准备了冰刀，动员我们冬天去溜冰。我那时年轻，很快学会了溜冰。

人大非常重视组织学员参加社会实践活动，人大让学员通过自己的亲身体验增强与人民群众的联系，加深对所学理论的领悟，得到锻炼和提高。

1957 年 4 月，苏联最高苏维埃主席团主席伏罗希洛夫访华，毛主席率中央领导人到机场迎接，路过天安门广场。当时人大派了部分学员到天安门广场迎接客人并帮助维持秩序，其中包括我们系的学员，因此在天安门广场前我近距离见到了毛主席和周总理。

1959 年 10 月 1 日，人大学员参加了天安门广场国庆 10 周年庆典，担任手举红灯笼在广场前排字任务（按照吹口哨信号举起红灯笼，广场前便会显示“1949—1959”的字样）。这次活动我也参加了，因此在天安门城楼上又一次见到了毛主席和周总理等中央领导人。

人大多种多样的教学方式和浓厚的学术气氛，丰富了我的理论知识。

人大的教学以本校老师（包括苏联专家）讲课为主，同时经常外请教师来校讲课或做报告，还请社会知名人士来校做报告，供学员自由选听。比如我选听过来自北大的一位对黑格尔哲学很有研究的张世英教授的课，很受启发。我还去礼堂听过北大著名哲学家冯友兰先生的学术报告。

我在校听过社会知名人士张治中先生的报告、鲁迅好友冯雪峰先生介绍鲁迅的报告。我还记得，我国著名的桥梁工程专家茅以升先生也来过人大。

人大建校后创办了中国人民大学出版社。

当时人大党史系出版了新中国第一本《中国共产党历史》，马列主义基础系出版了新中国第一本《国际共产主义运动史》，哲学系出版了第一部《辩证唯物主义历史唯物主义》。人大出版了许多理论参考书。

人大的不少老师成了我的良师益友。比如人大哲学系主任萧前教授，就是我的一位良师益友。

我参加工作后最初在党校教哲学，由萧前教授指导并由李秀林等教授主编的《辩证唯物主义历史唯物主义》对我帮助很大。

1963 年 7 月 16 日，我在《人民日报》上见到了当日萧前教授发表的《把哲学变成群众手中的锐利武器》一文。不久后我又听到了毛主席对萧前教授的这篇文章提出表扬的消息，这个消息使我更加尊敬萧前教授。

后来，单位派我去人大哲学系进修，在离开人大后我再一次见到了萧前教授，并与他本人和其他人大老师及到人大进修的学员留下了珍贵的合影。

1975 年我到人大进修哲学与人大哲学系主任萧前教授及学员合影。二排右一是我，右三是萧前教授

又比如，人大长期研究“科学社会主义”“国际共产主义运动史”的高放教授也可以说是我的一位良师益友。我在党校从事过科学社会主义和国际共产主义运动史的教学，经常阅读高放教授发表的文章。

在20世纪90年代，高放教授和全国许多高校的教师赴新疆生产建设兵团党校参加当代世界社会主义专家研讨会。我也参加了会议，见到了许多人大的同学，还见到了高放教授，向他请教了一些理论问题，并在会议期间与高放教授及时任北京市委党校副校长的同班同学周亚贤教授和时任陕西省委党校科学社会主义教研室主任的同班同学陈仁庚教授留下了珍贵的合影。

20世纪90年代高放教授到新疆生产建设兵团党校参加当代世界社会主义专家研讨会时，我与高放教授及时任北京市委党校副校长的同班同学周亚贤教授和时任陕西省委党校科学社会主义教研室主任的同班同学陈仁庚教授的合影。右一是我，右三是高放教授

此时我了解到，除上述同班同学周亚贤教授、陈仁庚教授外，其他同班同学也都事业有成，比如：同班同学叶长青任重庆市委党校主任；同班同学马玉树任宁夏省委党校教授；同班同学柳正昌任郑州大学教授，在研究美学方面颇有成就；同班同学曾枣庄任四川大学教授，在研究文

学史中的“三苏”（苏轼、苏洵、苏辙）方面颇有成就；同班同学李慎思和人大老师王万军一起到了中共中央西北局工作；同班同学李昌远担任过中共河北省委办公厅秘书；等等。

◎ 在新疆工作多年，使我终生难忘

1960 年我从人大毕业时，是个 23 岁的单身青年，组织号召我到边疆工作。那时有一个流行口号是“祖国的需要就是我的志愿”，我毫不犹豫地表示愿意到边疆去。

正好当时有一位叫潘熊烈的同班同学（广东人，他父亲是新中国成立前香港地下工作人员），他对我说，他的爱人麦孟乔是北京师范大学俄语系毕业生，已经在去年分配到新疆乌鲁木齐市第一中学教俄语，所以他本人要求去新疆工作，并动员我和他一起去新疆工作，我欣然同意。

1960 年夏，我和潘熊烈一起从北京坐上了西去的列车，没想到上车后见到了不少被分配去新疆工作的人大同学，如同系不同班的李参同学。

更没想到的是，那时兰新铁路尚未通车，列车到甘肃玉门油田附近以后，我们需要换乘汽车，于是我们坐上了没有遮风挡雨顶篷的敞篷汽车去乌鲁木齐。大家拥挤地坐在自己的行李上，汽车后面卷起来的尘土很大，但我们几个年轻人的精神状态还不错，沿途欣赏和谈论着边疆的风景。

不记得汽车走了几天，只记得在一天晚上路经吐鲁番县城并在一个旅店住下，第二天早上继续乘车赶路，又经过托克逊县等地，最终到达了乌鲁木齐。见到的乌鲁木齐比我想象中的要好。

到乌鲁木齐后，我和潘熊烈被区党委组织部分配到新疆维吾尔自治区党委党校工作（潘熊烈后来调到区党委宣传部工作）。

此后我逐渐了解到，有不少人大毕业生被分配来党校工作，比如人大经济系毕业的杜培善同学（后任党校经济学教授）、人大哲学系毕业的赖恭谦同学（后任党校哲学教授）、人大党史系毕业的方伯勉同学（后任党校党史教研室教授）等。

我到党校工作后，李参同学被分配到新疆大学工作，以后还逐渐了解到，被分配到新疆大学工作的原来还有和我们一起分配来新疆工作的原马列主义基础系刘冠章教授、原法律系田野教授。

初到新疆，有两件事使我非常难忘。

第一件事是1962年党校派我参加了到南疆和田地区向内地调运粮食的工作，使我饱览了天山南北的美好风光，增加了对新疆维吾尔族人民的了解，亲身感受到了“新疆是个好地方，天山南北好风光”“各族人民热爱党”，对我在新疆从事理论教学和宣传工作也提供了帮助。

1962年我国经济遇到暂时困难，内地有些地区严重缺粮。由于新疆粮食比较充裕，自治区部署了向内地调运粮食支援内地的工作，党校派我和钱柏生同志参加去南疆和田地区调运粮食支援内地的工作。行前，自治区副主席伊敏诺夫还向我们做了调粮工作动员报告。

我乘上了开往南疆和田的卡车，和司机一起坐在驾驶室里，饱览了“天山南北好风光”，但由于那时从乌鲁木齐到和田的班车尚未正式开通，不时有维吾尔族老大娘提着一篮鸡蛋要求搭车。

经过十来天的路程才到达和田粮食仓库，我们帮助装粮和过秤，维吾尔族群众帮助将一袋袋粮食装车，对我们也很友好。到和田县城转悠，我们发现维吾尔族群众与当地的汉族群众也很团结。

回乌鲁木齐时，我白天坐在汽车上面的粮袋上，晚上睡在粮袋上，主要是防止有坏人爬上汽车抢粮食。

第二件事是1965年党校派我到南疆伽师地区参加农村社会主义教育运动。在维吾尔族老乡家里吃饭，和他们一起下地劳动，我与维吾尔族人民有了更密切的接触。他们对共产党把他们从旧社会剥削压迫下解放出来充满感激之情，把我们看成共产党派来帮助他们的好干部，用很好的饭菜款待我们，用好客的方式接待我们，大大增加了我们对他们的感情。

在扎根新疆的工作中，我紧密结合国家建设和形势的发展搞教学、编教材、写文章，收获了工作的成果，享受了工作的乐趣。

我被分配到党校工作后，和其他同学一样受到领导重视。先后担任了哲学教研室教员、科学社会主义教研室主任、新疆科学社会主义学会常务副会长、中国科学社会主义学会理事，还担任了几年党校校刊《实事求是》主编工作。

为配合教学和自治区干部学习，我先后主编了《新编科学社会主义》、《建设有中国特色社会主义简明读本》（吸收教研室教员参加编写），又作为副主编编写了《马克思主义与建设有中国特色社会主义》。

为配合形势教育，我先后在报刊发表文章近百篇。比如：20 世纪 90 年代初发生了苏联解体重大事件，促使东欧一些社会主义国家发生剧变。苏联解体原因很多，从党的指导思想看，一个重要原因是受了民主社会主义思潮的影响。主张照搬西方民主制度，所以我写了《民主社会主义的由来、发展及其与科学社会主义的对立》，又写了《民主社会主义在东欧表现的新特点与我党思想建设面临的新任务》。后一篇文章被自治区党委组织部作为会议论文。组织部还推荐我参加了 1991 年在北京召开的庆祝建党 70 周年"全国党建理论讨论会"，并请我就民主社会主义问题在组织部主办的"自治区厅局级主要领导干部学习班"上做了专题讲座，专题讲座受到好评。此文还获得了自治区哲学社会科学优秀成果二等奖。

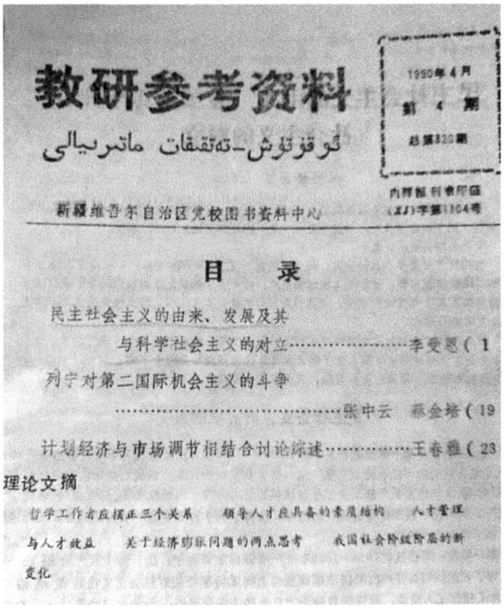

教研参考资料

ئوقۇتۇش-تەتقىقات ماتېرىيالى

1990年4月

第 4 期

新疆维吾尔自治区党校图书资料中心

目　录

民主社会主义的由来、发展及其与科学社会主义的对立……李受恩（1

列宁对第二国际机会主义的斗争……张中云　（19

计划经济与市场调节相结合讨论综述……（23

理论文摘

《民主社会主义的由来、发展及其与科学社会主义的对立》

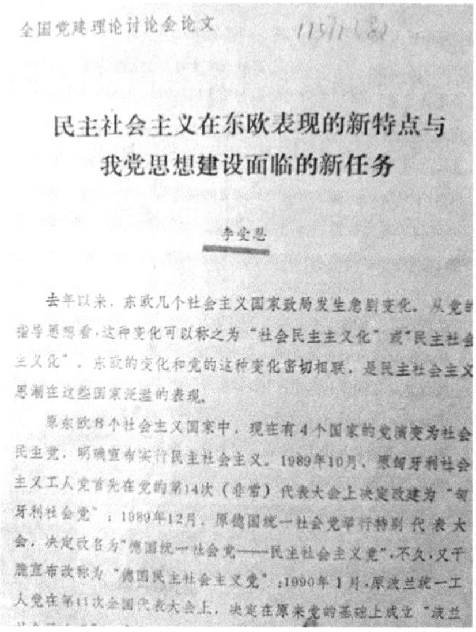

全国党建理论讨论会论文

民主社会主义在东欧表现的新特点与我党思想建设面临的新任务

李党恩

去年以来，东欧几个社会主义国家政局发生急剧变化。从党的指导思想看，这种变化可以称之为“社会民主主义化”或“民主社会主义化”。东欧的变化和党的这种变化密切相联，是民主社会主义思潮在这些国家泛滥的表现。

原东欧8个社会主义国家中，现在有4个国家的党演变为社会民主党，明确宣布实行民主社会主义。1989年10月，原匈牙利社会主义工人党首先在党的第14次（非常）代表大会上决定改建为“匈牙利社会党”；1989年12月，原德国统一社会党举行特别代表大会，决定改名为“德国统一社会党——民主社会主义党”，不久，又干脆宣布改称为“德国民主社会主义党”；1990年1月，原波兰统一工人党在第11次全国代表大会上，决定在原来党的基础上成立“波兰

《民主社会主义在东欧表现的新特点与我党思想建设面临的新任务》

再比如，为加强党员和干部理想信念教育，我写了《坚定共产主义理想信念的几个认识问题》。此文在新疆维吾尔自治区党校2015年编辑出版的《阵地与熔炉》一书中被收录（见该书第1页）。

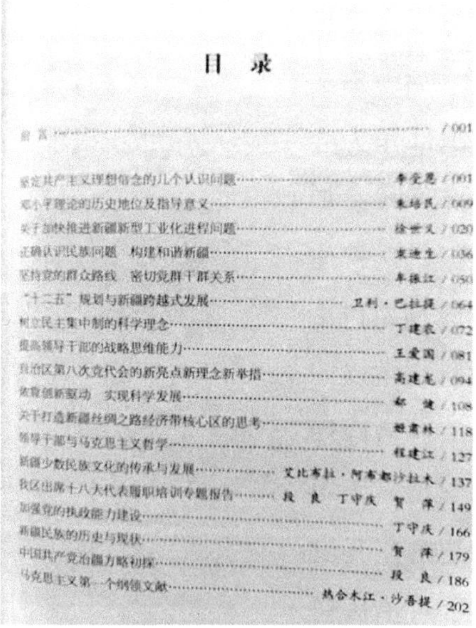

目 录

《坚定共产主义理想信念的几个认识问题》

◎ 情系母校盼望深

我离开母校后，一直情系母校，想念母校。

20 世纪 90 年代，我回到了人大校园。首先到西郊人大和人大附中看了看，又到铁狮子胡同人大校部大门前转了转，还到我刚入人大上课的海运仓校区看了看。

虽然海运仓人大校址现在已经是一所医院的所在地，但我仍然能回忆起当年在此学习生活的情景。

我离开母校后，一直牵挂母校。

当我在电视上得知人大经济学教授卫兴华老师 2019 年被授予“人民教育家”国家荣誉称号的时候，当我在电视上看见毕业于人大现任我国主管经济和金融工作的副总理刘鹤的身影后，当我在手机上听到人大金灿荣教授畅谈国际形势的发言时，我为人大有这样的杰出人才感到自豪。

正当母校建校 85 周年之际，4 月 25 日习近平总书记到人大进行考察调研，并发表了重要讲话。他对人大建校以来所具有的光荣革命传统和取得的重大成绩做了高度评价，对在新的形势下如何把人民大学办得更好、为党和人民做出更大贡献做了许多重要指示，并向全国发出了“坚持党的领导，传承红色基因，扎根中国大地，走出一条建设中国特色世界一流大学新路”的号召。

我通过手机反复学习了习近平总书记考察人大的讲话，感到讲话内容非常丰富深刻，也是对人大校庆 85 周年的最好祝贺。

为了纪念母校建校 85 周年，祝愿母校在新时代取得更大成绩，我从落实总书记在人大的指示出发，对母校提两点希望：

第一，希望母校落实好总书记“立德树人”“为党育人、为国育才”

的指示。

总书记在人大强调：中国人民大学从陕北公学成立之初就鲜明提出要培养“革命的先锋队”，到新中国成立之初提出培养“万千建国干部”，到改革开放新时期提出培养“国民表率、社会栋梁”，再到新时代提出培养“复兴栋梁、强国先锋”，始终不变的是“为党育人、为国育才”，展现了“党办的大学让党放心、人民的大学不负人民”的精神品格。希望中国人民大学落实立德树人的根本任务，让听党话、跟党走成为人大师生的自觉追求。据我了解，人大有推荐毕业生作为选调生到地方工作、到基层锻炼的制度，坚持这一制度有利于更好落实总书记的“为国育才”的指示。

第二，希望母校落实好总书记关于加强中国特色哲学社会科学研究的指示。

总书记在人大强调：高校是我国哲学社会科学“五路大军”中的重要力量。当前，坚持和发展中国特色社会主义理论和实践提出了大量亟待解决的新问题，世界百年未有之大变局加速演进，世界进入新的动荡变革期，迫切需要回答好“世界怎么了”“人类向何处去”的时代之题。要坚持把马克思主义基本原理同中国具体实际相结合、同中华优秀传统文化相结合，立足中华民族伟大复兴战略全局和世界百年未有之大变局，不断推进马克思主义中国化时代化。不断推进知识创新、理论创新、方法创新，在研究解决事关党和国家全局性、根本性、关键性的重大问题上拿出真本事、取得好成果。

据我了解，人大有国家发展与战略研究院等许多高端智库，有一批非常好的学者，充分发挥其作用，可以更好落实总书记的上述指示。

李受恩自述，本次采访时间为2022年4月，由中国人民大学校友工作办公室负责采访、录音整理及文字编辑。

王泓远

王泓远，黑龙江富锦县人，1961—1962年在中国人民大学《资本论》进修班学习。曾任江西大学教授、经济系主任，江西财经大学教授，中国《资本论》研究会理事，江西省《资本论》研究会会长，等等。

20世纪50年代的“大跃进”中有一项是教育“大跃进”，江西商业厅副厅长刘昌东弃商从教，调到江西财经学院担任党委书记、副院长主持工作。

没想到刘昌东书记要带我和他一起去财院工作，并指定我担任财院理论教研室副主任。刘书记知人善任，知道我缺什么和应该补充什么。所以，在1959年他叫我去参加中宣部在北京教育学院主办的“政治经济学”学习班；在1961年教育部委托中国人民大学主办“政治经济学”和《资本论》专业班时，他又决定送我去人大《资本论》专业进修。那时我是理论“贫困户”，两次进修等于两次“扶贫”，使我初步实现了“两不愁”。

1961年9月5日，我持人民大学录取通知书报到时，遇上了曾在北京教育学院一起进修过政治经济学的一位老同学，他惊讶地问我怎么又进修政治经济学。他的质疑和提醒使我顿悟，我应去招生办问问能否转到《资本论》进修班。招生办工作人员听了我的经历后欣然批示，“同意转入《资本论》进修班进修，1961.9.5”。从政治经济学到《资本论》，是问鼎学榜上的一次洗礼和升华。我在人民大学进修《资本论》的最大收获是将《资本论》视为我治学执教的道路、真理和生命。

《资本论》博大精深。在《资本论》扉页上有主副两个标题，即资本论和政治经济学批判。马克思在《资本论》的第一版序言中写到，《资本论》这部著作是1859年发表的《政治经济学批判》的续篇。马克思于1883年3月14日逝世。1886年恩格斯在为英文版《资本论》作序时指出，《资本论》是“工人阶级的圣经”。所以，从上述意义上讲，《资本论》是一书三论，即批判论、资本论、圣经论。

进修班开班时，中国人民大学校长是吴玉章，主要负责人有人大经济系主任宋涛、班主任兼主讲教师胡钧、辅导教师成宝良。进修班学员人数计划为 20 名，因我突然转入达到 21 名。学员党支部书记是张羽，我是宣传委员，班长是孙可达。当时人大实行双轨制教学，既有本科学历班也有教师进修班。据说《资本论》进修班是由教育部委托中国人民大学试办的，学制一年，只办了两期便停办了。对于《资本论》进修班，“人民教育家”国家荣誉称号获得者、人民大学经济学资深教授卫兴华则持另一种说法。

2017 年 4 月 24 日，卫兴华在《光明日报》上著文纪念经济系原主任宋涛时指出，在 1962 年人民大学政治经济学系开办了《资本论》研讨班，他的话意味着我们进修班采取了研究的方式进行教学活动。《资本论》前三卷共有 17 篇 98 章，教师要写出 98 章《资本论》的讲稿后再去讲《资本论》。当时给我们班讲授《资本论》第一卷的主要是胡钧，讲授第二卷的主要是吴树青，讲授第三卷的主要是于学儒和成宝良。课堂上他们从不发讲课提纲，也很少拿粉笔写板书，基本上采取点一点、指一指、引一引的方式讲授。

胡钧老师宣布《资本论》进修班的教学计划是史论两部分，即西方古典经济学说史和马克思的《资本论》。《资本论》前三卷主要讲理论，兼述西方古典经济学说史，我们简称为理论《资本论》。但我们始终未学《资本论》的第四卷，后来考茨基以《剩余价值理论》为题作为《资本论》的第四卷出版，我们总感觉教学计划不够完整。意外的是，学习西方古典经济学说史时老师还安排了中国太平天国经济史，使我们感觉这种计划安排不中不西，缺乏逻辑。我们这些学员长期贯彻“理论联系实际”的学风，有一次在课堂上我们问到学习《资本论》应如何将理论与实际相结合，大家未曾想到胡钧老师竟如此回答：你们在学校只需要学好理论，毕业后到社会上再联系实际问题。我们乍听有点懵懂，但转念一想，胡老师这种传道授业解惑方式未必就是离经叛道。

首课具有党课性质，比较隆重，但不知因何系主任宋涛未能参加。

这堂首课由胡钧主讲马克思《政治经济学批判》一书中的序言和导言，简称“双言”。“双言”课可能是人大的金牌课。我笔记记得仔细，每堂课的授课时间、教室、主讲人及其授课主要内容都记下来了。

今年我在上海制作《资本论》文物盒时翻看了一下听课笔记，按照笔记，给我们授课的教师有胡钧（1961 年 9 月 18 日）、俞明仁（1961 年 9 月 22 日）、徐琳（1961 年 11 月 16 日）、苏星（1962 年 1 月 22 日）、吴树青（1962 年 3 月 21 日）、成宝良（1962 年 5 月 23 日）、张朝尊（1962 年 6 月 20 日）、于学儒（1962 年 6 月 27 日）等，他们可谓和而不同、各具特色。此外，还有厦门大学校长、《资本论》前三卷汉译者之一王亚南给我们讲“资本论的结构与体系”（1962 年 4 月 15 日），中国科学院经济研究所所长孙冶芳给我们讲“费用与效用的关系”（1962 年 1 月 23 日）。使我们难以忘却的是，每逢晚上自习时间，胡钧和成宝良两位恩师都会给我们释疑解惑，做深入具体辅导。

1961—1962 年，我们物资短缺，生活十分困难。粮食计划定量供应每月 30 斤杂粮，冬季早上喝燕麦粥、吃燕麦饼。我在《资本论》第二卷中夹的一张邮票大小的经济系食堂发的一两饭票，就是一个明证。同时我们宿舍没有暖气，学校只发给一个烧煤的生铁炉子，我们凭票领煤；一些南方同学很不习惯烧煤炉子，致使南北同学之间因此产生不快。我们那时可谓饥寒交迫学“圣经”。

学校放寒假了，我因囊中羞涩而未回南昌过春节。全班只剩下了黄敏、曾鹤松和我三个人未能回家。我们戏言，《资本论》贫困化学好了，回家的同学是“相对贫困化”，我们有家难回的是“绝对贫困化”。凡含泪播种的，必含笑收获。天道公平，人生在世可能都是有舍有得，毕业前我在校阅读了七遍《资本论》。我们毕业采取抽签考试：一张纸条上有两道考题，准备一刻钟后，返回教室口头回答。我的毕业证评语为“成绩合格，准许毕业”（毕业证号 511）。

插一段后来的事。改革开放初期，组织上用人开始要求文凭。全江西省只有我有《资本论》进修班的毕业文凭，可能因此我当上了中国《资本论》研究会理事，还当上了首届江西省《资本论》研究会会长。1988 年恢复职称评定时我上交了《〈资本论〉中的形象思维》等两篇文章，经匿名评审后我被评上教授（江西人事厅颁布证书）。

再接着介绍我在人大进修的事。那时课堂并无电教设备，讲课教师也不发讲课提纲，所以我们学员听课只好靠自己手写笔记。其他同学听课是摘要记录，我是听到便“吞”下，像牛反刍一样再细嚼慢咽去消化。

为了记全记快，我摸索出了一套将钢笔头翻过来写字的方法，即将钢笔头两部分的金属钢笔尖朝下，塑料笔舌朝上，这样写字时金属笔尖和塑料笔舌彼此向内挤压，笔舌就成为流淌墨水的管道，而笔尖那条细缝就成为调节墨水流量的开关；前者不动，后者随手势而动，使用这种方法写出来的字越来越小，最终达到了小而快的写字效果。手、笔、纸、墨要配合好。我用的是书皮纸，写字时才不至于纸被笔尖划破，此外我用派克墨水写字，多种因素使我这笔记本得以保存至今而成为镇宅之宝。

世事难料。“文化大革命”时，我竟因一个在人民大学学习《资本论》的笔记本而险些惹上一场祸。1967 年，我省有关部门通知，有人从江西吉安发出攻击领导人的匿名信，要求各单位报送怀疑对象的笔记本。这时造反派认为机会来了，他们竟将抄家抄去的我的《资本论》听课笔记本拱手送去。但人算不如天算，经审查后认为笔迹不对而退回，使我躲过了一场大祸。后来我携带这个笔记本下放农村，从一村带到另一村。1978 年是中国社会历史变化的里程碑。我重返学校工作进城后，又将笔记本从一校（江西大学，即南昌大学前身）带到另一校（江西财经大学），从一宿舍带到另一宿舍。因我始终精心呵护，防虫防霉，笔记本得以完好如初。

2018 年，习近平总书记在纪念马克思诞辰 200 周年大会上的讲话中指出，1848 年，席卷欧洲的资产阶级民主革命爆发，马克思积极投入并指导这场革命斗争。革命失败后，马克思深刻总结革命教训，力求通过系统研究政治经济学，揭示资本主义的本质和规律。1867 年问世的《资本论》是马克思主义最厚重、最丰富的著作，被誉为“工人阶级的圣经”。

不忘初心的中国共产党人，还向德国的马克思故乡特里尔市赠送了一尊铜塑的马克思全身像。有意思的是，特里尔市政府为此专门举行了一场公投，结果42票赞成，7票反对，2票弃权，使赠送塑像落地成功。我想当过该市律师协会主席的亨利希·马克思和在柏林大学专攻法律学的卡尔·马克思，父子俩得知故乡人借用契约形式迎接塑像，他们在天之灵一定会感应到人世间的温暖、诚信和荣耀。

我有幸学《资本论》、教《资本论》、研《资本论》，并将《资本论》从逻辑思维形式提升为信念信仰，丰富了个人的精神世界。我在中国人民大学进修《资本论》，在江西财大教学研究《资本论》。在20世纪80年代中期，江西省委副书记吴官正创立了江西省决策咨询委员会，作为委员我曾面对面以“资本论与市场经济”为主题向吴副书记做咨询介绍。会间发生了一个插曲，主持人感到我发言过长，示意快点结束，吴副书记则说：“让王教授讲下去！”我为我能面对面向省委副书记做咨询献策，为江西经济社会建设服务而感到欣慰。

我已进入鲐背之年，今年已93岁了，应该重整行装再出发了。我将在人民大学进修时的四件历史物品，即录取通知书、《资本论》、笔记本和毕业证，在上海黄浦区福州路即通称上海文化街，请装裱商店用亚克力材质装裱成盒，于去年7月捐赠给母校中国人民大学。后来我从上海中心大厦52层云朵书店（可谓当今世上最高书店）买了一套马克思诞辰200周年纪念版《资本论》，借读《资本论》健身养老，试做“工人阶级的圣经”与宗教《圣经》之比较研究，以坚持“工人阶级的圣经”的信念信仰。

王泓远自述，本次采写时间为2023年7月1日，由中国人民大学博物馆刘春荣、档案馆蒋利华负责采访、录音整理及文字编辑。

撰写 / 王泓远

陆伟国

陆伟国，1945年生，上海市人，1962—1968年就读于中国人民大学计划统计系。先后供职于政府机关和中等、高等学校。现为南京审计大学退休教授。退休后，出版了《风霜雨雪忆年华》《革命四十年（1949—1989）》《六十年代的大学生涯》《六十年代的中国人民大学》。

不经意间，已是七十有七。回首这一生，风霜雨雪，感慨万千。简言之，成绩不多，经历不少。我先后迁过八次户口，婚后搬过十一次家。我扫过公厕、挑过大粪，有过自己单独的办公室，住过生产队的饲养院，睡过北京的地下室，爬过建筑工地高空作业的脚手架，下过地下百米深的矿井，曾在炼钢炉前的炽热中流汗，在海港码头的远洋巨轮旁干活，在农村基层工作多年，最后是高等学校的一名退休教授。

◎ 忆往昔——选择与高考

我出生于1945年。家在崇明县城南街上的43号，当时归江苏省，1958年划归上海市。1949年秋，我们全家搬到了上海市区。

1950年9月，我进入溧阳路第四小学读书。这有着不一般的意义。因为我们是中华人民共和国成立后招收的第一届小学生，完全可以说是“生在旧社会，长在红旗下，与共和国同成长”的由共和国培养出来的第一批学生。

从1956年到1962年，我的中学时代在上海市红旗中学度过。它坐落在虹口区四平路421弄113号，头道桥的边上。

上了高中，考大学就成了唯一的选择。回想我对高考的准备，既是充分的，又是平常的。说充分，是因为在初中时就准备要高考了。我家的经济条件并不好，按说应该早点去工作，但是我初中毕业时尚不到报考中专、中技的最低年龄，只能考高中，考了高中就只有考大学一条路。由于对历史、地理这些课程的爱好，所以我在初三就决定好了以后考文科。

拿到书面录取通知的前一晚，班主任向我们报告了好消息。但他以为我考上了复旦大学，那是我报的第一志愿（复旦大学历史地理专业，那时我对考古有兴趣，想报北大的考古专业，但那年没招，就报了个相近的专业）。第二天去学校拿到正式通知，才知道是中国人民大学，多少有些意外。自己考上了一个不一般的大学，一个以“中国人民”命名的大学。尽管对这个学校了解不多，但在那时的高中生眼里，它有种神秘感，我顿时觉得自己肩上沉甸甸的。既然考上了一个不一般的大学，以后的路也会不一般。果不其然，我这六年的大学岁月，我这一生的路，正是验证了这一点。

那时高考志愿是两张表，每张表可填十二个志愿。我第一张表的第四志愿是人民大学农业经济专业，觉得报这个专业的人会少一些。最后一个志愿才是人民大学统计专业，那更是个冷门专业。原是想在填报技巧上做最后一搏，没想到，还真是统计专业。

随通知书一同寄来的，还有几张大大的行李签，上面印着鲜红的“人民大学”的字样。这几个字给我的印象竟比那录取通知书还深。后来有一张贴在了我唯一的一个箱子上，那是我姐姐用过的一个蓝色帆布箱，她特地拿过来给了我。因为舍不得那标签，那旧箱子也一直随我到现在。

这次的入学还有着不一般的含义，不但是上了个不一般的大学——人民大学，而且还是在一个不一般的年份——1962 年。那时正处在困难时期，高校入学人数处于低谷，本科的录取率还不到 10%。那年人大录取新生 400 人，我们班才 30 人。而且在校期间风浪起伏，一言难尽，不但延迟一年毕业，最后班里参加分配的也只有 26 人，以至于华罗庚、严济慈等几位老科学家根据他们的教学体会说“人才出在 1962 级”，而我们自己却是有苦难言。

还有一点，就是在这之前人大的学生主要是调干生。从我们 1962 级开始才改为绝大多数是应届高考生。1962 级学生确实不一般，连这几年的经历也不一般。

人生中一个新的阶段开始了。我的特殊时期的大学岁月，跟如今被宠为“天之骄子”的当代大学生相比，真是不可同日而语。坎坷艰辛，千言难尽。我大学读了六年，在这六年的大学生活中经历了课堂、实践、社教运动等诸多阶段。这个经历，集中体现了新中国一代青年知识分子的历程。从课堂听讲到社教工作队员，最后进部队农场成为五七战士，一个大学生经历了如此多重的角色转换。

◎ 思大学——经历与成长

1. 校园印象

进到学校，第一印象是十分简朴，无论是校舍，还是教工都是那样朴实无华。整个校园，基本上就是三种颜色：灰的楼、绿的树、蓝的衣服。连校门口也是那样简朴，就是竖着两个大大的灰色的水泥方柱，右边挂着白底黑字的校牌，上面是极为厚重的六个印刷体大字——中国人民大学，左边是蓝底白字的门牌号码——“海淀路 39 号”（现在是“中关村大街 59 号”了）。

这个校门，直到 1985 年也没有什么大的变化。20 世纪 50 年代在门垛上加了个圆球形的灯罩，70 年代门垛上的灯罩改建成了方框形。80 年代，校牌和校徽都换成了吴玉章老校长的字迹。1985 年，建起了新校门。

整个校园里几乎都是灰砖灰瓦的平房和相当于两个平房摞起来的二层楼房。最高的主楼也不过三层，通常就叫灰楼，正式名称叫教学办公楼，建成于 1951 年。主楼尽管只有三层，却是 20 世纪 50 年代从白石桥到海淀的高层建筑了（2004 年改名为求是楼）。除此之外，其余的教室都在办公楼北面一排排灰色的平房里。教室里面的光线不够亮。所用的课桌椅，实际上就是个椅子，倒是很结实，木头很厚，右侧还有个平板，用来放书和笔记。

我们计统系就在学校最里面西北角的北五楼，即五排两层的灰楼。每一排都是单面的房间，开门就是外面。冬天的夜里，出去上厕所，那是很冷的。系办公室在最后一排，我们班在第三排，也叫北三楼。

在北五楼的西面，有个约为 100 米 × 50 米的人工湖，是个长方形的水塘，四周种有柳树，是我们晨读常来的地方。冬天它还可用来滑冰，从南方来的我对这倒是很感兴趣。它是由本校师生开挖的。

校园里，印象最深的当数灰楼前面的圆坛里那两棵高大挺拔的很有年头的松树，那是人民大学的一景。几乎每个人大的学生都会在那儿留影。可是这两棵大树，在 20 世纪 70 年代人民大学被解散期间竟先后黯然死去。

1963 年郭影秋来校后进行了一系列建设，建了新教学楼（现在叫公共教学二楼）、新图书馆（现在叫藏书馆）、新食堂（现在叫拳道馆）。当然现在的校园早已焕然一新，我们在校时的建筑还保留下来的很少了，除了教工宿舍的林园楼、红楼和上面提到的三个，再就只有老图书馆（现在叫学生活动中心）了。

2. 日常生活

不但校园简朴，同学们也很简朴。从入学后，除了 1966 年有大串联外，我只回家过一次。其余的假期里，我大都参加勤工俭学，那时叫有偿劳动。夏日里整修操场，炎炎烈日之下，拉着沉重的石碾，大汗淋漓，一步一步地艰难向前，由此而常常想起聂耳的《大路歌》。当然报酬很低，干了好几天，给了六元钱。冬天，则在图书馆里进行整理和装帧。总之，是用汗水换来一点补贴。好在那时的费用也很低廉，主要就是每月 9.5 元的伙食费（第二年提高到 12.5 元），很少量的书费（那时有不少的课程还没有书），别的开销就很少了，连根小豆冰棍也不舍得吃。不过一想到在全国人民那么艰苦的情况下，党和政府还要培养大学生，也是不容易的，心里还是充满感激。

那时，食堂的打饭是这样的：每顿就一个菜，大家都一样。饭票上没有金额，只标明日期和早中晚。上午没课的班级，轮流去食堂帮厨，干些择菜、洗菜之类的活，而且提前吃饭。开饭时，还要给来就餐的同学们打菜。为了显示公平，打菜时不能抬头看人，以防别人说你打得有多有少。等着打饭的队伍排得又很长，所以就只管低头接碗，飞快地往里面舀上等量的一勺，递出去，再接下一个碗，大家都练出这本领了。

3. 国庆活动

来到北京，最令我激动的事，那就是参加国庆的活动。第一年是在天安门广场上“组字”。就是每人站在一块方砖上，手里拿着好几朵各种颜色的纸花。随着不同的号令，举起不同的花。几十万人就组成了广场上不同的宏大图案。中午，长安街上由东向西的群众游行结束，在广场上举花的人群便一起向前涌去，直到金水桥边，激情地仰望城楼上的国家领导人。

后几年是作为仪仗队参加国庆游行。1963 年、1964 年，因为没有阅兵，我们就排在前面的第二方阵。第一方阵是北师大女生的花篮方阵，比较小，后面就是我们人大学生肩扛国徽和高举红旗的方阵了。1965 年那次，不用花篮了，我们肩扛毛主席著作模型，就在最前面的第一方阵。国庆那天，上午十点整，面对宽阔而空旷的长安街，随着《歌唱祖国》的乐曲声响起，跨出那整齐有力的整个游行队伍的第一步，接受党和人民的检阅，心里不由十分豪迈，欣喜之情溢于言表。

每年的国庆，都是最忙碌的一天。凌晨一两点就起床、集合、上车，在东长安街上列队。午后才能回到学校。吃完晚饭，便很快又要出发，参加晚上在天安门广场上的联欢。夜晚的广场，看着欢快的人群翩翩起舞，一朵朵在半空绽放的礼花，耳边是轰隆轰隆的炮声，四周华灯齐放，这时最能体会到生活的幸福安康，由衷地祝愿祖国好。我们围成几十个人的大圈子，跟着歌曲，跳起了专门编排的集体舞。

4. 师生情谊

在我接触的所有老师里，印象最深的当然是我们班的政治辅导员倪加勋老师。刚入学时，我们连班主任也没有。1961 年中央发布文件，明确规定在一、二年级配备政治辅导员或班主任。由于人民大学在 1962 级之前几乎都是调干生，也就没有立即配备。到我们开始就几乎都是应届生，所以从 1963 年开始实行政治辅导员制。

倪老师是浙江嘉兴人，1956 年考入我系统计专业，1960 年毕业留校，属于当时学校里最年轻的一批老师。倪老师从担任政治辅导员起，就走进了我们班的学生生活。他是那样地关心我们、尽心尽力，我至今印象都很深。他是我一生的榜样，一种无形的巨大召唤，使我几十年来也兢兢业业、努力工作。倪老师是我名副其实的良师益友。

即使是毕业之后，倪老师和我们的联系，对我们的影响，也一直没断。20 世纪 70 年代末，我调到山东省烟台粮食学校教统计，然而连一本统计书都没有。是倪老师给我寄来了香港版的统计学书，救了我的急。

我们始终保持着联系，直到现在也还是微信好友。如今，倪老师年事已高，依然身体健康、精神抖擞。倪老师还是我们班微信群的活跃成员，依然对我们的工作、生活有着很大的帮助。倪老师住在宜园，常在校园里散步，常常将校园里的树木花草石子拍成美照发在群里，也使我们对母校的浓浓感情始终维系在心。

我们班的同学都是比较优秀的，在这六年里，一直相处得比较好，可以说是做到了团结友爱、相互帮助、相互谦让、相互理解。我们班的班干部王松岷同学，是位诗词爱好者。我想用他当时写的一首诗《明年好过今年》里的最后一段来表达我们同学间的情谊：

我们寝室住着七个伙伴，
七个伙伴来自地北天南，
共同祝愿使我们心心相通，
我们的心哟
又系着地北天南。

我有幸是王松岷同学诗中所说的七个伙伴之一。我们在同一个宿舍。

人大的日常生活管理十分强调自律。刚去时，也没有政治辅导员、班主任。所以，同学们有什么事都是靠自我管理。这样，既培养了自觉性，也提高了大家的各方面能力。有件事特别值得一提，就是人大的男女同学是住在同一楼舍内的。我们系同年级的两个班是在北三楼一楼左侧的八个宿舍，女同学是中间两个宿舍（104 室和 105 室），两边各三个宿舍分别是我们计划和统计两个班的男生。男女同学共用位于楼中间的一个盥洗室，早晨一起洗脸刷牙，傍晚一起洗脚洗衣服，真的是朝夕相处。夏天，甚至一边是有的男同学光膀子冲澡，一声喊“闪开点啊！”，一盆凉水就从头上浇下，旁边洗衣服的女同学便“哇”的一声跳开。尤其是夜里，从被窝里出来上洗手间，穿得很少，在过道上和同样情况的女同学相遇，多少有点尴尬，也不好打招呼说什么，只能相视无语、低头而过。大家相处都很好，也很少有谈恋爱的，而且几乎没听说有什么“绯闻”。

有件难忘的事和这有关。1965 年夏，我们从湖南回来，搬进了东风三楼，还是男女同学住同一个楼。法律系男生在最底下的一层楼，我们计统系男生在上面的三、四层，两个系的女生则在中间的二层。我住在三层，我们楼层里的最西侧还有几个空房间。

这年的 9 月，人大来了一大批冒着轰炸、昼伏夜行、历经生死、从血与火的前线过来的越南女留学生。她们来后，留学生楼不够住，由于我们东风三楼紧挨着留学生楼，所以有一部分就住进了我们楼。我们楼层最西侧的那几间也都住上了，也就是和我隔了一两个房间。还是共用同一个盥洗室，这回可是和外国女孩子“朝夕相处”了。这些越南女孩比中国女孩更能闹，从早到晚，满楼道里都是她们的欢声笑语。可也就不到一年的时间，情况又变了。1966 年 9 月，她们的学习计划暂停，撤回本国。听到这个决定，刚才还在嘻笑着的她们，霎时间就花容失色。临行时，她们的哭泣与不舍，至今依然历历在目。

5. 教学方式

1962 年秋入学后，先是传统的课堂学习。人大的教学是很严格、很严肃的。它强调自学，自觉性比较强的同学更能发挥他的潜力。那时的教学很严谨。很多课程没有教科书，只有少数课程才有正规出版的教科书。其他大多数课程都是老师整堂课地讲，学生整堂课地记。我是几乎把老师的每一句话都记下，有一套自己才看得懂的类似速记的方法，课后再加以归纳整理，用横杠、黑点等画出要点。

学校一方面很注重基础理论的学习，让学生研读马克思的原著；另一方面，设置了很多课程，涉及面广。这样的安排，对于扩展学生的知识面，无疑是有很大帮助的。现在有句话叫宽口径，大概就是这个意思。

考试形式也是采用多样化，除了通常的闭卷笔试，还有口试、讨论式、论文式等。尤其是口试这种方式还挺新鲜，以至于我当老师后也曾试过，学生们很欢迎，反响很热烈。

上了大学，知识积累明显增加。进了人大，尤其使我兴奋不已的，是有一个大的图书馆。中学时只有一个十几平方米的图书室，而且不对学生开放，那个管理员因为知道我真的喜欢看书，才让我能常进去翻阅。而今，面对这拥有上百万册书的图书馆，真的是掉进了知识的海洋。说“如饥似渴”，恐怕不够谦虚，那几年真的是看了不少书。知识的积累，对于一个人很重要。有多大的知识积累，就决定了有多大的思维空间。

除了课堂学习，学校还经常举办一些高质量的课外报告会。印象中有：国家体委副主任李梦华讲第 27 届世乒赛（1963 年 5 月 17 日），国家计委副主任杨英杰讲国民经济形势（1963 年 6 月 19 日），外交部部长助理宦乡讲英国的社会经济问题（1963 年 12 月 20 日），外交部部长助理龚澎讲国际形势（1964 年 5 月 29 日），等等。也有后来担任国家领导人职务的北京三建青年突击队队长李瑞环、全国劳动模范掏粪工人时传祥、王府井百货大楼优秀营业员张秉贵、体协会的马约翰、下乡知青侯隽等各界人士做报告。这些报告涉及社会政治、经济、文化各个方面，极大地扩展了我们的知识面，活跃了我们的思维。人大的课外讲座，在北京的高校里是出了名的。据说人大复校以后，依然保持着这个传统。

受此启发，1963 年春社会上掀起“学雷锋”热潮的时候，我们班长也特地去请了和我们同级的政治经济学系谢迪安同学，在一间平房教室里给我们班讲雷锋事迹。因为谢同学跟雷锋熟识，是雷锋的小学同学、邻居，并且一直保持着联系，所以他讲的比较客观真实。

6. 农村工作

课堂学习只持续了一年半。根据党中央的部署，文科高年级要参加农村工作。1964 年的春天，我们去了北京郊区的房山县良乡公社。而后 1964 年秋到 1965 年夏，我们又去了湖南省的湘潭县。这项农村工作对我们个人要求也很严。在生活上要求严格实行“三同”，即要和贫下中农同吃同住同劳动。这里就说一下“同劳动”。在这一年的时间里，我们除了开展工作，还有一半以上的时间也参加生产队里的各项农业生产劳动。各种各样的农活，如犁地、插秧、车水、中耕、锄草、施肥、收割、脱粒、扬场，甚至挑大粪、赶大车，苦活、脏活、累活，南方的活、北方的活，旱地的活、水田的活，我这个城市长大的学生娃都领教过。通过劳动，我不但更多地认识、了解了农村，更主要的，按照那时的说法，是培养了劳动人民的思想感情，对日后吃苦耐劳、不计条件、注重工作、没有更多的物质欲望、厌恶铺张浪费等都很有帮助。我这一生生活简朴，不抽烟不喝酒，连茶水也不喝，就喝白水。五十岁以前，五冬六夏就直接喝自来水，弯下腰，伸过脑袋，嘴巴接着水龙头，咕咚咕咚，爽快得很。

1965 年我们在长沙过春节。2 月 1 日，中共中央中南局、湖南省委省政府和校领导在剧院为我们人大师生举行了一场高规格的大型团拜会。湖南社教工作团总领队、国务院副总理谭震林、中共中央中南局第一书记陶铸等都到会并讲话。2 月 5 日上午，张平化在省委大礼堂为我们人大师生做了专场报告。人大党委书记郭影秋也特地赶来看望我们。2 月 5 日晚，著名歌唱家李谷一为我们专场演出湖南花鼓戏《补锅》。

7. 工厂实习

1965 年秋，我们刚从湖南回来，以半工半读为主要形式的教育改革就大张旗鼓地开始了，而且人民大学成了全国高校教育改革的重点单位。1966 年 2 月 2 日，校党委拿出了工作要点：本学期压倒一切的中心工作就是实行“三下两上”，逐步把学校搬到农村去办，并在 2 月 5 日召开全校师生大会进行宣讲和布置。所谓“三下两上”，就是这五年里在农村或工厂劳动三年，再回学校读两年。

具体到我们班的实践（那时叫“现场教学”）的安排是，1966 年春上半学期在工厂学工业统计，下半学期去商店学商业统计。1966 年 2 月 8 日，一开学，从湖南带了一脚杆稀泥回来不久的我们，因为要去工厂实习而住进了城里的执政府，睡在了当年达官贵人的办公室里。真的是执政府哦！我的生命中也就有了这难得的一页。那些总统、总理在办公室只能站着坐着，而我却能在那里面躺着。执政府是人民大学在东城区的分部，位于张自忠路 3 号，即早先的铁狮子胡同 1 号。它是 1950 年人民大学刚建校时的校本部，也是鲁迅先生那篇文章《记念刘和珍君》中的事发地。

我们去实习的工厂，是汽车附件厂和医疗器械厂。上午当工人跟班劳动，下午当管理人员，帮着师傅做原始记录，再跟着单据由班组到车间再到厂部逐级汇总。别看事情简单，因为这两个厂工序多，加工的零部件和所用的原材料种类规格多，上下流程的交接环节多，所以班组记录的设置和填写、车间的汇总和分组，既要简单明了，又要准确反映，还挺有学问的。

此外，一星期还有两三个下午就地在工厂的会议室里上课，上最基本的统计原理和工业统计。讲课的老师，主要就是跟着我们一起来的倪老师。虽然学得不多，但在以后却派上了大用场。除了劳动和学习，我们也参加厂里的一些其他活动。

在这两个厂里，和工人师傅一起劳动，也挺开心。尤其是自己也能开机器，哪怕是很简单的机器，比如打孔、磨光，也很高兴，干一上午都乐此不疲。这项工作既有技术含量，也轻松有趣得多。空余时间，还和同学们很高兴地去过几个工人师傅的家。

8. 离校

我们于 1968 年 9 月离校，临分手，相处了六年的同学，没有告别，没有依依不舍，更没有毕业典礼、合影和会餐，简略得连同学们的毕业证书都是系里叫我去填上的。我的毕业证书，也是我自己填写的，这在毕业生中还是很少有的。只是找不到稍为好一点的毛笔，笔尖秃秃的，没几根毛，字写得不够理想。

1962 级的分配方案也是前后几届最不理想的。我们二十几个同学几乎是沿着国境线，像天女散花似的，一个省两个，一个省两个，散了一圈。而且几乎都是到最基层，没有一个省会城市，极少数去城市的，也是一些小城市。而且是偏向北方，陇海线以北的几乎占四分之三。

分配的单位基本上是两种情况：或是分到各省份后再分配，通常是先到农场或农村劳动，储备缓冲一下；再有，就是到大西北、大西南和东北的三线工厂。那些工厂都有代号，有的还在大山沟里，很难找。

离校前，倒是系办的老师，尽管这两年受过那么多的伤害，却还是过来对我们再三叮咛：到了单位，千万不要参与当地的斗争啊。拳拳之心，真是堪比慈母。

离校的情景，终生不能忘。我自己一个人孤独地背着所谓的行李，一步一步走出校门。我记得很清楚，那是夜里，路上空寂无人。校门的顶上有盏灯，就在跨出校门的一刹那，脚下突然开始有了往前的身影。我知道，学生时代就此结束，这就将告别人民大学，不知何时才会再走进来。越往前走，脚下的身影越来越长，也越来越模糊。渐渐地整个身影，连同整个人，都融进了不可知的茫茫黑夜。

徐志摩说：轻轻的我走了，正如我轻轻的来。而我是，很认真地来了，却轻轻地走了。那一夜，在列车上，我流了鼻血，流了那么多的鼻血，用了很多张纸来擦。而在这之前，我从没流过。至今，那也是唯一的一次。但我并不感到意外，因为我那时是满心的焦虑、满心的热燥，不知道这一步踏下去将是什么，是尖石还是泥沼？任列车在黑暗中前行，把我带向一个可知又不可知的远方。

◎ 入社会——工作与写作

离开学校进入社会之后，我这五十多年可以分为四个阶段：部队农场、机关工作、学校工作和退休生活。

1. 部队农场

第一步是去部队农场接受“再教育”。我是分到山东省革委报到，再安排到济南部队装甲兵农场劳动，地点是山东济宁鱼台县石集乡。我在那里度过了一年半有点像学生又有点像兵，其实既不是学生又不是兵的紧张而又艰苦的日子。主要工作是种植水稻，农产品直供中南海。1970年初，还收到了中央办公厅给我们农场的感谢信。

然而我们的处境是艰苦的。仅举一例：有位当地姑娘应邀前来相亲，远远看见满身泥水在田里插秧的我们，扭头就走了。传来的话说，那些大学生怎么像劳改犯似的。那时的我们，真的是上无片瓦遮身、下无立锥之地，连身下睡觉的铺板也不是自己的。很多同学年近三十，却连成家立业的基本条件都不具备。我们的命运不在自己手里。这一点，现在想来，都有几分悲凉。

劳作之外，也接受系统的军事训练。早晨跑步、队列操练、实弹射击，这些是肯定的了。我们还曾背上背包，步行拉练去到徐州的师部大院，来回走了一星期。也曾坐了一回装甲车，在滚滚车轮掀起的漫天尘土中，上邻县嘉祥转了一圈。

2. 机关工作

1970 年 2 月离开农场后，我来到了烟台海阳县（现在已县改市），海阳成了我的第二故乡。在海阳，我分在了县革委生产指挥部计划组，现在叫发展改革委，统计、科委、劳动、物价、计量等部门的职能也都在里面。我刚去时，加上我才七个人，可见那时机关精简之程度。那时，大学生很少，我就直接被大家称呼为“陆大学”。

计划组的职能范围很广，使我对社会经济各个方面都有所接触、有所了解。虽然是在机关工作，但蹲办公室的时间是不多的。有什么事，还要全县各社队各单位地去跑，每年要写上百份材料。农业方面，更要去下村驻点，发动和督促村里春种秋收、抗旱防涝。夏天有“三夏”，冬天又要修整大寨田，一年到头没个完。

我去过这个县所有的公社，跑遍了这儿的山山水水。因为这儿是丘陵地形，真的是山山水水。一开始不会骑自行车，真的就是翻山越岭、赤脚蹚大河。尤其是驻在村里，吃饭就在农户家。为减轻农户的负担，每天换一家，甚至一顿饭换一家。每天都在各家各户进进出出。进的门，何止上千户。打交道的对象，包括了从社队干部、青壮劳力到孤寡老人、下乡知青、地富子女等等各种类型。所以，对农村对农民我可以说是比较熟悉了。

这些社会经历，是我一生的财富。我对海阳比较深入全面的了解，以及海阳几十年来自身的历史轨迹和巨大变化，为我写作四卷本长篇小说《革命四十年（1949—1989）》提供了蓝本，打下了底蕴。

3. 学校工作

1977 年，我调到了位于烟台市南郊世回尧（石灰窑）、新建不久的山东省烟台粮食学校。对于当老师，说实在话我没有任何的思想准备，但当下来感觉还可以。除了因为我有一些知识积累，更在于我有一定的逻辑和思维能力。讲稿和讲课，内容都比较充实，简洁而又层次分明。

没多久，1979 年底，我和妻子又一起调到了粮食部南京粮食学校。

1984 年，学校设置教学科研奖项："优秀教学奖""优秀科研奖""优秀教材奖"。对于这三个项目，我都获得了一等奖（教材奖是合著）。后来在江苏省颁发省高校优秀教学奖时，我获得了二等奖。

教学上，我教过不少课程，得有二十门以上。课程之间有的跨度很大。作为一个经济类的教师，我连教育学、心理学、社会学、大学语文都教过。一个原因是大的环境。改革开放初期，新的课程不断涌现，老教师上不了，新教师还没有，只有我们这个年龄段的来上。再一个原因是，我换过几个层次不同、专业方向不同的学校，上的课也就不一样了。但教授这么多课程，对我倒不是件难事。那时有句话说，有本书就能上，没有书就更好上了。开新课，反而促使我不断地去学习新的东西，好在我原有的知识面相对来说就比较宽。

教学上获奖的原因主要有：一是我对教学改革和教学理论有兴趣，发表了一些相关的论文，这对于专业课老师是比较少见的；二是对教学内容和教学形式有一些探索和创新；三是比较注重对学生的思想教育，能联系社会实际和学生思想实际，结合教学内容，对学生有启发、有帮助。因此，学生对我的评价一直比较高，我被评为"全国金融系统先进教育工作者"。

我还喜欢接触和钻研一些新的领域，同时也把相当大的精力投入了科研，出版过学术专著，发表论文多篇。我承担过八项省部级科研项目。最主要的一项是国家"八五"科技攻关项目"国家粮食储备信息系统"中的第四项课题"全国粮食购销调存预警预测系统"，基本上是由我个人承担的，1996 年通过了国家级验收，并因此而获得"江苏省优秀社会科学成果奖"和国家粮食总局的"科技进步奖"。这个项目，要建立大量的多元高次方数学模型，计算量很大。即使有计算机，也经常要一天十几个小时地在计算机上去算。即便这样，还有很多是要人工算的，用过的草稿纸真的能用麻袋装。尽管自己是个文科生，当时年龄又已 50 多岁了，但还是这样得了个跨学科的属于理工科的省部级科技进步奖。于我自己而言，既能编制数学模型，又能写长篇小说，觉得也就可以了。

这期间，我也担任过系里和科研处的行政管理工作，主持过本校的学报《粮食经济研究》(双月刊)。在我负责期间，它进入了全国核心期刊的行列。

课后的时间，我也炒股。因为退休前的最后几年，在讲“证券投资学”这门课，老师不但要讲书本上的基本原理，更要讲操作实践、讲市场实际，所以自己也是要炒股的。此外，我也写有股评文章，甚至在《人民日报》(海外版)还有这方面的答记者问。

随着高校不再由国务院的部委行政部门管理，南京粮食经济学院划归江苏省，校名也改为南京经济学院，如今叫南京财经大学。1998 年，我又调到了中国人民银行总行直属的南京金融高等专科学校。2002 年，这个学校又与南京审计学院合并，现在叫南京审计大学。

4. 退休生活

我于 2008 年暑假退休。退休之后的生活，是我一生中最有意义，也最为愉快的一段时光。因为就此可以减少一些束缚，相对来说，可以做一些自己想做的事，过自己想过的生活。这是我人生中最美好的阶段。

我喜欢 K 歌，喜欢跳广场舞。退休后，上了老年大学声乐班、舞蹈班，前后十多年了，连“研究生”都好毕业了，还参加了南京市老兵艺术团，穿上军装演出服，数次登台表演。

尤其值得一说的是，我投入了文学创作。从退休的第二天起，我就没再接受其他返聘兼职之类，把原先的专业都束之高阁，全身心地开始了写作。因为我觉得，这几十年来，自己经历的不少，感受也很深，自己有这个责任，也有这个条件，应该去写。为社会留下一点真实的记录，不要让历史的教训白白地流逝，不要让罹难者的亡灵白白地流逝，同时也为自己增添一些人生的价值。

人总要离开这个世界，这没有什么可回避的。正因为正视这一点，所以在想，在生命结束之前，我应该为这世界、为这社会做点有意义有价值的事。从我的具体条件出发，也就是拿起笔，留下些文字，为后人提供一些可供参考的依据。

退休十多年来，我已经出版了四部书，共十册，总计 300 多万字。这 300 多万字（即使除去几本书之间的有些重复，也有 200 多万字的成果），从某种意义上讲，就是给自己又延长了生命，让人生再往前推进一大步。其中，《革命四十年 1949—1989》2015 年由时代出版社出版。

在创作的这几本书里，最下功夫的是《六十年代的中国人民大学》。该书由现代文化出版社 2021 年出版，分上中下三册。它以个人回忆录为基础，全方位展现了那个特殊时期的大学岁月。同时，该书又突破了通常个人回忆录的框架，进行了相当大的扩展，记录了中国人民大学从建校到恢复办学，以及当时发生的那些事件的时代背景，并且对共和国历史上具有特殊意义的 60 年代的风云变幻进行了多方位的讲述。

该书以 60 年代为时代背景，以中国人民大学为舞台，自己则是个台下的观众，有时也上去在边上当个路人甲那样的群众演员，来观察和记录那些年的风云变幻。全书采用了回顾与反思、微观与宏观、叙事与政论、文学与史学相结合的方式，直面当时和当前的一系列重大社会问题，直抒己见，做出回答，力求做到能有较高的文学价值、史料价值和学术价值。

回忆录的撰写，充分利用了如今网络技术的长处，采取了写一部分就拿到网上连载，而后根据网友们的建议和补充、自己进一步的思考对内容加以扩展，再发到网上。就这样，连载—扩展—再连载—再扩展。第一部回忆录《风霜雨雪忆年华》（21 万字）2012 年由漓江出版社出版后，在网上继续连载，点击量过千万，同时又做了较大补充。2017 年，由于搜集到了一批历史资料，又对内容进行较大扩充。2019 年取名为《六十年代的大学生涯》，由时代作家出版社出版，分上下两册。

这之后，因为有较大的社会反响，人大的一些领导、老师，很多的校友、当事人和他们的家属，甚至还有不少人大教工的子女，不但鼓励和支持，而且还提供了许多极为宝贵的材料，使该书得以继续补充、扩展。现在这个版本，书名为《六十年代的中国人民大学》。

该书的写作，得到了很多朋友的支持、帮助，尤其是得到了中国现代史学会会长、中共中央党校郭德宏教授（已故），我的恩师、当年的政治辅导员、中国人民大学倪加勋教授，我的校友兼战友（在部队农场时也在一个排）、著名历史学家毛佩琦教授的肯定和鼓励。他们不但认真地阅读了原文，还提出了不少宝贵建议。

我的一些老同学，如孔宪龙、朱佳木、李原好、戴万春、李恒山、许昭忠等，也提供了很有用的线索，指正了一些具体细节。张庆明同学寄来了当时的照片。部分老校友的回忆录和网上文章（如李恒山、梁澄宇、王正平、马育元、李宝山等），还有我的中学、小学的同学，也提供了一些相关资料和启示。

一些当事人和罹难者亲属和我取得了联系，他们除了表示支持和谢意，还提供了极为珍贵的第一手资料。他们中有郭影秋书记之子郭又陵、孙泱副校长之女孙冰、谢韬副校长之子谢助学、阚玉瑶老师之女林红、李尚公老师之子李杭、袁振民老师之女袁原、刘承勋老师之女刘红、陈荣祖同学之子陈东林等。特别是李震中（薛政修）副校长给我寄来了有关1959年人民公社调查组宝贵的第一手资料。袁卫副校长在我撰写《人民大学的校徽与校门》时提供了相关资讯，并安排社会与人口学院的唐丽娜老师帮我拍摄现在的人大校门口和校门外。一些人大的教工子女（如许赤婴等）也提供了他们当时的很多情况。非常感谢他们！这些原始资料对该书的写作起了重要作用。

应该说，该书也凝聚了许多人大人的期望和努力。

今天，我依然深深地思念着母校，还常常在卫星地图上看看校园，回想当年的时光。北五楼和人工湖早就没了，灰楼和新食堂还在。

难忘母校，难忘有风有雨又有阳光的人生之路。

陆伟国自述，本次采访时间为 2022 年 4 月 24 日，并于 10 月 27 日补充了部分内容，由中国人民大学校友工作办公室负责采访、录音整理及文字编辑。

黄国雄

黄国雄，男，共产党员，现为中国人民大学校友会马鞍山市联络处负责人。1963年7月于中国人民大学经济学研究生毕业，安徽省发展战略研究会原常务理事、学术委员，六次被评为全国先进学会的马鞍山市经济学会原资深会长，荣获安徽省有突出贡献的社科工作者称号。在省、市社科界获奖的论文有十余篇，《地方经济研究》(2013年4月由安徽人民出版社出版）获市著作类二等奖。有七项研究成果获得省市党委、政府采纳。马鞍山市人大常委会原委员、副秘书长，现为安徽省发展战略研究会马鞍山专业委员会顾问。

◎ 振衣直上最高楼

我叫黄国雄，系广西贺州市八步区黄田镇人。我父亲是半文盲，母亲是文盲，属于农村独立小手工业者（鞋匠、裁缝）。在来人民大学读硕士之前，我曾就读于武汉钢铁学校的矿冶专业（任团支书），毕业后被分配到北京钢铁设计研究总院，这是冶金工业部所属的历史最久、规模最大的钢铁工业综合性设计研究单位。对于我这样的穷学生来讲，在当时得到这个机会是很不容易的。

去到单位之后，我因为踏实肯干、思想进步，不久就成为科室里面的骨干，并任团支书，随后加入了中国共产党，被评为中央重工业部青年社会主义建设积极分子，1956 年任总院团委常委，成为专职团干。1956 年，全党兴起了向科学进军的热潮，国家大力发展经济建设。在那样的时代背景下，我心中萌生了继续读书的念头，为的是学成之后能够更好地为社会主义建设发挥自己的聪明才智。有人告诉我在张自忠路那里有一所中国人民大学函授学院，于是我就到那里读书了。

函授学院每周的一、三、五晚上和星期天上课，那时候我对学习很有兴趣，成绩也还算不错，写的文章被老师评为优等。后来老师就鼓励我说："你争取考我们人大的研究生吧。"我也将此愿报告组织部，得到支持。于是 1960 年 7 月我考上了人民大学的研究生。当时国家经济建设正在蓬勃发展，重工业部门属于经济建设部门，我想把自己的专业与国家建设结合起来，最后就报了经济学专业。我的录取通知书是第六号，这说明成绩应该是比较好的。

1960年8月底，我拿着研究生录取通知书到海淀区中关村中国人民大学政治经济学系报到，一进校门我就看到这样一句标语，上面写着“人大是培养马克思主义理论家的摇篮”。我站在那里久久凝望，感受着这句话的坚定和分量，同时感受到了自己加速的心跳和备受鼓舞的心情，人大对我的影响从那一刻便开始了。之后在开学典礼上，无论是吴玉章校长，还是胡锡奎副校长、聂副校长都鼓励我们好好努力，成为对党和人民有用的人。人民大学对我的指引和影响是贯穿我整个人生的。

回忆我的三年研究生生活，我大概记得的老师有吴易风、孙冶芳、何伟、卫兴华、吴树青、张朝尊、陈耀庭、于光远。孙冶芳老师当时是中国科学院经济研究所所长，给我们讲社会主义、经济规律、价值规律。当时他的观点是非主流，虽然口音使学生听着有些费劲，但是他讲课时总是很耐心，如春风化雨般地启迪和鼓励大家。

研究生要读马列毛原著，如《共产党宣言》《资本论》《哥达纲领批判》《帝国主义是资本主义的最高阶段》《苏联社会主义经济问题》《毛泽东选集》等。我印象最深的是老师们对人类社会发展规律的讲授：我们是如何从森林里奔跑追逐的阶段慢慢发展到家庭、私有制、阶级和国家的；为什么说迄今为止一切文明历史都是阶级斗争的历史，阶级斗争必然会走向无产阶级专政，资本主义必然灭亡、社会主义必然胜利。这些在当时都是严肃的科学的道理，在学习的过程中使我们深受教育。人大老师们不仅理论造诣深，而且人品佳。他们认真严谨的治学态度激励着我在今后的人生道路上脚踏实地、实事求是地做人做事，在这里我逐渐树立起正确的世界观、人生观和价值观，每每想到老师们在课堂上的教诲和同学们纯真美好的笑容，我的内心都会感到温暖和幸福。

从1960年8月底到1963年7月，这是我在人民大学学习的三年，同时也是国家经济比较困难的时期。当时我们的宿舍在学校最里面，一进学校以后沿着大路一直走到底，最后边是用铁丝网做的围墙，再后面就是海淀区街道。我们有时候会从后门出去，到海淀区的小街上买点东西，估计那边的平房现在已经被拆掉了。那时大家在学校里凭饭票吃饭，每人一个月有多少粮食吃都是有规定的，但是对于我们学生而言，吃饭还是有保证的。在我来人大的头两年，学校里基本什么活动都没有，各种文体活动还有集会性的活动都取消了，最大的娱乐就是每个星期六晚上在文化广场放一场露天电影，师生们坐着小马扎观看，欢声笑语的情景至今仍在脑海里。各种活动的减少甚至取消大概是为了让同学们少消耗些体力，毕竟当时处在困难时期，学生营养是不足的。当然这也是有好处的，那三年里我有了大量的时间徜徉在知识的海洋里，看书和学习的时间非常充裕。

◎ 逐梦不止方年轻

在人大读研的三年给我留下了很多美好的记忆，其中最令我难忘的是母校给予我的三次学习和锻炼的机会。第一次是在 1960 年 10 月 1 日国庆节，那时我刚来人大没几天，校部通知说中央在国庆节要组织盛大活动，我听到这个消息立马去报了名，并获得了学校的批准。我当时感到非常激动、自豪，毕竟我只是农村普通劳动者家庭出身，如今却能走过天安门，去接受党中央的检阅，这样的机会不是人人都能拥有的。60 多年过去了，灯火通明的长安街、十点钟将要到来时广场上庄严寂静的场面、走过天安门广场时的紧张与兴奋……那天的诸多细节至今仍然历历在目，在我的记忆中永不褪色。在建党 100 周年的时候，我还写了一篇文章叫《一次受阅，激励终生》，记录的就是那次经过天安门接受党中央检阅的情形。

第二次是我接受了一堂实事求是路线的教育课，令我终生难忘。1961 年 3 月底，学校办公室突然通知我去参加北京市委的一个调查活动。我当时感到很奇怪，不知道是怎么回事，后来到北京市委报到的时候才知道缘由。因为当时正是“大跃进”、人民公社化运动开展的时期，一方面有成绩，另一方面存在很大的问题，于是党中央提出要大兴调查研究之风，北京市委专门成立了一个农村调查组进行调研。这次调研的目的是想要弄清楚人民公社的核算单位到底是以生产大队还是以小队为基础比较好，以及农村公共食堂到底能不能办、要不要坚持办下去。地方上针对这些问题的反映很多，所以中央正在研制一个“农村工作几十条”的草案，要求一些省市进一步调研、试验。

这个农村调查组主要由中共北京市委第二书记刘仁负责，主要成员有市委秘书长、统战部副部长、办公室干部，当时人民大学农经系的张主任也参加了调研，我在其中负责做记录员。这个调查组落脚在四季青人民公社，我们住在一个学校的教室里，吃饭就到人民公社的食堂。在那里调研的时候，我们先是开了干部会、座谈会，后来又去了农民家、公共食堂、托儿所等地进行实地考察，我则负责把大家的意见记录下来，然后整理好交给调查组的领导。

一晃半个月过去了，有一天晚上我们突然接到通知，说是刘仁书记要听汇报，领导就叫大家晚上十点钟的时候到市委二楼会议室开汇报会，我作为小组的记录员也有幸参与了这次会议。这是我第一次到北京市委会议室，这次参会是对我能力的一种认可，同时也是一次重大的教育。那天晚上我见到了刘仁书记，我清楚地记得刘书记当时是光头，不戴眼镜，中等个头，有点胖胖的，顿时使我想起他当年领导北平地下党进行革命斗争的情形。人到齐了以后，调查组负责同志向刘书记做了汇报，主要报告了这半个月来调查的过程、方法、农民的反映、当前的情况等内容，最后说到了广大农民、农村干部都拥护人民公社和公共食堂（说人民公社是天堂、公共食堂是桥梁），没有发现严重问题。当时刘书记拿着笔边听边记，等负责同志汇报完后，他开口说的第一句话就把我吓了一跳。他说：“我看你们是被骗了。”紧接着刘书记又说，人民公社是好的，但是怎么领导管理好，大家没经验，急于求成，最后出现了浮夸风、“一平二调”、“共产风”的情况。马克思主义认为，不能剥夺小农，但是我们一些地方搞“大跃进”等于剥夺了农民的利益，把他们家里的铁锅都砸碎去大炼钢铁，把水缸都搬到公共食堂，在物资紧缺的困难时期，广大农民对公共食堂真的赞成吗？家里的老人、小孩、病人、产妇的饭菜食堂能做吗？住得远的、住在山上的，他们下雨下雪天怎么到食堂吃饭呢？那天刘书记还讲了对农民的调研应该用怎样的态度和方法，并指导我们向毛主席学习农村调查，如实地认识农村的实际情况。我作为一个学生从来没有听过这样的话，当时人人高呼人民公社好、“三面红旗”万岁，所以那天听到领导的这番话时，我感到十分震惊，也非常激动。会后我们重新深入调查，农民内心里真的不赞成办公共食堂，基本核算单位要求由生产大队改为生产队。后来，中央下发的当前农村工作60条政策就对人民公社的基本核算单位和公共食堂做出了规定。这对我来说是一次党的实事求是路线的深刻教育课，对我的一生产生了深远的意义。

第三次我想用“学术研讨，一见钟情”这八个字来形容。1962年11月底，几位老师带领我们几个同学去参加北京市经济学会举办的学术年会，我记得开会的地方就在我们学校旁边的中央社会主义学院礼堂。当时天气已经很冷了，大家穿着棉袄坐在下面旁听，参会的有好几百人，一些政府领导干部、老师在发言中分析“大跃进”以来出现的问题，以及困难的经济形势，并建言献策。我当时坐在下面听，觉得很新鲜、很新奇，这次研讨会给我留下很深的印象，之后我的毕业论文也是在这次研讨会的影响下进一步生发的。我论文的题目是《试论重工业要以农业为重要市场》，我认为根据国家经济建设的需要进行研究和写作是很有实际意义的，毕竟我国已进入了社会主义经济建设的阶段。

◎ 追风赶月莫停留

1963年7月毕业之后，我被分配到了冶金工业部。由于国家刚刚渡过困难期，北京市户籍政策非常严格，我爱人调不进北京来。加上叫我做干部工作，觉得所学非所用，有点纳闷。后来一个处长对我说，现在要求调爱人进京的知识分子都在排队，想要把你爱人调到这里很困难，如果你愿意的话，可以选择和爱人一起调到冶金工业部下面的一个单位去。我觉得很好，就同意了。这样我调到了华东地区的马鞍山钢铁设计研究院，这是直属冶金工业部的重点设计研究院（现属中国冶金建设集团管理，是我们国家的甲级设计研究院）。我在院党委宣传部工作。到马鞍山后，我四处打听马鞍山市社会科学界和经济学界有没有学术研讨活动，得到的回答都是不知道、没听说。

那时处于“文革”时期，社会思想较混乱，我在宣传部的工作是给大家辅导政治理论学习，造反派说我是“保皇派”，在大字报中将我的名字打上大红叉。但是我做了这么多辅导报告，没有大字报说我讲错了什么地方。我曾经因此被下放到农村，但 10 个月后又叫我回来了。在党组织长期的培养教育下，我最终成长为了党的宣传干部（副部长）和地方国家机关的中层干部，两届市政协委员，三届市人大常委会常委、副秘书长，四次出任市委工作组成员或负责人，被市委宣传部推荐为省经济学会理事、省社会科学界联合会委员、马鞍山市经济学会会长。2008 年 12 月，我获得了安徽省社会科学界的最高奖。当时全省奖励 50 位社会科学界的先进个人，给予安徽省有突出贡献的社科工作者称号，我们 50 个人在《安徽日报》上公示了一个月，然后到省委的礼堂参加领奖大会。2012 年 6 月，我获得了马鞍山市优秀共产党员称号。这都是对我极大的激励，使我在退休之后，仍全身心地投入省市学术团体的工作中，多年来坚持不渝。

在这里我也想重点说说我参与学术活动的经历。1978 年 4 月 3 日，安徽省召开了社会科学会议，当时市委推荐我代表马鞍山市出席这个会议。会上省委书记万里说到“文化大革命”以后百废待兴的情况，以及要成立各种学术团体，充分发挥知识分子的聪明才智。在那次会上选举了安徽省社会科学联合会、哲学学会、经济学会、教育学会等的负责人。我被选为省经济学会的常务理事，后来又补选为省社科联委员。那次回去后我还建议马鞍山市委参照省里的做法，成立一些相应的学术团体，后来我们市也成立了市社科联和相应的学会。省市成立社科学术团体，极大地鼓舞着知识界，都说知识分子的春天来了。

从 1978 年 4 月一直到今天，40 多年来省市社科界主要的学术活动我基本上都参加，特别是经济学界的学术活动。我在省市学术界曾任的职务是省社科联委员，市社科联副主席，省经济学会、省《资本论》学会、省发展战略研究会等三个学会的常务理事，也是省发展战略研究会的学术委员。我担任马鞍山市经济学会的会长，共六届二十八年，该学会六次被评为全国先进学会（有一次称标兵社科团体），是办得很好的一个学术团体。我认为学术活动是知识分子发挥聪明才智，为人民服务的一个好平台、好办法，我很享受这个过程，这一点爱好也是因为当年在人大读研时受到了北京市经济学会的学术活动的影响。

在参与学术活动的过程中我写了很多论文，特别着重于对省市党委、政府提出建议，这方面就有几十篇。其中得到省市领导批示、好评的有十几篇，被省市政府采纳的有七项。还有两本我参与编写的书也得了奖，其中一本是《社会主义经济若干问题》，是省委宣传部领导牵头做的，作为省内干部读本，1980 年出版，在 1982 年荣获省社科著作类优秀成果奖，当时全省组织了十三位专家来编书，我代表马鞍山市参加了这次活动，是作者之一。另一本书收录的是我自己写的文章，书名为《地方经济研究》，2013 年 4 月由安徽人民出版社出版，2016 年 10 月荣获马鞍山市著作类二等奖。

◎ 一拳天与压潮头

关于我建言中特别受到省市领导批示并且实施的有七项，最重要的我想在这里说一下。第一项是对安徽省国民经济发展的建议。1980 年，安徽省人民政府提出到 2000 年的时候国民经济总量要翻两番，省人民代表大会通过了。我看到后，在当年（1982 年）省经济学会年会上提交论文，建议安徽省经济发展战略和重点应该是“东引西出、发展中间”，20 年发展“战略目标定位翻两番半到三番是完全可能的”。这篇文章当时受到领导的重视，后来省政府做了研究，改为翻两番半，到 2000 年，超额完成此目标。

第二项是对马鞍山城市发展的战略建言。在即将进入 21 世纪时，省经济学会召开了一个大型的研讨会，研究安徽省前 20 年的经验教训和 21 世纪发展之路，专家学者们认为安徽省这 20 年有进步，但是跟别的省比还是稍显逊色，比较落后。主要的问题是没有大城市带动，地级市基本情况一样，兄弟一般粗。进入 21 世纪要有大城市带入，首先要把合肥做大，其次发展几个区域性中心城市。上台发言的省政府官员和教授讲到蚌埠、芜湖、安庆、阜阳、淮南应该发展为区域性中心城市。说马鞍山虽然有个马钢公司，但是产业单一，没有腹地，体量太小，在省地图里属于边角料，所以马鞍山不可能成为区域性中心城市。

我参加这个会议后，回来看着省、市地图反反复复地研究，真是冥思苦想了，在 21 世纪到来时，马鞍山应该采取什么发展战略？最后我的想法是：马鞍山要奔向区域性中心城市。具体建议：第一，要建设马鞍山长江大桥；第二，要跨江联发，争取把对江的和县、含山县划过来；第三，要建设世界美丽大江滨江城市。

如果我单纯提出把和县、含山县划到马鞍山来，这样人家会说你自私自利，但其实我的想法是想要发挥整个长江两岸的整体效应。不仅长江南岸要开发，长江北岸也应该划到南边的城市来，共同开发长江黄金水道。所以我当时提出江北沿岸县乡一部分划到马鞍山，其他就划给芜湖、铜陵、安庆。这样长江两岸就有了马、芜、铜、安这几个城市，可以从整体上发挥长江的效应。至于建设滨江城市，如果你到这里看过就会发现，马鞍山建滨江城市的条件是得天独厚的。我们这段长江有诗仙李白的著名诗句，有 5A 级的采石公园和景点，江心还有一个岛（后来接受了我们省市学者的建议改名为太白岛）。现有两座长江大桥经过这个岛，所以这段打造出来真的是自然风光好，人文历史丰厚，很漂亮、很美丽的世界大江滨江城市。

当年我的文章也发表了出来，但是到了征求意见的时候很奇怪，大家天天都在喊解放思想，全市也做过三四次解放思想大讨论，可是面对三项新建议，听到的一种声音是不可能、不必要。为什么不可能？因为马鞍山是中小城市，怎么可能建长江大桥呢？为什么不必要？因为你可以走南京长江三桥到合肥，也可以走芜湖长江大桥到合肥，另外你到对江和县还有马和汽渡，所以是不可能的，也是不必要的。

我把我的文章跟许多同志说过，一有机会我就讲，我们的省人大代表和全国人大代表也知道我的文章。当时杨亚达，她当过三届全国人大代表，她很支持我的观点。另外华东冶金学院有两位教授和人民大学的两个校友对我提的这三点也很赞成。省社科联党组书记、常务副主席程必定明确写到，黄国雄同志面对 21 世纪提出马鞍山市发展的“三部曲”战略，说明他有远见。当然也有反对的，有一个省银行搞投资的干部就对我说，你不要提这建议，这是不可能的，马鞍山建长江大桥会亏损得一塌糊涂。当然这三部曲的设想今天已经都实现了，现在市委、市政府提出，要落实习近平总书记视察马鞍山的指示，成为长三角的“白菜心”。全市人民正在努力奋斗中。

◎ 回望历史问初心

我们的母校人民大学离 85 周年的日子越来越近了，在这个时候传来了新时代人民领袖习近平总书记视察人大的喜讯，我作为一个老毕业生，感到深受鼓舞。学校的使命我看了一下，叫“复兴栋梁、强国先锋”，这是很好的。我们人大的同学应该立志成为这个社会的栋梁之材，成为马克思主义的接班人，为党和人民的事业服务。这次习近平总书记来人大视察，提出了要扎根中国大地，走出一条建设中国特色、世界一流大学的新路。我觉得这点非常重要。

关于校友会，我觉得校友会非常好，非常值得珍惜。我非常感谢安徽省校友会对我的关心和鼓励，平时我也到合肥参加校友会的活动。马鞍山校友会说让我暂时负责，我说我年纪大了，还是让年轻人负责吧。所以名义上我是马鞍山校友会的负责人，实际上的负责人是青年校友赵晓雨，现在矿山研究院掌管人事工作，被评为优秀校友。

我和本市校友商议，由我起草向党的二十大建言献策，一共提出了六条建议，一部分以我们马鞍山校友会集体的名义发出去，另外的以安徽省发展战略研究会马鞍山专业委员会的名义发出去。这六条建议分别是：第一，制定中国文字保护法。第二，制定人民举报法。第三，修订中医药保护法。第四，加强社会基层组织治理。第五，全面进行整改。第六，每年 5 月 23 日为中国文艺日（或中国文艺节），纪念毛主席文艺座谈会讲话。这六条建议由我们校友会的同志按规定从网上发出，得到了《人民日报》的回馈。

关于校友会未来的发展与建设，我的建议是：第一，人大校友会要想在社会上有存在的价值、持续的影响力，最好展开学术活动。各个省市的校友如果只是单纯地联络感情，畅谈校友情、母校情，相互促进、相互勉励是不够的，而且也不可能有持久的影响力。我们应该既是校友会，也是学术团体，应当根据我们国家正在研究的重大问题、学校的重大问题展开一些相关的题目来进行探讨。当然也可以主动设一些专题来研究，比如可以就自己本省市的主要问题来作为研讨的题目。另外校友会也可以参与母校和其他地方的一些专题学术活动的投标，主动承担这些专题，而且研究了就会发表这方面的研究成果和专题报告，如果能被政府采纳当然更好了。第二，要为人民服务，地方的校友会要注意关心人民。可以尝试去为地区的人民做点公益，做点好事、善事。比如组织一些讲课、讲学活动，捐赠一些物资给困难的小学，参与乡村振兴调研，参加志愿者活动，等等，都是可以的。这样社会才会更好地认识你、接纳你，你的存在才会更有价值。

今年我们母校迎来了 85 周年校庆，我非常高兴，真诚祝福母校越办越好，成为国内国际著名大学。祝年轻的学子们和校友们学习进步、身体健康，行而不辍，未来可期。祝福你们个个都能成为马克思主义的接班人，成为中国特色社会主义事业的接班人，成为中国共产党的接班人。愿你们与时代和社会一起向阳生长。

黄国雄自述，本次采访时间为 2022 年 6 月 22 日，由中国人民大学校友工作办公室负责采访、录音整理及文字编辑。

叶怀祥

叶怀祥，1944年2月生于重庆市。研究员、教授。曾任中共泸州市委副书记、泸州医学院党委书记、市作协名誉主席、市书协名誉主席和市诗书画院名誉院长。现任市文联名誉主席、市老年诗书画研究会会长。著有《人才开发与人事竞争》等多本理论书。爱好写作，发表散文数十篇、诗作五百多首。创“五体投地书法”玩法。近年来正在学习研究甲骨文书法和指画艺术。

◎ 我是被迫上人大的

我是土生土长的重庆人，从出生一直到高中毕业都在重庆生活。我的家庭是一个普通的工人家庭，父亲是重庆新华印刷厂车间的主任，母亲是重庆市装订车间的工人。父母都只有小学文化程度。父亲原来没有机会上学，还是新中国成立以后，由于单位培养，他参加了工农学校的学习，才能读书写字。由于我是家里唯一的孩子，父母都在工作，所以我们家的经济状况还不错，算得上温饱家庭。

随着父母所在的企业搬迁，我先是在重庆市渝中区金马寺小学和李子坝小学读书，后来到杨家坪完成小学教育。初中在杨家坪中学上学，因为学习成绩优异，是学校里的三好学生，我没有经过中考，直接保送到了重庆市四十一中，也就是现在的巴蜀中学。巴蜀中学是重庆市的重点中学。在抗日战争时期国民党把重庆作为陪都的时候，我们有很多老革命家的子女都在这里读过书。比如邹家华、李鹏的夫人朱琳都是巴蜀中学的学生。

1963 年，我考上了中国人民大学马列主义政治学系。这个系主要是研究科学社会主义和共产主义运动事业。来人大上学，说来还有一段故事：实际上，来人大上学并非我自己的选择。当时我的班主任李显树老师（学校党支部副书记、团委书记和重庆市团市委委员），一心想把我培养成领导干部或是马列主义者。当时我的理科成绩好，想上理工科院校，他就找我做了一星期的思想工作，最后的高考志愿也是他代我填的，第一志愿就填了人大，因为人大具有鲜明的红色基因，是培养领导干部的摇篮。

高考志愿不是自己的选择，一开始我是有些想不通的。但是真正进入人大之后，我开始庆幸当时老师替我做了这个选择了。当时大学生中有“三个摇篮”的说法：清华大学是工程师的摇篮，北京大学是学者的摇篮，人大是干部的摇篮。进了人大，我就喜欢上人大了，人大的氛围、校风都深深打动了我。9 岁加入少先队，15 岁加入共青团，18 岁加入共产党，是我政治生命的“三部曲”。人大就是完成我政治目标的最好选择。人大的老师和学生都很好，特别是当时的校长吴玉章老先生，拖着病体在我们的开学典礼上讲话。吴老是辛亥革命的元老，是经历过长征的老革命，他带给我们这一辈的影响是十分深刻的。毕业后得知吴老是我们四川荣县人，我多次去参观瞻仰他的故居。他的革命精神对我的一生都产生了深远的影响。

在人大的五年时间里，真正学习课程的时间只有两年。但这两年的学习对我的影响很深，归结起来我觉得有三点，那就是学会了做人，学会了做事，学会了做学问。记得有一次上哲学课，我在班上发了言。发言的内容在当时是不合时宜的。我们班的辅导员十分重视，多次对我进行教育，临毕业时专门找我谈话，再三告诫我说话要三思，发言需谨慎。这对我的影响很大。

刘老师是我人生路上一个很好的导师，他的教育是对我一生最大的帮助，让我及时提高了思想认识，在政治思想上为我指明了方向。所以我对刘老师始终深怀感激之情、感恩之心。后来我曾经两次到中共中央党校学习（1981 年在中共中央党校理论部学习，1996 年在中共中央党校进修部学习），每次到北京学习我都要去看望他，一直到他去世。

令我记忆犹新的还有在人大参加了将近一年的社会实践。1964 年夏天我们参加军训，插到部队的班里当兵。军训分两个阶段。第一阶段是拉练。先坐一段火车，下火车开始步行，每天步行几十公里路，持续走了一星期，终于到了河北固县。第二阶段是游泳训练。在一个水库，军事训练要求很严格。顶着大太阳，每天几个小时在水中泡着，学习蛙泳。一个月后，考核的科目是武装泅渡。要求背上步兵的全部装备游完500米，才能算合格。这段军训的经历不仅锻炼了我的身体，更是磨炼了我的意志。要知道，平时我们没有机会走那么多的路，更不会顶着烈日在水中负重训练。一开始很多同学都不会游泳，参加完训练都学会了这项技能，至少能游500米了。除了军训，我们还在顺义和海淀区参加了两次社会主义教育运动，对我以后的工作有很大的帮助。

◎ 勇气就是机遇和运气

我是家里的独子，所以毕业后回到了家乡四川。我被分配到了四川宜宾地区的古蔺县工作，就是红军四渡赤水的地方。当时的毕业生分配办公室不了解我的专业，所以分配我到中学教书。但我并没有教书的想法，所以写了申请书去乡下接受贫下中农的再教育，也就是去生产队落户当农民。没想到这样一封申请书，竟然让我成了先进典型。第二天早上，广播站就开始号召“向叶怀祥同志学习”，并且把我的申请书广播了。这是因为当时分到古蔺县的200多个大中专学生都不愿意到乡下工作，都想留在县城里。我这样主动要求去乡下工作的是第一个，所以把我当成了楷模。

我为什么会坚定地选择下乡呢？那是因为我相信我们的党和政府，相信让我们去接受贫下中农和工人的再教育是劳动锻炼、思想修炼的必修课。将来社会要发展、国家要建设，我们一定还能发挥应有的作用。我就是抱着这种信念去当农民的。事实也证明这个选择是正确的。在人大将近一年的社会实践让我了解了北方的农村和农民，在古蔺县的山区，我再一次接触到了社会基层，了解了我们国家的人民生活处于怎样的状态，这些经历为我了解中国国情打下了雄厚的基础。

我在乡下待了一年零十个月。由于表现很好，1970年，我被调回县城。这次组织把我放到了百货公司。我就在百货公司当了一年的售货员，对中国县城里面各个层面的人都有所了解。这段经历让我了解了当时的中国是什么样子、中国社会是什么样子、人民是怎么生存和生活的，我觉得这很重要，也很值得。

1971 年，我调到了当时的县革委工作。县革委政工组下分宣传组、组织组。我在宣传组工作，当过宣传干事、新闻干事以及理论教员。当宣传干事时，我和其他三个同志在一个生产大队住了半个多月，调查研究，体验生活，创作了天津快板、对口词、小话剧等文艺节目。古蔺县宣传队拿去参加文艺会演，得到了观众好评。当新闻干事极大地锻炼了我的写作能力。我参加宜宾地区的培训班，采访过一个地方，那里的农民战天斗地，修了一个水库和建设了其他配套工程。我们几个学员合作写了一篇通讯《高山出平湖》，刊登在《四川日报》上，也获得了好评。当理论教员主要是负责辅导县委、县政府的领导或机关干部学习马列主义的经典著作，比如《共产党宣言》《哥达纲领批判》《国家与革命》等等。这些书我们在人大学习时都是读过的，所以说在县级机关给县委领导、县政府领导、机关干部讲课，我也获得了肯定的评价。这让我对自己的认识又深入了一步，树立了充分的自信心。1972 年 5 月 11 日，我加入了中国共产党。1973 年 5 月，古蔺县共青团召开第八次代表大会，我被选为团县委副书记。

在人的一生当中，有时候勇气就是运气。39 年的工作生涯，我印象最深刻的一段是在四川省委组织部工作的八年。在那里我当了五年多时间的办公室副主任和两年三个月的政策研究室主任，这八年是我职业生涯当中非常重要的一段。

1979 年，我从古蔺县委宣传部调到了宜宾地委宣传部理论科当理论教员。宜宾地区原来是 18 个县市，先分出来了泸州市，由原来的县级泸州市、合江县、泸县、纳溪县三县一市合并成一个地级市，这是一个很好的机遇。邓小平同志出来工作后，提出来干部“四化”即革命化、年轻化、知识化、专业化的方针。宜宾、泸州分开之后，宜宾地委宣传部理论科就只剩三个人了，当时我 39 岁，另外两个同志都是 50 岁以上，只有我符合年轻化、专业化的标准，所以就从理论教员当上了理论科科长。当了科长一年，我又当了宣传部的副部长。

那时候全国都在解放思想，四川的党政机关也兴起了一股调查研究之风。大家都沉下心来总结历史经验、探索工作规律。我到宣传部工作就研究宣传学，到组织部工作就研究组织人事学。1983—1984 年开了组织人事工作理论研讨会，动员全省组织人事系统的干部一起搞工作研究。我当时是地委宣传部的理论科科长，觉得这是一个很好的机遇，就选了两个题目，站在宣传工作这样一个角度上研究宣传部的人才结构和宣传干部的智能结构。文章写好后，我冒了一次险，勇敢地通过邮政把两篇文章寄给了四川省委组织部。结果刚寄过去，就被省委组织部看中了。省委组织部派人到宜宾地委考查我，一个多月后就把我调到省委组织部当秘书科科长和办公室副主任。

1990 年 10 月，我当了省委组织部政策研究室主任。我在这里只工作了两年三个月，由于我把工作做得有声有色，让当时的省委组织部部长十分满意，1992 年 7 月我被四川省委任命为泸州市委副书记兼政法委书记。

在省委组织部工作的这八年当中，我有很大的收获。在调查研究、结合中国国情、干部管理、党委书记建设上，我写了很多东西。后来，我遴选了 33 篇在四川省委组织部工作期间写下的文章，编辑出版了《人才开发与人事竞争》一书。

在党政机关工作 25 年，我既给党做了一些工作，同时研究了一些问题，在思想上、写作上也有很大的收获。

◎ 进可当官，退可治学

1996 年，这是我人生的另一次重大选择。1996 年下半年，我就自己选了当时的泸州医学院，也就是现在的西南医科大学作为我将来的退休单位。我工作的最后十年是在大学教书育人，这个选择我是十分满意的。在省委组织部工作的八年、在泸州市委工作的四年，工作确实做得不错，不过我觉得我在高校期间，在教书育人上同样做出了问心无愧的成绩。

1996 年到高校之后，我面临的最大问题就是评学术职称。1997 年我参加了人事部门组织的外语考试，申报了思想政治教育系列的研究员。25 年的党政机关工作和理论教员的工作经历使我在 1997 年 11 月 8 日顺利被评为了思想政治教育系列的研究员，1998 年被评为教授。1998 年，四川省委、四川省政府正式认定我为有突出贡献的优秀专家。2003 年底，泸州医学院的人文社科学院为本科生配备导师，我辅导了应用心理学专业的学生，带了 9 个年轻教师、88 个学生集体学习。经过我辅导的学生多数都去读了硕士，还有读博士的、读博士后的。

在人大的学习经历和党政机关的工作经历对我从事高等教育教学工作起了很大的作用。我认为自我学习很重要，要根据工作的需要改变自己的知识结构。在党政机关工作期间，我学习了马克思、恩格斯、列宁的很多哲学著作，对毛泽东同志的哲学思想研究也下了一番功夫。1981 年在中共中央党校理论部学习，专门研究毛泽东哲学思想，这对我的工作和提升自己的人生修养都起了很大的指导作用。我还学习了第二专业。1985—1987 年，我在中国科学院学习管理心理学，还曾到北京参加过日本管理学的培训。这对改变我的知识结构、从事领导工作和教育教学工作都起了很大的作用。

经过 39 年的工作，我也有许多心得体会。第一点是，理论不是空头理论，理论来源于实践，并且应该指导实践，同时在实践的过程中得到修正。我的所有文章起码都要做到一条，就是有针对性地结合实际，而不是空泛地谈。我非常注重学习、理论和实际的结合，这些都是工作中的心得或者是实际研究的成果。

第二点是，人的自我成长非常重要，要自我成长就必须善于自我发现，善于自我表现，善于自我实现。事物的发展就是外部的条件加上内因。一个人要发展要成功，要在党的培养教育下成长成才，最重要的我觉得还是要靠内因。做一件事也好，一个过程也好，整个一生也好，不断地自我发现、自我表现、自我实现，才能在党的阳光下茁壮地成长，由小树苗长成参天的大树，这是我最深的一点体会。

第三点也非常重要，那就是要善于总结，这也是毛主席的教诲。人往前走的时候也要停下来看一看，经过五年到十年一定要静下心来，回头看看自己这五年或十年的路是怎么走过来的，有什么教训和经验，回头看是为了更好地向前走。我这一生，这 39 年，包括到现在我都还是这样子做。1996 年到中共中央党校，我就静下心来对自己当泸州市委副书记这四年做了一个总结，一件事情、一件事情认认真真地理，归纳了 127 个案例，理好了之后写了三篇 3 000 字以上的文章。第一篇写“当官与做人”，第二篇写“当官与做事”，具体写怎么能当好领导干部、怎么样做工作，这是我对从政工作经验的总结。针对从教过程我也写了 1 万多字的总结，写了本科生课题引发的思考、导师三字经，以及担任学校教育比赛评委的经验。即使是学习书法，也需要好好总结。我从 2000 年起开始学习书法，刚开始学习于右任的标准草书，后来临过石门颂的隶书，再后来也临过大草，研究大篆。十年后我开始总结，写了《在创新中享受快乐——十年书法活动的回顾》《我的书法观》《我的书法人生展望》等心得体会。

“活到老，学到老。”退休之后我主要发展自己在书画方面的兴趣。50 岁学习写诗词，60 岁学习书法，70 岁以后开始学画画。都是自学，没有拜师。陆陆续续地，诗歌写了几百首，书法办过三次个人展览（2001 年办过一次；2014 年办了一次，主题是“生命的表达”；2020 年又办了一次，主题是“庚子抗疫宣言”），用甲骨文写《道德经》。2017 年底办了题为《寻道》的画展。

我的这些成绩与在人大的经历是密切相关的。在人大的学习为我打下了最坚实最牢靠的基础。那时候我每天都在图书馆、资料室，博览群书，在我们班上是有名的“杂家”，知识面很宽。参加军训和两次社会主义教育运动的经历也是必要的基础，因为要想做好工作，要想从政，不真正深入人民生活是不行的，要当好一个领导干部，不了解中国国情绝对是做不到的。

我个人认为人大最大的特点是，敢于从实际出发，敢于实事求是，这可以说是融化在我们血液里的。干什么事情都求实，实实在在地把自己的本职工作干好，党让我们干什么就干什么，我这一生没有为自己谋什么私利，都是在努力为党工作，为实现共产主义的理想在奋斗。

我们班共 40 位同学，著名的同学有叶澄海。叶澄海曾经当过广东省委常委。后来他离开了党政机关，下海创业，现在是深圳信立泰药业股份有限公司的董事长。信立泰是上市公司，是一个生产医药产品的企业。叶澄海夫妇二人在企业发展的同时还热心社会公益事业，捐资修建国际关系学院大楼。我们班上还有个女同学陈洪也不错，当过全国政协的副秘书长。她的先生叫张整魁，是华侨城原来的常务副总。这几个同学可以说是我们班上的杰出代表。有理想、敢担当、能吃苦、肯奋斗，他们都是这样的人。

“有理想、敢担当、能吃苦、肯奋斗”，这几个字太重要了，不只是对青年，而是对现在的任何一个人都适用。今年习近平总书记考察了人民大学，这让我也感到很高兴。人民大学的社会地位一直是很高的，党中央、国务院非常重视。我印象最深的是过去每年的国庆节的晚会上，人民大学的位置是在金水桥的最前面，离天安门很近，比当时的清华和北大都要近。值此人民大学建校 85 周年之际，我真诚地希望母校越来越好，希望在探索建设中国特色社会主义大学这个方面，人民大学探索出一条有效的路径来。希望人民大学总结出建设中国特色社会主义大学的成功经验，为新型大学应该具备哪些基本条件树立一些标准，成为中国特色社会主义大学的标杆，不辜负总书记的期望。

至于人民大学的学弟学妹们，我希望他们：第一，要有理想，要认识到人民大学本身就是为党培养干部的学校，要争做“复兴栋梁、强国先锋”，关心我们国家和民族的前途命运，积极参与工作，踏踏实实按照党中央的要求做大事，共同迎接第二个一百年的到来。第二，要承担历史责任，就要真正了解中国，最好的途径就是深入生活，到工厂去、到农村去、到基层去。沉到基层才能很好地了解中国社会，更好地应用自己在学校学到的知识，为建设中国特色社会主义、建设现代化国家做出更多的贡献。

叶怀祥自述，本次采访时间为2022年5月26日，由中国人民大学校友工作办公室负责采访、录音整理及文字编辑。

采写 / 谭秋玲

郭绍明

郭绍明，生于海南省海口市美兰区仲恺村。1964年毕业于海南中学。1964年9月—1969年7月在中国人民大学哲学系马克思主义哲学原理专业读书，然后留校一年待分配。1970年7月分配到广西柳州市，劳动锻炼一年后在柳州市宣传部门工作。1982年10月—1983年7月在中国人民大学教师进修班学习。1983年9月—1986年7月在中共中央党校理论部哲学专业研究生班读书，获哲学硕士学位。1986年6月任柳州市委宣传部副部长。1988年8月调海南省行政机关工作，先后任海南省人民政府办公厅第一秘书处副处长、办公厅机关党委专职副书记、秘书处处长，海南省人民政府副秘书长，海南省旅游局副局长、巡视员。2006年退休。退休后，写了《文化遗传论》（2010年12月由中国书籍出版社出版），写了《吏为民之役：柳宗元论集》（2015年6月由广西师范大学出版社出版）。担任主撰的《海南省志·政府志（1991—2010）》2020年6月由方志出版社出版。

◎ 我的命运与人大紧紧相连

我出生在海南省海口市灵山镇仲恺村一个贫苦农民家庭，家乡的北面是碧波滔滔的琼州海峡，西面是风光秀丽的南渡江。1950 年 5 月海南解放后，冯白驹指示我们村办起学校，亲自将我们村学校命名为仲恺小学校。我在这个小学读了 6 年。1958 年 9 月考进海南中学，在那里又度过了 6 年。

在海南中学读初中的时候，我知道的名牌大学只有北大、清华、复旦等，不知道还有人大。初中毕业时，同中学的陆军考上了人大马列主义政治学系，我很吃惊，怎么以前没听说过这所大学呢？到读高二的时候，同中学的林克昌又考上了人大政治经济学系。我才慢慢了解到，人大是新中国成立后党办的重点大学。

高考前要报考什么专业，曾经让我费了一番脑筋。我各科成绩都比较好，有人建议我考清华的工科或北大的理科。我相对喜欢文科，但如果考文科，与原来学的数理化知识疏远了，我觉得可惜。有没有两全其美的专业呢？后来我看到人大有哲学系，听说哲学既是文科，又需要有自然科学方面的知识，于是我就报考了哲学专业，居然幸运地考上了人大哲学系，学马克思主义哲学原理。

从小在南方海岛农村生活，不知道世界有多大。1964 年 8 月下旬我和中学的几个伙伴，乘坐轮船渡过琼州海峡，然后从湛江乘坐火车，中途在衡阳、武昌各转一次车，来到北京人大哲学系报到，花了 4 天 3 夜。第一次用了这么多的时间走了这么远的路。我们国家大，世界更大。

刚开学，我便感受到哲学并不好学，比如爱因斯坦的相对论，对我来说如同天书。大学期间，刚刚学完艾思奇主编的《辩证唯物主义历史唯物主义》，正要开始学习西方哲学史和中国哲学史时，“文化大革命”爆发了。我们停课闹革命，没读多少专业书。至于“文革”中自己读的一些马克思原著，都是零打碎敲，不成系统。

1970 年毕业之后，我到广西柳州市劳动锻炼一年后进市宣传部门工作。在实践中，我深感理论知识不够，开展工作比较吃力。1982 年，我听说人大哲学系举办教师进修班。本来我当时在柳州市委宣传部工作，没有资格进这个班。但是我感到，“文化大革命”中读书很少，必须找机会弥补这方面的不足。于是，我托在北京工作的同班同学胡增军恳求哲学系领导允许我回炉。系领导同意后我喜出望外。我又向柳州市委宣传部领导提出到母校哲学系进修的申请，他们也同意了。当年 10 月，我很幸运地回到阔别多年的人大哲学系继续学习。刚到北京，进修班里还没有我住宿的地方，我暂时住在胡增军家。增军、他爱人、他母亲对我都非常热情。没几天，李德顺听说我住老胡家，往返学校不方便，主动提出来，他在红楼和郭湛一起住一个房间，但他每天回家，那个房间的床位空着，我可以去住。于是，我住进了红楼，成了郭湛的室友。过了 10 多天，东风楼的房间有床位了，我再搬过去和进修的老师住在一起。进修开始，生活上的这些细节，哲学系老同学的关心、帮助，像一股股暖流滋润我的心，终生难忘！进修班开的课程有原理、哲学史、原著选读等等。萧前、李秀林、汪永祥等老师都给我们授课。记得萧前给我们讲认识论原理。他坐在讲台后面，把教案打开摊在讲台上。开始授课了，他并不怎么看教案，一句一句不紧不慢地说，语音清亮，逻辑清晰，没有什么废话。教案的内容他早已烂熟于心。听他的课确实是一种享受。在哲学进修班，我比较系统地听了哲学原理、中国哲学史、西方哲学史、科学哲学和部分马恩原著的课，总算补回了大学期间专业知识学得太少的一些不足。

1983年，中共中央党校公开招考理论部研究生。当时高校报考硕士研究生的年龄只能在35岁以下，我已超过这个年限。而中共中央党校放宽了年龄限制，“文化大革命”前入高校的均可报考。这是我读研究生最后的一次机会。于是我向柳州市委宣传部领导提出申请，希望他们批准我报考中共中央党校研究生。我说，如果我考不上，说明水平不行，我心甘情愿。但不让我考，我就失去了最后的读研机会，这将是我一生中很大的遗憾。部领导同意了。我更抓紧在人大哲学系进修学习的机会，一方面努力学好进修课程的专业知识，另一方面抓紧时间自学外语（俄语）、自学生物学（报考中共中央党校研究生需参加自然科学专业的考试，我选生物学）。当时，人大哲学系同学卢先福在中共中央党校工作。幸亏他帮忙，我在中共中央党校考试那两天就住在他的一个同事的家里。终于，我又很幸运地考上了中共中央党校理论部研究生班哲学专业，在中共中央党校学了3年哲学。这3年我听了一些名家讲的课，又读了马克思主义的一些原著，加上广泛涉猎各方面知识，对马克思主义哲学的理解比先前深多了。

在进修和读研期间，和在北京的班上同学聚会过。有段时间侯成亚同学在北京师范大学进修。有时周末我还抽空到北师大，和桂钿、成亚天南海北地聊个不亦乐乎。后来听说李秀林老师病了，曾几次与班上同学去看望他。记得最后一次是在他去世前一个月左右，大概在1986年2月，我和陈昇到医院看望李老师。当时他已处于弥留状态。陈昇在他耳边说：李老师，我和郭绍明来看您了。他似乎听到了，嘴角露出了淡淡的笑容。但他已经不能说话了，眼睛也没有亮光了。看到李老师这个样子，我们心里很沉重。从医院出来，我们只是默默地走着。不久，好像是陈昇告诉我，3月16日上午10时30分，李老师因病医治无效去世了。多好的老师，就这样离开了这个世界。我心里很难受，在校园里慢慢地无目的地走着，回忆在人大读本科时李老师上课的情景。人大，哲学系，李老师……我很幸运，一个农村出来的穷孩子，来到了这样好的学习环境，遇到了这样好的老师。我吟了一首七律：

惊闻噩耗报长辞，
正是春风拂煦时。
昔日常欣聆玉诲，
此生甚幸遇良师。
播扬马列身为范，
栽育栋梁心化泥。
浩宇茫茫来复往，
低眉轻诵寄哀思。

回想起来，我的命运不知不觉与人大紧紧连在一起了。没有在人大的本科学习，没有在人大的进修，我很难考上中共中央党校理论部哲学专业。经过这些理论学习的训练，我的思维能力、文字表达能力上了一个台阶，在后来的工作岗位上让我比较轻松了。

所以，我一直感恩人大哲学系。首先，在人大哲学系的大学学习和后来回哲学系的进修，让我比较系统地接受了马克思主义哲学理论，萧前、李秀林和其他老师对我们的谆谆教诲让我永生难忘。加上中共中央党校的研究生学习，提高了我的思维能力和文字表达能力。这样，我在党政机关从事有关工作不感到那么吃力。其次，在人大哲学系的学习培养了我对理论思维的兴趣。记得刚开始学习哲学原理时，对爱因斯坦相对论关于时间可以变慢、空间可以缩短很难理解，让老师解释了几次，还是不甚了了。当时我感觉哲学太难了。后来经过长时间的琢磨，终于理解了这些难题，反而对哲学思辨产生了极大的兴趣。现在对现实生活中遇到的各种问题，总是有意识地提高到哲学高度进行思考。正是有了这些理论基础和思维能力，晚年时间宽裕的时候，我才会去思索整合一些学术问题，出版了几部学术著作。

有时候，我会想，假如没有进入人大，没有进入人大哲学系，没有进入人大 6401 班，我这一辈子会是什么样子……我还得说，我很幸运！

◎ 海南人闯海

1970 年 7 月毕业离校，我被分配到广西柳州市。到一家中学报到不几天，上面来通知，刚来的大学毕业生到农场锻炼一年。于是我又到柳州红江园艺场劳动。一年后我到市宣传部门工作，不是从事理论宣传，而是做新闻报道。消息、通讯、调查报告、评论，各种新闻文字形式都是从头学起。“文革”中，原来市里的《柳州日报》停办了。到 1977 年，市领导批准办《柳州战报》，我又学编稿、排版。很幸运，我得到了新华社广西分社、《广西日报》、广西电台等上级新闻单位编辑、记者的指导，又得到老同志帮带，慢慢上路了。我在这里干了六七年，觉得在基层搞新闻报道总是跟风，总是错，不如到理论科，认真读点书，少点盲目性。于是我转到了理论科。但是因为没读过几本书，理论底子薄，怎么工作？而工作又忙，有多少时间读书？这让我很矛盾。理论知识的欠缺使我工作起来非常困难，这正是我为什么要回人大进修班进修。

人大进修班和中共中央党校的学习充实了我的理论知识，使我在后来的工作中比较得心应手。1986 年 7 月，我从中共中央党校回到柳州市委宣传部，主要负责广泛宣传党的十一届三中全会以后“一个中心、两个基本点”的路线。有了哲学知识做基础，宣传改革开放的路线比较顺畅。

分配到广西柳州市工作后，我在那里成了家，最好的青春年华已经融入了柳州的山山水水。对柳州的一切我都感到亲切，但对家乡也始终怀有深深的眷恋。1987 年党中央、国务院决定在海南创办经济特区的消息传来，我陷入了矛盾：回海南参加经济特区建设，还是继续留在柳州？已过不惑之年，重新创业，确实不易。创业虽有艰辛，但也有无穷乐趣。海南经济特区建立时，十万人才过海峡。那时人们把这种现象称作“闯海”。经过一番考虑，我也下定了回家闯海的决心。人大校友、时任海南省人民政府副秘书长陆军，人大校友、时任政协海南省委员会副秘书长林克昌给了我很大的支持和帮助。

我联系了海南省人民政府办公厅，但是一切并不顺利。当时办公厅领导找我谈话，明确3条：一是暂不安排我的领导职务，但可享受副处级待遇一年（我在柳州市是市委宣传部副部长，副处级）；二是办公厅不提供住房，只能自己解决；三是爱人调动也得自己联系，办公厅解决不了。我同意了，为了海南经济特区，为了家乡的繁荣兴旺，再大的困难我也不怕。没有房子，我就暂时住在伯父家；不安排具体领导职务，我就做好分配给我的工作；爱人的调动等我在海南干一段时间再说。回顾这一段经历，颇有感慨，闯海需要战胜各种困难的勇气。但作为海南人，我对生我养我的家乡充满了无限的爱。这种爱给了我克服种种困难的无穷力量。

回到海南后，我自己争取在政府机关工作。在我看来，政府机关的工作比我原来所在的宣传部门实些，同时，由此可以更清楚地了解我们国家行政机构的运作机制。1988年8月8日，我到海南省人民政府办公厅报到，8月15日正式上班，成了名副其实的“闯海人”。在这里我先后担任第一秘书处副处长、办公厅机关党委专职副书记、秘书处处长。工作中，我较好地把握党中央、国务院创办海南经济特区的精神，积极为落实关于海南经济特区的各项政策努力，注意细致认真，尽量把事干实、干好。我重视深入调查实际情况，尽量注意做到细致周全。我明白自己工作的职责就是当参谋、助手，所以总是告诫自己在工作中尽量细心，考虑问题尽量周全，保证省人民政府领导更好地更科学地做出决策，并保证他们的决策顺利地贯彻执行。在省人民政府办公厅，我开始主要负责各种文件的起草，如政府工作报告、全省经济工作会议报告、省人民政府全体会议报告、省人民政府常务会议纪要和其他一些重要文件等等。有人大本科、进修的底子，加上中共中央党校的提升，我感觉到岗位上的工作任务没有那么沉重。尽管有时也加班，但不是一种负担，反而觉得是一种乐趣。我经历了海南经济特区的风风雨雨，由此也对中国的改革开放有了更深切的理解和体会。

在海南省人民政府办公厅，最让我难忘的是我抓住机会去了一次南沙群岛。1992 年 1 月，在国家海洋局大力支持下，海南省委、省人民政府组织赴南沙巡视慰问团到南沙群岛及其海域巡视并慰问守礁的中国人民解放军官兵。当时，省领导决定让省人民政府副秘书长陆军负责巡视慰问工作的组织、筹备、安排等。我找到陆副秘书长，要求他让我参加具体工作班子。他同意了。我进入工作班子，具体负责各种组织事务的张罗，包括巡视慰问团带给南沙守礁部队的慰问品、慰问金、电视机、蔬菜水果、图书，巡视慰问团成员的住宿安排，每天活动日程，等等。巡视慰问团从 1 月 11 日早上开船启程，到 1 月 22 日返回澄迈马村港结束，用了 12 天。在此期间，我们登上渚碧礁、华阳礁、赤瓜礁、东门礁、南薰礁、永暑礁等 6 个礁盘，和守礁的中国人民解放军官兵一起举行升国旗仪式、种树活动、立碑仪式，开了慰问大会，共进午餐，然后观看文艺演出。那时候，没有电话。白天兵看兵，晚上看星星。他们在礁盘上天天盼望一两个月才来一次的给养船送生活用品和报纸、信件。我亲临其境，才真正理解了他们的艰辛。他们是伟大的英雄，默默地守卫着这片茫茫海域，守卫着祖国的蓝色国土。从南沙回来后，根据辛副省长要求，由他当主编，我和其他同志当执行副主编，将巡视慰问南沙的文字、照片收集起来，编成一本纪念册《南沙：中华的蓝色国土》，交由新华出版社出版。

在马克思主义哲学理论指导下，我广泛学习了伦理学、美学、心理学、经济学、政治学、法学以及中外历史。工作之余，我经常思考一些问题，并将自己的心得整理成文章。鉴于一些领导干部的惰政和贪腐行为对党和国家的危害，我写了《领导者行为：社会文明发展的示范》，强调领导者的重要作用，指出只有各级党的领导干部尤其是高级领导干部，真正地而不是虚假地、坚定地而不是犹豫地、实际上而不是口头上坚持党的全心全意为人民服务的宗旨，严于律己，“抗腐蚀，永不沾”，才能领导全国人民实现社会主义市场经济、现代化建设事业的持续、快速、健康发展。

1999 年 11 月，我到海南省旅游局工作后，运用所学的哲学、经济学知识分析旅游产业的特点，也写了一些文章。2003 年 8 月我参加省里的理论研讨会时交了一篇《认清旅游特性推进旅游产业》的论文，分析了旅游产品的无形性、非转移性、关联性等特性。这些分析都得益于哲学学习对我思维能力的提高。

我在从政的最后两年多时间，做的一件比较有意义的事是利用欧盟援助资金为五指山市编制旅游规划。2002 年，海南省人民政府通过世界旅游组织聘请外国专家为海南省编制旅游发展总体规划。我负责具体的组织协调工作。《海南省旅游发展总体规划》由全国有关专家评审通过后，提交海南省人民政府常务会议讨论通过。后来根据省人民政府要求在此基础上编写的《海南省旅游发展总体规划纲要》也于 2004 年 11 月经海南省人大常委会通过。在编制《海南省旅游发展总体规划》过程中，我们与外国专家组组长合作，申请欧盟“旅游开发促进环境改造”项目资金，帮助五指山市编制旅游规划。在两年半的时间里，我参与了该项目的许多具体工作，包括与外国朋友商谈项目的具体事务，组织有关调查，撰写有关文字材料，等等。我认为这是为五指山市少数民族地区人民干的一件实事，无论如何也要把它干好。项目终于完成了，我感到这些时间、精力花得很有价值。这是我从政生涯中一个圆满的句号。

回海南的这些年，我亲身参加了海南的改革开放和经济建设，目睹海南的前进与挫折，见证了这一段颇有价值的历史，我觉得很有意义，一点儿也不后悔当初闯海的选择。尽管由于各种原因，海南经济特区发展不尽如人意，但我始终对海南的发展充满信心。尽管海南经济特区的改革开放和经济建设困难重重，但是困难再大也不能退缩。我总是时时告诫自己，一方面要勤政廉政，另一方面要努力发挥自己的作用。不论在秘书处当处长，还是当省人民政府副秘书长，我都参加了许多重要文件如政府工作报告、全省经济工作会议报告等等的起草。在这些文件中，我都注意根据领导要求，从海南实际情况出发，认真分析海南省人民政府工作的成绩和存在的问题，提出新的措施。当上省人民政府副秘书长后，我更注意利用各种机会努力争取对海南有利的政策，并向省人民政府领导提出加快海南经济发展和社会进步的一些建议。

◎ 我与哲学的不解之缘

从在人大开始接触哲学，我就与哲学结下了不解之缘。尽管一开始很懵懂，但后来的我对哲学还是逐渐产生了浓厚兴趣，总想在哲学学术研究上做点事。退休之前，忙于工作，很难抽出时间考虑学术问题。退休后，闲暇时间多了，做些学术研究不再是奢望了。

文化问题引起我极大兴趣。在人大哲学系进修时，我特别关注这方面的文章。不过，总觉得一些讨论文化的文章不解渴，像钝刀子割肉很费劲。能否从哲学角度去探讨文化问题呢？我拿不准。后来，在一些文章的启发下，我开始从人类主体和客体之间的关系去探索文化问题的真谛。1985 年 2—3 月我写了《略论主客体关系和真善美》（又题《主体和客体之间的四种关系述要》）的论文，将这些思考的结果整理了一下。这似乎抓到了文化的脉络，但文化之谜并未解开。在党政机关工作时，文化问题就像幽灵一样缠绕着我。闲暇时间，我总要琢磨它。书店里有论述文化的专著就买来研读。内心有股强大力量驱使着我，这个课题太有趣了。可能是习惯的影响，我朦胧地觉得只有从哲学角度阐发文化的本质、特点、内涵和外延及其作用等等，才能找到打开文化之锁的钥匙。这种探索给我带来越来越浓厚的兴趣。从 2001 年起，我陆续将思考文化问题的零碎心得录入电脑。由于在工作岗位上，时间不成块，思考时断时续，成果不大。2003 年 8 月，我当了海南省旅游局巡视员，时间稍充裕些，但在岗工作对理论探索还是有一些制约。2006 年我退休以后，时间充裕了。我集中精力研究自然界发展历史，从中揭开生命、信息和人的认识能力以及文化产生与发展的奥秘。这样，一些先前朦胧的观点逐渐清晰起来。在研究生命问题时，接触到物种遗传问题。人类属于地球上最高级的动物，当然有物种遗传。文化是人类特有的东西，文化的传承不也是一种遗传吗？这样，文化的本质就显现出来了：人类在改造客体过程中形成的认识能力、价值意识和审美体验相互融合的观念总和就是文化。先进文化的结晶就是文明。文化与文明的联系和区别清楚了。同时，文化遗传基因的概念也跳出来了。我边思考边整理，2007 年写成《文化遗传论》初稿。我又很幸运地认识了中国出版科学研究所所长郝振省先生。他是北京大学哲学系毕业的。我向他简单介绍了我的观点，他认为有新意，并提出了中肯的修改意见。在他和中国书籍出版社总编王平先生的支持与帮助下，《文化遗传论》终于在 2010 年 12 月面世。出版社将该书作为“中国当代学术探索文库”的一种，在书封面上如此推介：“本书主题庄重，结构宏大，涉及范围广泛，举凡哲学、认识论、文明论、进化论的许多论题，在本书中都有精辟的阐述和丰富的论说，体现了作者的理论雄心和学术追求。作为本书的一个基本观点，作者提出了文化遗传的思想，借用生物学上的遗传理论解释文化的生成和发展现象，这是一次大胆、独特而富有成果的学术尝试，为我们提供了崭新的研究思路，带给我们强烈的思想震撼。”

除了文化问题，我对柳宗元的思想也很感兴趣。我和柳宗元的因缘也与人大相关，起始于 1970 年 7 月我从人大哲学系毕业后分配到广西柳州市工作。唐朝著名思想家、政治家、文学家柳宗元曾被贬柳州多年。不同的时间，相同的空间，把我和柳宗元联系了起来。我在柳州工作了 18 年，受到有关柳宗元的文物、传说、文章、诗歌的感染极多。柳宗元是中国思想史上重要的思想家，有些思想甚至至今仍有现实意义。学过哲学的我显然对此很感兴趣。我对于柳宗元思想的研究，始于周桂钿先生执笔写了《柳宗元天论研究》，以他和我的名义发表在 1984 年第 3 期《中国社会科学》杂志上。周桂钿先生是我人大哲学系的同班同学。我们一起在人大学习、生活了 6 年，1970 年 8 月离开学校。《柳宗元天论研究》发表后，周桂钿先生鼓励我认真研究柳宗元，争取将来结集出版。我从中共中央党校理论部毕业后，继续回柳州工作。我执笔写了《柳宗元民论分析》，以我和周桂钿先生的名义发表在 1987 年第 4 期《中国哲学史研究》杂志上。1988 年 8 月，我调回海南工作，又抽时间写了《柳宗元佛论分析》，以我和周桂钿先生的名义发表在 1992 年第 4 期《世界宗教研究》杂志上。2003 年后，我又挤时间起草了柳宗元关于政论、关于文论方面的文章，一共有 5 篇。2013 年后，我感到柳宗元的哲学思想好像没有概括完。柳宗元在知行关系方面没有专门的文章论述，但是，他的许多著作中却处处体现着他对知行问题的独到见解。于是，我又起草了《柳宗元知行观研究》。这样就有了 6 篇文章。在结集出版时，周桂钿先生主张不在该书著者中署他的名字，只在后记中说明《柳宗元天论研究》由他执笔即可。该书书名原来拟为《柳宗元论集》，周桂钿先生建议改为《吏为民之役：柳宗元论集》。非常感谢周桂钿先生的鼎力相助，该书于 2015 年 6 月由广西师范大学出版社出版。从《柳宗元天论研究》发表到《吏为民之役：柳宗元论集》出版花了 31 年。

除了这两本著作，我还编撰了《海南省志·政府志（1991—2010）》，参与编撰了《中国共产党海南历史》第二卷，参与评审了一些市县的地方党史和志书，探讨了如社会主义和商品市场经济、人的外在目的和内在目的、人的发展·商品市场经济·所有制等一些学术问题，还参与了一些其他工作，使晚年过得充实、愉快。2008 年，人大党委宣传部、人大哲学院发起“人大精神与大学精神”征文大赛。我写了《让思维之花自由绽放》的论文参赛，获得了三等奖。

我感到我这一生是幸运的，生在旧社会，长在红旗下。我牙牙学语不久，共和国诞生了。沐浴着中国共产党的阳光，接受着马克思列宁主义的哺育，过上了和父辈们完全不一样的生活。70余年来，我目睹了共和国的发展变化，经历了共和国遭遇的曲折和艰难，自己也为共和国做了一些微小的工作。现在我们的共和国正在中国共产党领导下，从事着实现中华民族伟大复兴的中国梦这项人类历史上极其灿烂辉煌的事业。我作为参与这一事业的一分子，无比幸福，无比自豪。虽然我自己没有做出多大贡献，有点惭愧，但是我也知足了，此生无憾。

回顾我这一生，可以看出我和哲学之间的不解之缘。现在，我已进入古稀之年，但是仍然保持着对理论问题的兴趣。进行理论思考，丰富、充实着我的晚年生活。而这一切，都离不开人大对我的培育。我在人大哲学系度过近7年难忘的岁月，这近7年对我整个一生的学习、工作、生活都产生了重要的影响。所以，我感恩它，永远感恩它！

郭绍明自述，本次采访时间为2022年6月14日，由中国人民大学校友工作办公室负责采访、录音整理及文字编辑。

郭树银

郭树银，1965—1970 年就读于中国人民大学档案学专业，曾任国家档案局副局长。出版论文集《论档案工作若干问题》。

◎ 结缘人大幸相逢

我是从农村出来的孩子，是农民的孩子。陕北，是当时陕西最穷的地方之一，那里除了山坡就是山坡。我的家在山沟里的一个小县城——榆林市下面的吴堡县，就在黄河边上。吴堡虽然地方小，名声却不算小，好几位名人都出自这里。写《创业史》的作家柳青，主持修青藏公路的老将军、彭德怀的老部下慕生忠，还有一位民歌大师，唱《赶牲灵》的张天恩，都来自吴堡县。

陕北的自然条件太差了，解放以后一直到20世纪70年代都吃不饱。物产实在有限，土豆、小米、白菜、萝卜、红枣……有限而单调的物产，不够养活这片土地上的人。我家有自留地，种点菜，种点小麦、杂粮。我是家里最小的孩子，排行老三，有一个姐姐、一个哥哥。我从小放羊、养猪、养鸡。农村的孩子就是这样，从小就得干活，每天放学回来要帮家里干活。可即使是干活，也没得吃。

我的童年，就在这沟沟壑壑里展开。我是郭家沟的，小学就在家附近的太平寺小学。毕业后去县里念中学，中学叫任家沟，也是山沟里的一个学校，上了6年，初高中都在那里。1965年中学毕业，准备高考。

考上人大，是一段会逢其适的相遇。我们山沟里的学生可以说是一无所知，外面的世界、天下的大事，都遥不可知，更不要说高考考哪儿、考什么专业这种具体而细致的问题。所幸有一位好老师。班主任对每个学生都进行了解，按照大家平时的情况给大家提建议。具体到我，老师说按照你平时的实力，你应该考一个好学校。班主任把大学名录拿过来看，那时大学名录第一个就是人大，班主任说我就做主给你报人大。因为我喜欢历史，于是就报了历史档案系。

没想到竟然考上了，也是和人大有缘。录取通知书是辗转才收到的。当时录取通知书是先发到学校，学校再通知各个学生。那个时候放假了，学生都回家了。学校就给我们公社打电话，公社再通知到我。这种幸运，在高考那一年不单单属于我一个人。那一年，全校一共 33 个高中毕业生，考上各类学校将近 30 个，是整个榆林地区的第一名。也许是老师教得好，也许是我们大家因为家庭状况都不好，要争口气。现在回想起来，我挺幸运的。如果不是老师帮忙做主的话，来不了北京，来不了人大。

◎ 特殊年代的“冒牌生”

被特殊年代裹挟的青春，有太多无奈。在个人生活与宏大历史的碰撞下，一切都显得匆忙而慌乱。我就是在这样的背景里，成了一个“冒牌”的人大毕业生。这虽是玩笑话，却也是事实：1965 年考入人大，1966 年“文革”就开始了，应该 1969 年毕业，拖至 1970 年分配工作。

刚入校的入学教育，我一辈子也忘不了。山沟里的中学生一下到了北京，完全是进入了一个新天地。再到人大这样有名的高等院校，感觉什么都是新的。校区在西郊，入学教育是学校开大会、做大报告，还有系里面开会、座谈。听老师们介绍，讲人大一路走来的历程：从 20 世纪 30 年代的陕北公学，到华北联合大学、北方大学、华北大学，再到 1950 年成为中国共产党创办的第一所新型正规大学。校长吴玉章，是德高望重的无产阶级革命家。系主任吴宝康，也是老革命。那时国家委托人大一定要把档案专业办好，国家档案局全力支持。听到这些，当时就发自内心地想，学校有这么光荣的传统，我能够上这么好的大学，实在是荣幸、幸福。时隔多年现在回想起来，进人大这个选择是非常正确的，选档案学专业也是非常正确的。

学校环境好，生活条件也好。我们从农村来到人大，吃得好、住得好。那会儿有助学金，像我这种农村来的孩子，能拿到十九元、二十元的样子，孤儿或是家里有重病人这种特殊情况的，能拿到二十多元。一个月伙食费是六七元，有鱼有肉，吃的是大米饭、白面。

良师的语重心长，影响了我的一生。系主任吴宝康很关心我们，他在入学教育时讲："你们这些学生要好好学习，将来毕业以后到工作岗位，必须把党的利益、国家的利益放在首位，这点你们千万要记住，否则你们也搞不好档案工作，也搞不好其他工作。"这句话让我印象很深刻，掷地有声的话语令我受益终身。

可惜遇上特殊年代。上课只上了一年，学了外语、马列主义基本理论等公共课，以及中共党史等专业课。后来就进入了非常时期，一直乱乱哄哄。1968 年开始，就是劳动，所有的老师和学生都去。先到海淀区的西北旺劳动半年，如种菜；后又到东方红炼油厂做工，又是半年。

到 1969 年毕业，拖到 1970 年分配。我想，去哪儿都可以，服从组织安排。于是我就到了青海，一去就是十年。人生的轨迹被时代偏转，虽然选择身不由己，但发自内心的真诚与坚定从未改变。

◎ 十年坎坷风雨多

高原的风吹云涌，见证了我的那些年。去青海有两个名额，和我同行的，是我的同班同学董永昌（音），他是上海人。我们被分到了化隆，在山区里，是海拔 3 000 多米的一个回族自治县，有回族、藏族、哈萨克族等很多少数民族。初到各种不适应。这样高的海拔，高原反应是肯定的。处在高寒山区，生活环境也差，挨饿是经常的事，平时只能拾牛粪当柴烧。再加上当地人说话也听不懂，条件确实艰苦。

我们一开始都在县革委，我在办事组，他在组织组。县革委后来改成县委，我在县委办公室，主要就是起草文章、抄抄写写之类的工作。

在人们的印象里，人大毕业的学生肯定擅长这些。

十年坎坷，一路风雨。我没干过与专业相关的事。县里的工作延续了六年，后来我被调到西宁市卫生局搞卫生，做行政工作，又是四年。

好在没有多久，国家的历史揭开了新的篇章，我的生命之舟也开始了新的航程。1980 年，我终于从青海回到北京。回到北京，得自己找单位。我联系上当年的班主任和系副主任刘正业老师，刘正业老师这时已经是人大二分校的副校长。他听说我回来了，马上同意接收，我就到人大二分校工作了一段时间。

说来凑巧，学校隔壁就是国家档案局。1979 年刚刚恢复的国家档案局，那时正需要档案专业的人才。有关领导和人事部门听说我学档案又是人大毕业，于是 1981 年，我调到了国家档案局。这说明了当时人大在社会上有相当重要的影响力，我是沾了母校的光。

回到北京的时候，我已经 35 岁了，专业上可以说是那时重新开始学的。因为被认定为科班出身，所以到了国家档案局以后，平时开会遇到讨论文件或是讨论问题，大家都让我先说观点。其实我也是“赶鸭子上架”，现学现卖。于是，参加工作之后边干边学，拼命学。

◎ 初心不改忆峥嵘

作为农村出来的孩子，如果没有共产党，我连中学都上不了，更不要说上大学，因此要感恩。我们学了专业也好，学了文化也好，要知道报效国家，为人民做一点事。

从 1981 年进入国家档案局，我一直工作了几十年。从事档案工作这么多年，什么都干过，有的已经淡忘了，但有的还留在记忆里。印象最深的有两件事。一件是 1987 年国家颁布了第一部《中华人民共和国档案法》，这是我们国家发展档案事业的根本大法。档案法的颁布与实施，是档案工作诸多改革中最重大的事件，标志着我国的档案事业开始走上了依法治档的轨道，对我们国家档案事业的发展具有里程碑意义。那时我在局里就是负责档案的政策法规相关内容的工作，所以这件大事对我的工作具有很特殊的意义。有了强大的思想武器、法律武器，开展工作就有了保障。只要好好干，就一定能够把档案工作干好。我到现在回想起来，那一段时间真是轰轰烈烈。

另一件事是1996年第十三届国际档案大会在中国召开，这也是第一次在发展中国家召开国际档案大会。王刚同志当时是中央办公厅副主任兼任中央档案馆馆长、国家档案局局长，他给我布置了一个任务：起草关于大会召开的文章。我就和我的同事们连夜起草了文章，《人民日报》发表后，反响很好。那次会议很成功，我作为工作人员在会上忙上忙下。会后我和王刚同志去英国访问，介绍会议在中国顺利召开的具体情况，大使馆热情地接待了我们。据说业界评价，在北京开的第十三届国际档案大会是最好的。

工作这些年，我写过很多专业领域文章，参与过许多重要图书的编纂。1991年，我出版了一本论文集——《论档案工作若干问题》。文章都是从20世纪80年代发表在各种报刊上的文章中选出来的，大体上分为档案工作、档案学研究、档案与历史研究等多个方面的内容。在后记里我写道："作者在人生的道路上不断学步，在学业上也是不断学步。即使在今后，也仍然要不断学步。脚踏实地地干工作、做学问，一步一个脚印，勤学苦练，厚积薄发。这就是自己的态度。"几十年的工作里，我是这样想的，也是这样做的。

◎ 心念母校厚望深

这些年我一直情系人大。只要有需要，召之即来，来之能战。为母校服务，尽一点责任也是我的荣幸。我如今77岁，自己觉得跟不上形势了，但总归想要发挥一些校友的作用，平时也会浏览人大新闻网，关注学校的动态。

今年是人大八十五华诞，也是信息资源管理学院七十华诞。作为一名人大毕业的学生，向学校、学院表示由衷的祝贺。如果要说一句祝福的话，那就是“铁肩担道义，发扬人大光荣传统；妙手著文章，创建世界一流大学”。

我也是从青年过来的，现在的青年比我们那会儿条件要好多了。我觉得现在的青年思想活跃、接受新生事物能力强，风华正茂，意气风发，正是好时候。我们那会儿各方面条件差，但是刻苦。现在的青年人，条件好、环境好、生活好，可能有的同学不一定有我们刻苦。希望咱们的青年校友：一要学做人，就像当年吴主任嘱咐我们的那些话，人品要好，思想要好；二要学本领，专业得学好。想起我们老家的著名作家柳青说过的一句话：“人生的道路虽然漫长，但紧要处常常只有几步，特别是当人年轻的时候。”这话对我很有启发。大学就是关键的一步，大学毕业参加工作走向社会又是关键的一步，一定要自己把握好，朝着品学兼优的目标前进。我也给年轻的校友送上一句祝福的话：听党话，跟党走，学好本领为人民。希望大家通过人大的熏陶，将来成为为人大争光的一员。

郭树银自述，本次采访时间为 2022 年 1 月 7 日，由中国人民大学信息资源管理学院和校友工作办公室负责采访、录音整理及文字编辑。

采写 / 纪洪波　李宣谊　郑舒舒

孙长友

孙长友，河北沧州人，中国人民大学农业经济系 1979 级学生，曾任甘肃省税务局大企业局局长。

◎ 三战高考，圆梦人大

我于 1960 年出生于河北省沧州泊头市，泊头曾以出产火柴和铸造而闻名。我父亲是新中国成立前在地方打游击的老革命，母亲是一位普通的农村妇女。他们都没有多深的文化底蕴，但是他们特别重视对后代的教育，所以我们家兄弟几人都得以有上学的机会，都读到了高中毕业。

那时的学制和现在不同，小学只读五年，初中和高中各两年。当时我们都是自己背着书包就上学去了，不像现在都得家长接送。我是在县城上的高中，高中阶段就住校了，二十个人住在一间大房子里，土炕上铺的麦秸，冬天没有火炉，非常寒冷。我从小学到高中毕业，正处于“文革”时期，所学教材属于普及类型的，这一阶段，我一直中规中矩，学习认真，成绩较好。以我当时养成的习惯为例：我的家乡话和普通话有很大差别，但每当读课文时，我都会努力用自己认为比较标准的普通话朗读，还经常模仿收音机的播音员说话。可能由于这时的语音基础吧，后来竟然当过人大广播站的播音员。

1976 年高中毕业后，16 岁的我回到了家乡所在的农村生产队当社员。那时城乡差别非常大，农村机械化程度很低，农活主要靠人力，每天十分辛苦。这个时期让我养成了吃苦耐劳的习惯。幸运的是，1977 年恢复了高考制度，几乎所有的高中毕业生都去报名参加高考了，我也不例外。我一边从事生产劳动一边复习考试，但遗憾的是，第一年没有考上大学，连中专都差了几分。之后的一年我复习得更用功了，除了学习，还抽时间在废报纸上写写大字。为了充分利用时间，我经常先把每天要学习的教材一页一页撕下来放进草帽里面，再拿上农具赶上牲口下地劳动。休息的时候，其他社员在娱乐消遣，我就从草帽里面拿出这几页书来看。但就是这样下尽苦功地学习，1978年的高考，我还是距考上大学差了几分。

懊恼归懊恼，生活还得继续。有一次我进县城，碰到了我的中学老师。他对我印象很好，也很关心我的近况，得知我两次高考落榜的分数，就让我去学校复习一个月，说保准能有学上。我将信将疑，虽没有立刻去学校，但记住了老师的话。我不知道的是，学校已经使用应试教材了，而我使用的却是过时的普及型教材。这时候，父亲让我去村里的工厂工作，这样除了拿满额的工分，每月还能发十几块钱。我就进了村工厂。在工厂的几个月，我在龙门刨刨床上干过，在牛头刨刨床上干过，车床也上过手。我记得有几次，守了一夜机床，还要拖着疲惫的身体继续加班，而且是抬铸造铁水，这种情况是很危险的。在这期间，我始终没有把学习放下，机器操作熟练之后，经常是一手操作着机器，一手拿着书看。我也曾因此犯过一次错误：本身上班看书就不对，我还一边做工一边看书，因为太疲惫，就不小心睡着了。刨床一直走空刀，来回地响。厂长听到声音不对，就进来把电源断掉，生气地把我敲醒。回到家，我以这件事为理由和家里说不去工厂上班了，实际上主要是想安心学习，那时候离高考只剩三个半月了。我想起老师的话，就让父亲帮我找好了学校，决定全力以赴学习。当时我想自己要是再考不上大学就“无颜面对江东父老”了，于是，这三个半月的学习就成了我的背水一战。

终于，功夫不负有心人，我如愿以偿考上了大学，并且考得十分出色，比之前多考了200多分，进入了河北省的前十几名，就是报北大也没有问题。不过当时考虑到自己在生产队当了三年农民，就报了人大的农业经济系。

我考上了人大很多年之后，我们村上的人经常用我的例子教育他们的孩子努力学习。他们通常跟小孩说：“看看人家孙长友，把书一页一页地撕下来放到草帽里面下地干活，硬是考上了人大！”在村工厂上工看书的事后来也被传开了。很多年之后我回去都还能听到有人说：“你看看咱们厂长，一巴掌把人家孙长友给打到人大去了！”

◎ 不忘初心，牢记使命

客观地说，真正像我一样从纯粹的“泥腿子”考上人大的没有几个。虽然很多同学是农村户口、农民身份，但是和我一样真正在村里干了几年农活的很少。举一个例子，你在城市的街道上看到做重体力活的那些人，他们走路的步态和没干过重体力活的人是不一样的。而我就是以那样沉重的步态进入人大的，和城里孩子不太一样。不过我并不自卑，差别再大，现在都撵平了，大家都是人大的学生，走到哪儿去胸脯都可以挺直了。

人大的四年学习经历开拓了我的视野，最主要的是让我坚定了跟随中国共产党一直走的信念。人大的红色基因深厚，和其他学校最不同的一点就是，人大的教育让我们时刻记得，我们现在的社会是怎么演变来的，让我们明白没有那些革命先辈的付出，我们的社会就不会像今天这么好。

人大是中国共产党创办的第一所新型正规大学。中国共产党虽然曾经走过弯路，但都是靠自我改变、自我纠正、自我纠偏重新回到正确轨道。中国共产党的这种自我革命精神，是其他任何一个政党都做不到的。中国共产党始终是最优秀的执政党，从建党到新中国成立仅仅用了 28 年的时间，这真是奇迹。中国试遍所有方法和道路，最后证明，只有中国共产党才能救中国。这是被历史证明的，其他的方法都没用，这些道理对于我们来说不需要多讲。人大继承了中国共产党的红色血脉，这种红色基因时刻影响着我，所以虽然在年轻时有过苦闷和迷茫，但无论是退休后还是退休前，我都一直保持着良好的心态和心智，始终没有过动摇。

在人大学习期间，吴本立老师给我的印象很深，她是吴玉章老校长（延安五老之一）的孙女。当时她教我们线性代数，她不只教书，还育人。她对我人生观、价值观等方面的影响较大。我有一个同学，他就是国家移民管理局副局长尹成基，山东即墨人，也是农村孩子。我们两个经常做伴，甚至洗澡都在一起，互相搓背。后来我们关系也一直很好，在北京聚会的时候还互相开玩笑。

◎ 勤恳工作，一颗公心

1983 年毕业后，我申请到甘肃工作，后来我 37 年的职业生涯也主要是在甘肃度过的。

我的第一份工作是学校分配的，在甘肃省政府办公厅。人大的分配方案很好，都是省委、省政府之类的省直机关。我在甘肃省政府办公厅工作了 6 年，主要做的是文字工作，那时候稿子都是一字一句手写的，很多时候需要整晚不睡地爬格子。

几十年工作中，我印象最深的一件事是，有一次我们工作小组要负责甘肃省陈光毅省长第二天讲稿的写作，由于我年纪小且写字又工整，所以负责抄稿。稿件是第二天急用、来不及印制的，必须把笔画写清楚。因此我的工作压力很大，抄了改，改了又抄，抄了厚厚的一大摞。第二天上午的大会上，省长就用了我的手抄稿。此前考学的时候，白天干农活，晚上在油灯下学习，灯光很暗，那时候视力就已经不太好了，再加上那几年在省政府办公厅时常需要熬夜工作，我的眼睛患上了七八百度的近视。

另一件印象深刻的事是，胡耀邦当总书记时提出“种草种树，治穷致富”的号召，甘肃省号召一部分人下去挂职锻炼，帮助地方种草种树，改善生态条件。省政府办公厅派人下去挂职，但是谁也不愿意去，因为到农村就是要吃苦的。我是在农村长大的，也不怕吃苦，就主动提出来下去挂职锻炼，去榆中县待的两年时间里任夏官营乡副乡长。在农村那两年，没有什么蔬菜，吃的就是土豆片和油泼辣子。我那个时候从河北到甘肃，吃不惯辣椒，就吃一点面片子和土豆片，患上了严重的营养不良，可以说身体经受了相当的考验。这两年的经历也让我真正体验了基层政权的运作实情，了解了上级政策是怎么样逐级往下落实的。要是继续从政的话，这些经历会很有帮助。不过后来我没有继续从政，而是因为一个偶然的机遇到税务局工作去了。

当时甘肃省的工商税务公检法很缺人，所以省委、省政府联合下了一个文件，从省委、省政府、省政协、省人大以及当时的省顾委里边抽调一部分年轻干部充实到工商税务公检法部门。我就服从组织调配，进了税务系统工作。年轻人的路没有人指点，我只能靠自己一步一步摸索着走，这样的选择从个人职级晋升方面来看，其实算是走了极大的弯路。像我这样的有基层工作经历，又是人大的毕业生，如果有一个好的导师引导的话，怎么样都能在职级上升得比较高。不过我到了税务系统之后也不考虑这些事情了，就全心投入到工作中去。我需要做好税收与服务工作，处理好征与纳的关系，平时都是非常具体的工作。1994 年，国地税分设，我待的单位是国税局，是国家税务总局直属的单位，省份之间可以跨省交流，后来我还在天津挂职两年，就这样一直在税务工作上干到了退休。

在这个工作阶段，除了扎扎实实地搞好自己的分内工作，我觉得最大的困难是人际关系。一个毛头小伙到了兰州，没有亲人，也没什么社会关系可以助你一臂之力，所以一度最大的苦恼就是得不到认可和任用，可能这样的事情很多年轻人也都遇到过。另外，我一路走来，从农村到城市，从单身到结婚，经济条件都不怎么好，我不可能以权谋私对纳税人进行吃拿卡要，我不会这样做事。

◎ 不折不挠，健康身心

在我的人生鼎盛之年，虽愿为国家发展与进步多做工作，但在现实中，却经历着政治生态非常不好的一段时光。那时的我甚至有点抑郁症倾向，但所幸这种抑郁情绪没有严重下去，这是因为我有一个比较好的爱好：唱歌。那时候我的朋友隔一段时间就会叫我去唱歌，唱歌的时候，我会全身心地投入到那首歌的演绎当中，这样就能忘记一切，把身体内部的不良情绪、积压的不利于身体健康的东西都释放掉。也正是因为这一项业余爱好，让我保持了健康的身体。唱歌对身体、对情绪的重大作用，是我后来才逐渐体会到的。退休以后，也包括退休之前，很多民间的合唱团也会叫我去参加，因为我算是水平比较高的男高音。甘肃省税务局 20 多年来的春节联欢会，我都是主持人，并且还要表演一个独唱节目。

工作几十年，我体会比较深刻的有几点。第一点是，作为一个普通家庭的孩子，要学会主动寻找自己的人生导师，伯乐找不到自己，就要学会毛遂自荐，去找自己的伯乐，否则一生就浑浑噩噩地过去了。对于我来说这一点体会是实实在在的，是用生命感悟出来的。第二点是，一定要保持良好的心态，有抑郁情绪的时候一定要找到一个出口把它宣泄掉，比如体育运动、文艺活动等等。本来一个家庭出去一个大学生是很光彩、很不错的事，对家庭、社会和国家都是贡献，但如果处理不好自己的情绪，积郁成疾，不但解决不了自己的问题，还会连累家庭，影响社会。不论处于巅峰或低谷，都要管理好身体，保持健康的体魄。现在，很多企业家也好，领导者也好，说倒下就倒下了，就是因为没有注意身体健康。第三点是，我一直坚守一个信念——任何时候都不要做过分的事情，不论对社会上的人还是对自己都不要做过分的事情，否则会后悔。

今年是人大建校 85 周年，习近平总书记考察调研人大后对人大今天的建设发展提出了新的要求。我觉得人大现在走的路很好，要继续保持下去，一定要把红色基因传承好，这是人大的特色。要把这种特色建设好，保持巩固发展好，那就是人大的成功。没有了这个特色，我们人大就混同于其他的大学了。

青春是美好的，青春是用来奋斗的，不是用来消遣的。青春只有一次。我记得在上初中的时候，爱看伟人的传记，看了之后就想，如果这些伟人遇到和我同样的困难和问题会怎样处理呢？我经常会把自己的问题提到这么一种高度，来思考解决的方法。我觉得，只要有了解决困难的正确方法，对年轻人而言，一切皆有可能。希望人大的学弟学妹们都能努力奋斗，最后都能拥有繁花似锦的美好前程！祝福伟大祖国更加繁荣富强！

花甲铭志

——一位共产党员的岁月与情怀

缕缕华发，
显现在你的头上，
身边的人群换了一茬又一茬，
奋进的故事演绎了一桩又一桩。

从田间社员到人大学堂，
自燕山脚下至黄土陇上，
男儿有志走四方，
九百六十万热土皆如亲爹娘。

曾居陇府，秉烛夜战习文章，
致富兴陇，遍走陇原第二故乡！
解析税法，数登推广大讲堂，

丰富生活，主持写字唱一嗓。

从壮志凌云的学子，
到现实的职场，
拼搏在复兴路上，
未曾辜负那豪情满腔！

精华人生几十载，
着实金贵、难忘，
然已成为槽枥间的牛羊，
不再需要伯乐的眼光。

啊！岁月如歌，
人生百年好时光，
生当只争朝夕，
让生命迸发出耀眼的光芒。

虽年逾花甲，
青丝尚存，志气且昂，
好一个雄心未泯，
趁东风正劲，再创辉煌！

孙长友自述，本次采访时间为2022年5月11日，由中国人民大学校友工作办公室负责采访、录音整理及文字编辑。

侯建良

侯建良，山东章丘人。1964—1968年，就读于中国人民大学历史档案系，获学士学位。1979—1982年，攻读中国人民大学中国政治制度史专业研究生，获硕士学位。曾任山东省沾化县二中教师，县交通局干部，劳动人事部人才资源研究所和行政管理科学研究所干部、研究室副主任，人事部政策法规司处长、副司长、司长，人才流动开发司司长，人事部副部长、党组成员。

◎ 贫不改志，两进人大

我是山东章丘人。我们那个村很穷，土地贫瘠，干旱缺水，我家又属于村里最穷的那一部分。据老人说，我原本共有兄弟姐妹七个，新中国成立前我的一个哥哥和一个姐姐已经病死，新中国成立后家里除父母外还剩下我和两个哥哥，大姐在新中国成立前就已出嫁。后来由于家里穷，加上农村缺医少药，两个哥哥又在我小学一年级和五年级时去世，他们死的时候一个十八岁，一个二十四岁。厄运并没有就此止步，1958 年我刚考完初中，父亲因积劳成疾，一病不起，临终时跟我母亲交代："这个孩子如果能考上，你就是砸锅卖铁也要让他上学。"我母亲虽是目不识丁的农村妇女，但在支持我上学这件事上始终坚定不移。她自己身患哮喘病，一人独撑这个家，供我从初中到大学苦读十年。

我是 1968 年 12 月从人大历史档案系毕业的，先在解放军部队里锻炼一年，然后分配到山东省沾化县工作。我和我爱人是大学的同班同学，我爱人分到县委办公室档案科，我则到县城中学当老师。我们两人一商量就把我母亲接过去，一家三口过上了在当时当地也算是小康的生活。但好景不长，工作第二年我突然患上了头痛病，辗转求医无效，只好来到北京，直到疼了八个月，一只眼睛因视神经受压迫失明后，才在宣武医院诊断出颅内囊肿。由于当时医疗水平比现在差很多，所以动了一个大手术才解决了问题。不管怎么说，大难不死也算幸运了。之后有两年时间是半休半工作，列编外人员，拿 60% 的工资。身体基本恢复后积极要求工作，被安排到县交通局做文书工作，又参加“农业学大寨”工作队驻村一年，与农民同吃同住同劳动。驻村结束后我入了党，实现了多年的梦想。

1978 年人大复校，部分学科恢复招考研究生；第二年各学科全面恢复招考研究生，我们档案系也在其中。我想报考又有顾虑，一方面考虑自己做过大手术，身体比过去弱了许多，一只眼睛的视神经萎缩未得到恢复，还要不要再去拼搏；另一方面，我去读研究生，肯定加重我爱人的负担。正值犹豫之际，我母亲又检查出肺癌住院，而母亲这次住院很可能是最后一次，我应该全力陪护。当知道我在为报考研究生而犹豫不决时，母亲态度坚决，要我一定报考，让我拿个小板凳坐在她病床边复习备考。我考试过后不到一周，母亲安静地永远地离开了我们。与我母亲熟悉的老人们，只要一提起我的母亲总是交口称赞，说她坚强而有主见。

在一个人的成长发展道路上，个人的努力以及家人的支持当然是十分重要的；但是还有更重要的，那就是国家的制度保障。读初中、高中，我的学杂费全免，在人大读本科时我一直享受学校里的最高助学金（每月 18.5 元）。母亲年老体弱，在生产队挣的工分不够用，生产队把她划为“三定户”，其中一项“定口粮”就是保证按标准分到粮食。这些制度就保障了我只要考上就能上学，而不用“砸锅卖铁”。所以当时我母亲一遇到别人称赞她有主见的时候，总是回答一句话：“就是仗着这年头的政府好啊！”

我前后两进人大，本科四年半，研究生三年。如果要问我对人大最深刻的印象是什么，我觉得就是我们人大的那种特有的艰苦朴素和谦虚谨慎的品格。一提起这种品格，使人很容易联想到毛主席在进城前谆谆告诫共产党人的“两个务必”，即“务必使同志们继续地保持谦虚、谨慎、不骄、不躁的作风，务必使同志们继续地保持艰苦奋斗的作风”。我想，吴玉章老校长在接受党中央委托决心办好人大时，很可能最先想到的就是如何落实好“两个务必”，使之化为人大的品格。

最初的印象可能是最深刻的印象。我作为一直在农村长大的穷学生第一次走进大城市，那感觉可能与刘姥姥初进大观园差不了太多。当时我并不清楚人大有两个校区，而档案系当时还在东城区张自忠路，于是阴差阳错地闯到了位于西郊的主校区。在校门口的两位国际政治系的高年级学生，看到从公交车上走下来一个带着行李的学生，就跑过来热情地接待我，问清情况后就建议我先在这边住一夜，第二天一早再去东城，并说他们宿舍有空床。我当然是欣然同意。走进他们的宿舍，我第一眼就注意到了他们的一位同学正坐在床上熟练地缝补衣服。那位同学察觉我在看他，马上解释道：吴玉章老校长教导我们要艰苦朴素，所以我们人大人就是要艰苦朴素，在这里穿旧衣服、破衣服没人耻笑。我就像心里有块石头一下子落了地，连忙说：“太好了！”老实说，来校之前心里总有些不踏实。按入学通知书要求必须带的 20 元钱是借了两家亲戚才凑齐的，还有一个半新的搪瓷洗脸盆也是借的，衣服全是家织粗布的，有的还打着补丁，所以总担心被人瞧不起。“新生入学教育”进一步证明艰苦朴素的品格并非虚言，艰苦朴素成了入学教育的第一课，班里还当即成立了一个理发小组和一个钉鞋小组，因为当时很多同学穿的是家做的布鞋，鞋底容易磨坏。

另一个深刻印象，就是谦虚朴实。那个时候刚到北京上大学的学生，星期天都爱老乡聚会，我们常常听到其他学校的同学议论说人大的学生好接触，没有架子，说话朴实。这与学校领导和老师们的谆谆教诲是分不开的。记得学校领导们在做报告时经常用“谦虚使人进步，骄傲使人落后”勉励大家。我读研究生时，指导教师韦庆远在第一次见面时就对我们三位研究生说：要做踏踏实实的学问，板凳要坐十年冷，做学问要不务虚名，不要急于求成、急于出名，而应谦虚好学，注重积累，不断提高自己。老师们的这些教导使我在以后的工作中受益良多。

◎ 勤奋敬业，以报党恩

我于 1982 年 7 月研究生毕业，被分配到刚刚成立的劳动人事部工作，当时正是干部人事制度改革方兴未艾之时，我一进部就投入到了干部人事制度改革的研究之中。我的研究生研究课题是古代科举制度，我以此为线索阅读掌握了古代文官制度的基本情况。进入劳动人事部后又获得了参加有关会议的方便条件：比如参加了中国社科院筹办的为期 40 天的比较文官制度研究班，研究班邀请了美国卡特政府的人事管理总署署长讲授美国公务员制度，邀请了法国国家行政学院教授讲授法国公务员制度；又比如参加了由劳动人事部、中国社科院等筹办，以联合国技术合作发展部名义举办的由多个国家的政府代表和专家学者参加的联合国文官制度改革研讨会。这些机会使我开阔了眼界，拓展了知识，对古今中外人事制度都有所掌握，为以后参加我国公务员制度的研究建立打下了基础。

参加公务员制度的研究建立和公务员法律法规的起草制定，是我自进入人事部门工作后参与时间最长、投入精力最多的一项工作。我国公务员制度是根据我国经济体制改革和政治体制改革的要求，针对当时干部人事制度存在的主要弊端，逐步深化干部人事制度改革的产物。我国公务员制度总结了长期以来我国干部人事管理的经验，包括改革开放后干部人事制度改革的经验，借鉴了古今中外人事管理的科学方法，并经过全国上下广泛征求意见和试点论证，因此是一套较好地体现了科学化和法制化的新型干部人事制度。

根据邓小平同志关于要在党的十三大上拿出一个政治体制改革蓝图的指示，1986 年 9 月中央政治体制改革研讨小组成立，由当时中央的五位领导同志组成。研讨小组下设一个办公室和七个专题组，其中干部人事制度改革专题研讨小组（以下简称“专题组”）于 12 月 16 日成立，组长是当时中组部的副部长曹志同志，连组长在内成员共 10 人，主要由中组部和劳动人事部的同志组成，我是其中一员（当时我是劳动人事部行政管理科学研究所一个研究室的负责人）。专题组在总结前一阶段全国干部人事制度改革经验及研究成果的基础上，走访了部分省部级领导干部，召开了 80 多次座谈会。经过反复研究讨论，改革思路逐步清晰，主要包括三点：一是改变以往对各类干部实行高度集中统一管理的人事管理体制，改变对党政机关工作人员、企事业单位管理人员以及所有专业技术人员实行统一录用、统一调配、统一工资分配制度的管理办法，根据各类人员在工作性质、社会责任、人才成长规律方面的不同特点进行科学分类，分别建立适合各类人员不同特点的人事管理制度。二是找准实行分类管理的突破口，首先建立起国家行政机关工作人员管理体系，即公务员制度，为整个分类管理起到示范作用。三是改变以往人事管理"规章制度不健全，用人缺少法制"的弊端，建立健全法律法规，实现人事管理的科学化和法制化。

在确定国家行政机关工作人员管理体系的名称时，还经过了一番讨论。当时有几种选择，其中一个是"公务员制度"。我当时力主叫"公务员制度"，在一次非正式汇报会上，专题组安排我做了关于名称的专题发言，得到了大家认可。顺便说一句，在后来专题组完成任务，人员回原单位时，专题组在给我的鉴定里还专门提到我在确定公务员制度的名称上做出了贡献。

经过充分研究准备之后，专题组带着《干部人事制度改革专题研讨报告》《国家公务员条例（草稿）》，以及三个"说明材料"，于 1987 年 5 月 20 日到国务院第二会议室，向中央政治体制改革研讨小组做了汇报，并顺利通过。汇报会对建立公务员制度原则同意，并明确了近期三项任务：建立人事部，制定、颁布国家公务员条例，开办国家行政学院。

1987 年 10 月 25 日党的十三大召开，宣布在我国建立和实行公务员制度。1988 年 3 月 25 日七届人大一次会议开幕，《政府工作报告》进一步明确：尽快制定国家公务员条例。

专题组在做好收尾工作之后于1987年12月宣布解散，并于1988年3月将《国家公务员条例（草稿）》移交给劳动人事部，由劳动人事部负责继续修改并完成条例出台工作。同时，部里决定我不再回行政管理科学研究所，而留在部机关，主要任务就是负责国家公务员条例的修改工作，同时参加公务员制度的试点和推行工作。接着把我安排在政策法规司担任处长，两年后担任副司长。

修改条例的基本方法就是“征求意见—讨论修改—再征求意见—再讨论修改”，反复进行。动作较大的行动有两次：一次是1989年5月经国务院批准，以人事部名义发出《关于印发〈国家公务员暂行条例〉及五个单项法规草案征求意见的通知》，五个单项法规包括考试录用、考核、奖惩、职务升降、回避的规定。另一次是1990年5月人事部在哈尔滨市（公务员制度试点城市）召开修改《国家公务员暂行条例》讨论会，参会人员为来自中组部和其他有关部门的专家学者。会议由我主持，程连昌副部长做报告。这次会议效果很好，与会人员一致认为条例草稿的结构和内容已经比较成熟。

任何工作都不会是一帆风顺的，改革就更是如此。也曾有不赞成干部人事制度改革的人讲“搞公务员制度是搞‘西化’”，使公务员制度的试点推行工作受到过干扰。时任部长的赵东宛同志带领党组一班人顶住压力，积极向中央做好汇报工作，坚持试点，坚持正面宣传，终于迎来了公务员制度全面推行的春天。

1992年底和1993年1月，江泽民总书记先后主持中央政治局常委会和中央政治局会议，讨论并原则通过了人事部的汇报提纲和国家公务员暂行条例。4月国务院第二次常务会议正式审议并原则通过了条例，8月14日李鹏总理签署国务院令，批准发布《国家公务员暂行条例》。8月16日下午快下班的时候，国务院办公厅打电话给人事部，要一位熟悉条例的同志去最后核一遍即将发布的条例。部领导决定让我去，我到了国务院办公厅，国务院副秘书长李树文同志告诉我：条例已经由总理签署，即将发布，由于人事部的送审稿又经有关同志在个别文字上修订过，为慎重起见，让我再仔细看一遍，看有无不妥的地方。事不算大，但马虎不得。我对条例内容早已烂熟于胸，因此不用对照送审稿，认认真真地看了一遍，修订的地方并不多，有几处改得可以，但有三处改后容易产生误解，我便在旁边写下了修改建议，交给李副秘书长。条例发布时，我提出的建议均已采纳。

从提出建立公务员制度方案开始，条例起草历时6年多，十几稿。在起草过程中，全国性的征求意见就有4次，小型座谈、个别访谈式的征求意见难计其数。征求意见人次之多、关注面之广、试点论证时间之长，可以说前所未有。

条例颁布后，关键在于实施。人事部第二任部长宋德福带领部党组一班人坚持创新，结合实际情况及人民群众关心的问题，一年突出一个重点，积极推动制度入轨工作。社会各界对公务员制度的推行反响热烈，有一则新华社记者的采访报道说，山西省某县录用公务员，在考场上贴了一副对联。上联：只招11名干部你也找他也找叫人为难；下联：不循半点私情你也行他也行谁好取谁；横批：考场见高低。人民群众的拥护既是对公务员制度的充分肯定，也是制度实施和发展的根本动力。从1996年开始，人事部决定开展“人民满意的公务员”表彰活动，并将这项活动逐步完善为由多部门共同组织的一项比较隆重的表彰活动。温家宝总理在一次会见受表彰人员时说，你们获得的是最高荣誉，这就是人民满意。对公务员和政府来说，最高的评价标准就是人民满意。

随着国家公务员条例实施工作的不断发展，起草制定公务员法的时机逐步成熟。2001年1月，根据中央当时分管组织人事工作的领导同志的批示精神，中组部、人事部成立了公务员法起草领导小组。领导小组由三人组成，组长由人事部部长担任，两个副组长由中组部、人事部各出一名副部长担任。随着时间推移和工作变化，前后接任了四位同志之后，人事部出任的副组长就由我担任（在这之前我已担任副部长），因而我代表领导小组做的具体工作也就多一些，这也是责无旁贷。紧接着中组部和人事部成立了公务员法起草小组，作为领导小组下面的工作班子，承担具体起草任务。张学忠和张柏林这两任部长，一方面要全面负责国家公务员条例的组织实施工作和其他人事工作，另一方面还要负责公务员法起草工作的组织协调，研究讨论起草中的重要问题，可谓是尽心竭力。在起草过程中，我经常根据需要参加起草小组的讨论，能决定的问题当场决定，不能决定的提请领导小组研究。起草小组的同志多是对公务员制度有多年研究，对国家公务员条例非常熟悉的青年才俊，因而起草效率较高。

2003 年 11 月两部将草案第 11 稿印发各地各部门征求意见。起草小组根据征求到的意见进行修改，形成第 12 稿。经中央领导同志同意，2004 年 3 月 9 日以人事部名义向国务院报送了《中华人民共和国公务员法（草案送审稿）》。国务院法制办按照程序印发各地各部门及有关单位征求意见，并与起草组进一步研究修改。11 月 26 日国务院举行常务会议对草案送审稿进行审议并原则通过。12 月 13 日中央政治局常委会对草案送审稿进行讨论并原则通过。12 月 14 日，温家宝总理签署了《国务院关于提请审议〈中华人民共和国公务员法（草案）〉的议案》，公务员法草案由此进入了全国人大常委会的审议程序。

关于公务员制度的具体管理办法，公务员法起草基本上是以国家公务员条例的规定为基础，再增加吸收一些新的改革成果；但对于公务员范围等重大问题的改动，草案在征求意见中遇到的讨论就比较多，甚至有些争议。在国家公务员条例中，公务员的范围仅限于国家行政机关工作人员，党的机关工作人员参照管理。很多同志认为新中国成立以来党政机关干部一直是统一管理的，实施条例后的“参照管理”实际也是按一个办法管理，应该实事求是地将党的机关工作人员也划入公务员范围。

谈到范围问题，参加过专题组的同志都知道，当初确定公务员范围时曾经有过一个说法：由于实行公务员制度我们还缺乏经验，一开始还是把范围定得小一些比较稳妥。而现在实施国家公务员条例已经多年，制定公务员法考虑和完善范围问题正当其时。更重要的是，分类管理不是越细越好，而是贵在科学。根据推行公务员制度的经验，党的十六大报告提出：要“探索和完善党政机关、事业单位和企业的干部人事分类管理制度”。意思就是分类管理要分为党政机关、事业单位、企业三种类型比较合理。所以从草案起草开始，起草领导小组及工作班子就明确将党的机关工作人员纳入公务员范围。从草案第一稿到向国务院的送审稿，一直采取列举的办法，将七类机关工作人员都列入公务员范围，包括共产党机关、人大机关、行政机关、政协机关、检察机关、审判机关、各民主党派机关，这样表述的好处是清楚明确，一看就知道哪些机关工作人员是公务员。但我根据长期在政策法规司工作所掌握的立法知识和人事立法经验，知道法制部门和法律专家不主张在法律条文里直接对党的机关、人员和事务做出规定，所以我认真考虑过在难以通过时如何换种表述方法。公务员法草案送审稿报到国务院后，先要过国务院法制办这一关。国务院法制办按照程序广泛征求意见后，经过梳理研究，曹康泰主任带领国务院法制办的同志到人事部，与张柏林部长和我及起草小组同志沟通征求意见情况及修改意见。当曹主任提出范围表述难以过关时，我郑重提出用定义法取代列举法表述公务员的范围，并直接提出了我的初步建议：“本法所称公务员，是指使用国家行政编制，由国家财政支付工资福利、对国家和社会公共事务管理具有决策、执行、监督等职能的机关中除工勤人员以外的工作人员。”我解释说：待公务员法通过以后，关于七类机关的具体明确可以在公务员法的实施方案里出现，这样既不影响法律通过，也不影响法律的实际实施。曹康泰主任欣然表示赞同，因为他明白我的定义里已完整包括公务员的职能标准、编制标准和经费标准，但他建议将职能标准“对国家和社会公共事务管理具有决策、执行、监督等职能”简化为“履行国家和社会事务管理职能”。全国人大内务司法委员会向国务院法制办反馈意见时，又建议在表述“职能”概念的前面加上“依照法律规定”几个字；后来到全国人大常委会审议时，全国人大法律委主任委员杨景宇认为，这句话不如再简化为“依法履行公职”更为确切。我首倡提出公务员定义时，将公务员职能表述为对公务“具有决策、执行、监督等职能”，是参照了行政管理学的概念，私下认为说具体一点可能容易通过。先后经国务院法制办主任和全国人大法律委主任委员两次简化，则显得更加简单明了；且杨景宇是立法界权威，既然他参与了公务员定义的修改，就证明我提议的用定义法取代列举法的建议是正确的。有人私下说我又立了一功，如果继续用列举法肯定通不过。这样，最后提交全国人大常委会表决的公务员法草案，就将公务员的定义表述为：“本法所称公务员，是指依法履行公职、纳入国家行政编制、由国家财政负担工资福利的工作人员。”顺便将这件事说完：公务员法颁布后，国际上也没有人说我们的公务员定义有什么不对，因为公务员这三条标准国际通用；西方公务员范围之所以与我们实际不一样，不是因为标准不同，而是因为国情不同。西方的政党工作人员不是公职，他们只是为本党服务的，实际主要是搞竞选，因而不在国家编制，国家财政也不会管他们的工资，那他们当然不是公务员。

经过参加全国人大常委会对公务员法的审议过程，才亲身感受到立法审议原来是一项细致复杂、一丝不苟、紧张辛苦的工作。2004 年 12 月 25 日至 29 日十届全国人大常委会第十二次会议召开，会议安排“一审”公务员法草案，张柏林部长在全体会议上做了说明。27 日上午分组讨论，审议发言汇集了 120 页，涉及公务员法的方方面面。之后法律委和法工委对意见进行研究修改，中间我和起草小组两位同志列席了法律委的一次会议，其中有不少原来当过省委书记、省长的老同志，说话率直，敢说敢言，他们提了不少“为什么这样规定”的问题，我代表起草单位一一回答。看得出，他们越来越满意，气氛越来越融洽。第二次审议安排在第十五次会议，即 2005 年 4 月 24 日至 27 日，部长让我代表起草单位列席二审，于是我收到了全国人大常委会办公厅的列席通知。经人大常委会委员们研究，认为常委会组成人员审议讨论比较充分，草案修改稿吸收了常委会组成人员和有关方面的意见，总体改得较好，赞成再做一些修改后在本次会议上表决通过。就是说，打算二审通过，不打算按一般程序再经三审。但是，草案表决前的最后修改是一道必不可少的程序，而且是非常重要的一道程序。4 月 25 日是我列席全国人大常委会第十五次会议最忙碌的一天。上午我根据会议要求参加分组审议，以备就讨论中遇到的问题做解释说明。下午有人通知我马上到法律委，参加一个“小范围”会议。到了之后才知道，所谓“小范围”，就是包括法律委主任委员、法工委主任和副主任，加上我共四人，任务是对已经综合委员们的讨论意见做过修改的草案稿再审核一遍，使每条表述更确切、明了，给再过两小时就要召开的法律委全体会议准备一个能够顺利通过的修改稿。由于篇幅较长，因而搞了两个多小时。下午 4 点半，法律委全体会议举行，邀请列席会议的有法工委、内司委、国务院法制办的领导，还有我及起草小组的另外两位同志。法律委委员们虽然曾经审议过草案，然而这一次也不肯放过每一个细节，整个审议过程伴随着讨论、解释甚至争论，进展缓慢。到了 7 点多，有人提议请大会堂准备点吃的东西。主持会议的杨景宇表示同意。8 点半，“晚饭”上来了，每人一小碗面条，清爽精致而量少，两三口就没了。全国人大常委会副秘书长乔晓阳忍不住提议：“杨主任，建议依法再增加一碗面条！”杨主任答应：“好，依法每人增加一碗。”大家都笑了。就这样，大家连屁股也没抬，充饥之后继续审议到晚上 10 点半才结束。会议之后整理出来的草案修改稿，便是 27 日提交全国人大常委会全体会议的“建议表决稿”。

2005 年 4 月 27 日下午 3 点，我拿着列席证进入全国人大常委会的会议大厅，静静地坐下等待那一刻的到来。3 点 10 分，公务员法进入表决程序。很快，表决结果出来了。吴邦国委员长宣布：通过！同日，胡锦涛主席发布了主席令，正式宣布《中华人民共和国公务员法》的诞生！公务员法的颁布具有重大意义，正如后来中共中央、国务院在印发公务员法实施方案的通知中所讲的：公务员法是我国干部人事管理第一部具有总章程性质的法律，在我国干部人事制度发展史上具有里程碑意义。

按照计划，全国人大常委会表决通过公务员法后，接着举行公务员法新闻发布会。参加发布会的有新闻媒体 20 多家，其中有外国媒体 5 家、港澳媒体 5 家。新闻发布会由全国人大常委会办公厅新闻局局长主持，我和法工委副主任李飞回答记者提问，共回答了 12 个问题，大约进行了两个小时。由于新闻局组织有方，新闻发布会圆满顺利完成。

值得提一下的是，还有一项工作一直伴随从研究建立公务员制度到出台公务员法的全过程，它不是我们的主要工作，但少了它又不行，那就是宣传解释工作。从一开始就有人说搞公务员制度就是搞“西化”，又有立场相反的观点主张完全照搬外国的公务员制度。这些杂音一度在社会上造成很大误解。在起草和审议公务员法阶段，有的报刊上、讲台上又出现了“我国官民比是 1 ∶ 26”“中国公务员人数比发达国家超标 20 倍”，还有公务员“涨工资”、考试录取比例等方面的言论。对这些完全不理也不行，为此我们也做了不少宣传解释工作。我参加过几次起草在重要报刊上发表的文章，自己也在各种报刊上发表了一些文章进行宣传解释或分析驳斥。

公务员法颁布后，为了准确理解把握其中规定，更好地实施公务员法，各地各部门出现了学习公务员法的热潮，我应邀到 10 多个部委和北京、上海、山东等的党委中心学习组讲过公务员法。2011 年 5 月，中组部中心学习组开展学法活动，邀请知名专家进行系列讲法，从宪法、民法开始，一法一讲，第九讲是公务员法。当时我早已退休，仍邀请我去讲公务员法，我很受感动，欣然前往。当时中组部部长是李源潮同志，他一直坐在会场听讲，会后送我出门时，又当着大家的面说很赞成我讲的“我国公务员制度的民主管理精神最充分”这一观点。

从 1987 年 5 月研究提出建立国家公务员制度的方案，同年 10 月党的十三大宣布建立公务员制度，到 1993 年 10 月 1 日实施《国家公务员暂行条例》，再到 2005 年 4 月 27 日全国人大常委会审议通过公务员法，共经历了 18 个春秋。我有幸参加了从研究提出公务员制度，起草国家公务员暂行条例，再到起草公务员法的全过程，而且是唯一一个参加了全过程的人。应当说明，我之“唯一”，并不是非我莫属。因为这一过程不算短暂，可分为几个阶段，每个阶段的工作班子均属抽调组合，所以参加者一般无法始终参加；我之所以能跟踪全程，是巧合加工作需要，更是人事部前后四任部长的信任所致，实属幸运！我唯有兢兢业业，勤奋努力，认真负责，以报答党和政府的培养。

◎ 丹心相寄，面向未来

时光荏苒，今年已是学院建院 70 周年。我作为信息资源管理学院培养的学生，与有荣焉。遥望来处，人大在建校之初就设立了历史档案系，说明档案工作在党和国家整体工作中是不可缺少的环节，党和国家对档案工作一向非常重视。

习近平总书记说，时代越是向前，知识和人才的重要性就愈发突出，教育的地位和作用就愈发凸显。档案信息教育的发展轨迹也说明了这一点。时至今日，我们这一专业已发展成为一个规模可观、体系完整的学科体系。展望未来，祝愿信息资源管理学院在习近平新时代中国特色社会主义思想指引下，发愤图强，守正创新，行稳致远，早日实现办一流大学、建一流学科的宏大目标。也祝学院的老师们立大志、担大任，做好学生在锤炼品格、学习知识、创新思维和奉献祖国四个方面的引路人，为党、祖国和人民培养出更多的优秀接班人和建设者。

我送青年学子们两句话：一是把加强品德修养作为大学生活的第一项任务，二是把勤奋治学作为大学生活的基本功。

先说第一点。立德树人立在终身，古代用人也是德才兼备、以德为先。学校，重视立德树人教育，才能开创教育新局面；学生，重视品德修养，才能学以致用，将来成为国家和人民的有用之才，也才能充分发挥自己的聪明才智，成就自己的事业和前途。大学阶段是人的世界观、人生观、价值观形成的关键时期，是打牢理论基础的关键时期。大学生要坚定理想信念，大学期间要基本弄清楚中国共产党为什么能、马克思主义为什么行、中国特色社会主义为什么好。除此之外，思政课还可以帮大家解决认识论和方法论的问题，教会大家看待问题不要绝对化，一定要辩证。无论到了什么时候、什么地步，都要有百折不挠的精神，都要坚持奋斗。人生只有奋斗才精彩。

青年学子们，人的一生只有将自己的工作与祖国的利益、人民的利益紧密联系起来，将自己的梦想与民族振兴、祖国强盛紧密联系起来，才能前途光明、事业顺利、成绩最大。

第二点是要勤奋治学。青年学子们现在的学习环境太优越了，要对得起这么好的学习条件。要真正把心用在学习上，做到心无旁骛，不能受物欲横流、花花世界的干扰，不能把最金贵的时光用在不该用的地方，要抓紧吸收知识，培养能力。一定要相信天道酬勤，勤能增智，勤能补拙。给青年学子们的寄语，不能不包含勤奋这个内容，希望青年学子们珍惜时机，在大学期间养成勤奋学习的习惯，让勤奋学习成为一生远航的不竭动力。

侯建良自述，本次采访时间为 2022 年 3 月 3 日，由中国人民大学信息资源管理学院和校友工作办公室负责采访、录音整理及文字编辑。

采写 / 纪红波　李宣谊　郑舒舒

李建军

李建军，1981—1985年就读于中国人民大学工业经济系工业经济管理专业，毕业后分配到甘肃省计划委员会，曾任职于甘肃省计划委员会经济研究所，任甘肃省工程咨询中心副主任、甘肃省工程咨询中心有限公司副总经理，曾兼任省工程咨询协会秘书长、副会长，中国人民大学甘肃校友会副秘书长、副会长。

我出生于甘肃兰州，1969 年底随父母迁入嘉峪关市，在嘉峪关上了小学、中学（1972—1981），1981 年我从嘉峪关市酒钢三中毕业后考入人大。

◎ 报考时期，关键抉择

我上小学、中学时，学习成绩一直都是名列前茅。高中我是在酒钢三中就读，原本是在理科班，学校老师找家长做工作、动员我转入文科班。

当年高考的成绩，后来听老师说，好像是全省文科第三十几名，在嘉峪关市就相当于现在所说的“文科状元”了，只是那时候还没有这些概念。

1981 年在甘肃招生的学校不多，尤其是文科院校，选择的余地比较小。人大在甘肃只招收 5 名学生，又分散在 5 个系，分别是工经系、农经系、财政系、法律系和中文系，一个系只招一人。

当时我就想报工经系，感觉应该是搞工业的，觉得和工厂、企业有关，对其他几个系相对比较陌生、不熟悉、不了解。而我们老师觉得一个系只招一人，好像把握性不大，说不保险，当时劝我报别的学校。也是因为当年可选择的学校和专业也不多，我就先报了人大工经系，并顺利进入人大工经系。所以说是心随所愿、非常幸运。

◎ 大学生活，丰富多彩

1981 年 8 月底去学校报到，1985 年毕业。在人大品学兼优也谈不上，学习 + 运动两不误，顺利完成了学业。

学校的生活相对比较单一，一般情况就是宿舍、教室、图书馆、食堂，就这几个地方，早晨或下午的时候，在运动场上活动活动，一般来讲相对平淡一些。

1981 年，我们刚刚入校时间不长，就赶上女排首次夺冠。那个时候学生宿舍电视机也不多，一层楼可能有一个，大家看完决赛，女排首夺冠军，同学们又吼又叫，特别激动，很多同学把热水瓶、玻璃瓶子等能发出声响的东西直接往楼下扔，当作放爆竹，以此庆祝中国女排获得的历史性胜利，这是当时真实的写照。

后来，女排回国之后，在首都体育馆专门做了一场报告会，我有幸现场聆听了这场报告会。主教练袁伟民和女排队员们在报告会上详细介绍了女排刻苦训练、克服伤病、团结协作、顽强拼搏、取得胜利的感人事迹，也因此终于获得来之不易的冠军。那时，我刚入校 2 个月，对此印象非常深刻。

女排夺冠以及女排精神到现在对国人都是一种激励。从改革开放到现在，一个女排，一个乒乓球，对国人的激励作用非常大，特别是女排精神，代表着一个时代的精神。2019 年女排又一次夺冠，习近平总书记还接见了女排代表，激励着各行各业的人不断拼搏奋斗，取得更加优异的成绩。

◎ 喜爱运动，重视体育

我们上大学期间，“二炮”还没有全部搬出校园。那时候校园里没有大操场，只有小操场，就是人大东门入口处的运动场。学校的体育设施相对简陋一些，但是基本的设施都有。那时每天早上在小操场上跑跑步、踢踢球，吃早饭之前可以在那里踢一会儿，下午的时候有时踢足球，有时在图书馆和教学楼中间的篮球场、排球场打打篮球和排球。在校期间，对于足球、篮球、排球、羽毛球、乒乓球，玩得最多的就是足球和排球，曾入选工经系排球队。另外，学校西区还有一个露天游泳池，我在体育课上学会了蛙泳。

在单位举行的运动会上，我们成绩还可以。像气排球比赛，我们是第二名，也引起了一些轰动。我们上场的都是50岁以上的，场上5个人里面两个58岁的，一个57岁的，一个56岁的，最小的53岁。单位同事们说，我们场上这5个人，学历是最高的，职称也是最高的，总结了好几个最高的，我们一帮老汉取得第二名应该说非常开心了。这和我在人大读书时就参加各种运动有很大关系。

包括羽毛球也是这样。这次羽毛球双打我们进入了前16名，虽然成绩一般，但是已经不错了。羽毛球我一直在打，有20年了。在人大上学那时候我是打着玩，后来从2003年开始又重新捡起了这项运动爱好，一直坚持到现在。

而现在的学生，好像整天在学习中，或是在各种兴趣班里。有时，看到身边一些亲戚朋友家的孩子很辛苦，没有时间玩，也觉得很无奈。

◎ 亲近老师，友爱同学

印象深刻的是徐昶老师。徐老师给我们讲了工业企业管理这些课程，他讲课时语言生动，还附有丰富的案例，经常和同学们互动讨论，容易引起同学们的兴趣，使大家注意力高度集中。

还有马子麟老师、汪星明老师等等，他们都比较和气，关心爱护每一个同学，经常跟我们交流，了解每个同学的情况，包括学习情况、家里的情况等等，除了正常上课之外，课后私下跟我们像朋友一样。他们也很热情、很好客，我们也会去老师家做客。印象最深的一次是有一年元旦，马子麟老师请我们全班同学去他家吃饭，我们各自准备了不少东西，气氛非常融洽、友好、开心、热闹，至今令人难忘。

还有一位数学老师，上海人，喜欢和我们班上的上海同学聊足球。教武术的体育老师是著名的李德印老师。

我们班里一共 30 个学生，男 24 人，女 6 人。同学里印象深刻的是上海的王迅飙同学，家里比较坎坷，但他不向命运低头，在人大上学期间依然是苦心学习和钻研，成绩优异，考研后留校工作，后又出国深造。他创办的企业目前是上海闵行区的利税大户。另一个是我们班长朱甄同学（现居美国），江苏人，学习好，还擅长诗词、书法，写得一手漂亮的隶书，可惜当时没有收藏意识。北京的同学，相对家庭条件比我们好得多，所以对我们外地同学也是关照有加，常邀请我们到他们家里玩，吃个饭，换个口味，或是观看体育比赛直播。现在回忆起，觉得大学时期真的是我们最美好的时光。

毕业后，我们班同学搞过几次比较正式的聚会。从 2011 年开始，改为每年组织一次聚会，每年选一个地方，安排一些活动，大家约定时间到那儿集中，集体活动三五天或是一个星期左右。近几年受疫情影响，偶有中断。去年是我们入校 40 周年纪念，也因疫情影响而未能成行。

◎ 工作阶段，认真踏实

职业选择时，都是国家统一分配。被分配到甘肃省计划委员会，我就顺利回到了兰州。先是在委属单位经济研究所工作了 10 年，之后调整到另一家委属单位省工程咨询中心，一直从事政府投资项目的前期咨询评审工作。

在经济研究所工作的 10 年，主要搞一些研究工作，没有硬性的任务，相对来说比较闲散，也因为当时家里有病人需要我抽时间照顾，就在那儿待了 10 年。在此期间，也曾借调到机关处室工作了两三年，机关的工作相对来说比较具体一些。在财政金融处，主管发行省内企业债券，还有主管上市企业发行证券的额度分配。在规划处，主要是负责承办党的十四大以来两个文明建设成就展览甘肃展馆的布展组织等工作。我们从一开始策划，收集素材，包括制作展板、展览的图片、多媒体，选聘和培训讲解员，招标展览公司制作展陈方案，到最后在北京展览馆正式展出，前前后后忙了半年多。当时在北京展览了一个月的时间，我在那儿待了 45 天，北京组织各界各单位，包括老百姓纷纷前去参观，也组织了中央领导的专场、文化艺术界的专场、科学技术界的专场。那次展览搞得很成功，影响比较大，效果非常好，我们也觉得挺有成就感，对我们也是很好的锻炼。

到省工程咨询中心之后，开始是在办公室搞行政工作，兼任省工程咨询协会秘书长，行政的事务比较多，也比较杂，考虑问题得全面一些，主要看综合协调能力，实际上也是非常好的历练。再后来，工作重心转到工程咨询项目评审业务上，一干就是二十多年。

在省工程咨询中心工作的这二十多年里，我们极大地开阔了视野，结交了不少朋友，接触了各行各业不同领域的工程咨询项目，也学习了不少不同专业的专业知识，顺利完成了各类项目的咨询评审任务，忙碌而充实，我们每一个搞咨询评审业务工作的人都觉得成就感比较大。首先，单位的平台比较好，隶属于省发展改革委，专门负责省发展改革委审批项目的前期评审，又是全省唯一的综合类甲级工程咨询单位，各地上报的项目都要经过我们评审后，省发展改革委才予以批复。其次，我们完成了全省数千项目的评审，涉及学校、医院、党政机关办公楼、各部门业务用房、公路、机场、铁路、水利水电、市政工程、旅游工程、以工代赈等等，也几乎跑遍了全省各地。这些项目经过我们评审之后，省发展改革委依据我们的评审意见，批复了这些项目，为甘肃各地争取了资金，而且绝大多数都落地实施了，包括大家熟知的会展中心、大剧院、奥体中心等等，前期都是经过我们评审之后批复的。除了正常评审业务外，我们还出色地完成了一大批 2008 年汶川地震灾后恢复重建项目评审任务、舟曲泥石流灾后恢复重建项目评审任务、东乡县灾后恢复重建搬迁项目评审以及4万亿元拉动内需项目评审任务。那个时期，大家太辛苦了，经常加班加点，没有周末的概念，而且很多同志都是工作到夜里很晚很晚，甚至通宵达旦地工作。

现在，国家实行了“放管服”改革，项目审批权限大幅下放，行业竞争又越来越激烈，我们也已转制改企，加之受疫情的影响，我们的业务量有所下降。

◎ 校友精神，积极奉献

人大的校友，不管到了任何地方，或者任何工作岗位，首先要把本职工作干好。要始终心系母校，在力所能及的范围内为母校服务，为社会服务。

我曾参与过甘肃校友会的一些工作，也和校友会的校友们做过一些事情，像给贫困山区的学生捐助体育用品、学习用具，疫情期间参与校友会组织的校友捐款等，我们也是在力所能及的范围发挥每个校友的长处，为社会做一点力所能及的事。

◎ 祝福人大，未来可期

希望人大能够发展得越来越好，在保持传统优势学科建设的基础上，其他学科建设也能够迎头赶上，向综合性大学发展。也希望人大依靠自身的师资力量，以灵活多样的办学方式，为各地培养和输送人才。甘肃校友会和人大校友会联合在兰州举办MBA课程培训班，请人大的教授到兰州来上课，学制是一年半，参与的人多数是企业的，也有政府部门的人，发挥了人大的师资优势。

希望人大的学弟学妹们好好学习，努力深造，结合自己所学的专业，选择适合自己的职业，规划好自己未来的职业发展。

李建军自述，本次采访时间为 2022 年 6 月，由中国人民大学校友工作办公室负责采访、录音整理及文字编辑。

采写 / 谭秋玲

任锦芳

任锦芳，1963 年 10 月生，浙江杭州人，中国人民大学农业经济系 1982 级本科生，1986 年 7 月参加工作，2001 年 12 月加入中国共产党，在浙江省农业厅、浙江省畜牧兽医局工作并任科员、副主任科员、主任科员、副调研员、副处长、处长，任浙江省畜牧农机发展中心一级调研员、机关党委副书记。

◎ 种田吃饭万万年

我于1963年10月出生，家乡在浙江省萧山的戴村镇。那是一个有山有水也有田的地方，地理位置相对较好，位于03省道，离高速只有5公里路，到萧山县城约20公里，到杭州市区约40公里。1982年9月，我来到北京，就读于中国人民大学农业经济系。我是整个村里恢复高考制度以后的第一个大学生，被村里人称为读书人学习的一块“牌子”。

我小时候还处于人民公社时期，当时生产队实行的是工分制。家里有兄弟姐妹四人，劳动力只有父亲和母亲，每年辛辛苦苦工作，到年底的时候还是“亏欠户”（倒欠生产队）。由于家里确实太穷，我从初中开始就参加生产队的劳动，大包干以后大队分成了小队，因为我个子很小，第一年生产队评工分我最低，只有3分（第二年评了3.5分），也就是干一天活，比如割稻子、种田，我就只有3分。我从初中就开始干活，一直到考上大学那一年。由于生产队一分为二后没有会计，大家说我是高中生，所以让我代理，负责给生产队记工分、分稻草和稻谷等。这一年我工分有9分。没到10分是因为我没有挑担（挑稻谷、挑大粪等等），所以不算重劳力。然而9分也已经很高了，我很满意。

到我哥哥上高中，我上初中，弟弟妹妹上小学的时候，我们读书的费用就大了。我们读书的费用主要有三个来源：一是靠我母亲劳动之余手工做“萧山花边”（一种刺绣）补贴家用；二是靠我父亲在农闲季节用双轮车偷偷到诸暨次坞拉石灰卖，往往都是后半夜出发，到早上五六点钟石灰出窑时抢满一车，拉回来后到义桥、临浦的码头卖掉，换点钱；

三是暑假的时候，我父亲经常会到河里去网一点螺蛳，我跟哥哥两人走村串户拿去卖，一碗一角钱，我记得有一年我们卖了七块钱。那时候学费大概是三块五，我们就是这样东凑一点、西赚一点，终于完成了学业。这个过程虽然很苦，但今天也很值得回味。

我的高考分数很高，但那时候我们还并不知道人民大学，我父亲希望我留在浙江，说在杭州读书离家近，至少能够吃上白米饭，因为他很怕我到北京只能吃窝窝头。所幸我当时有一个在浙江省湘湖师范学校教书的舅舅，他说，分数这么高，就到北京去读。北京有一个人民大学，那是中国共产党创办的第一所大学（当时还没有“新型”“正规”这两个词）。我舅舅发话，我父亲也便答应了，我就来到了北京上了人民大学。当时我很喜欢法律，报专业的时候我想报法律系，但我父亲说，我们是农民，农民一辈子靠种田吃饭，种田吃饭万万年，你要不学一个跟农业有关的吧。舅舅一看，正好有一个农业经济系，觉得也很好。我也就这样报了农业经济系。

◎ 这四年的学习是很有生气的

上了大学，生活依然很困难，基本的学习用品也没有。幸好那一年我哥哥刚从部队复员回来，许多行李都给了我。所以我上北京到人民大学读书的时候，穿的衣服、裤子还有军大衣和牙刷牙杯等，都是我哥哥在部队用过的。上学需要一个行李箱，家里没钱买，我父亲就把楼上的一扇门板给拆了，请木匠做了一只箱子，又请来会做油漆的堂阿伯当场油漆。实际上这个箱子到学校时差一点就散架了，已经盖不牢了。所以在这样的情况下，我读完了大学四年，还真不容易。

大学四年有很多难忘的经历，这是我人生当中最宝贵的、最能够抒发青春情怀的四年。我印象最深的，第一是有一个好的班主任解红老师，她现在也是校友办的老师。1982 年，她还是个扎着小辫子的小姑娘，像洋娃娃一样漂亮。这和我想象中的很不一样，因为我的中学老师好几个都是白发苍苍的，很有学问的样子，所以我想象中大学老师应该也是满头白发的样子。当我看到我们班主任解老师这么年轻漂亮时感到非常惊讶，印象深刻。我是农村里来的，从来没进过城，到北京时是第一次坐火车，第一次讲普通话，也不懂事。解老师很耐心，也很包容我的缺点，还让我当寝室长、英语课代表。特别是大二时，解老师同意我参加了校团委组织的大学生暑期社会实践活动。所以如果说最怀念的、印象最深的，第一就是我遇到了这个好老师、好班主任。

第二是四年里我认识了我们班 33 位同学。有知识渊博、好学的吴相仁同学，同学们都称他为“吴克思”，当时毕业后直接分配到了国务院，现在在国企里面；有长得很帅的班长王义杰，现在跟吴相仁一起在同一个国企；有在水利部的；有在内蒙古农业农村厅的；还有在青海当副省长的刘涛同学；等等。四年里，我认识的这些来自四面八方、天南海北的同学都很有学问，大家的脾气、性格、学习方式方法等给了我很多值得学习的东西。

我和同学们曾经一起去密云水库劳动（去植树），这也让我记忆犹新。印象中当地的农民也比较穷，但是他们很热情。当时我们学生都是住在老乡家里，有的老乡很客气，专门烤玉米饼给我们吃，好像战争年代烤给八路军吃一样，心里热乎乎的。除了在密云水库劳动，我们还到河北晋县调研实习。农经系不仅仅是在学校里学习，还要走出去，活动很丰富。当年我们还在校园操场上开拖拉机，那叫一个威风！所以我们学习这四年是很有生气的。

我在人民大学还是比较活跃的，担任了学校里很多职务，除了上面讲的寝室长和英语课代表以外，我还参加了校农村问题研究会、伦理学会、经济问题研究会等，加入了校学生会、校团委，等等。除此之外，我还是校刊通讯员、校广播站记者，这两个身份让我有稿费（就是饭菜票）。大学四年，我用学校的助学金、稿费等，省吃俭用，完成了学业。

即使像1984年参加暑期社会实践这样的活动，我也没有向家里要过钱。前两天，我还翻出一个记录本，上面写着我那年寒假回家给外婆带什么，给父亲、母亲买什么，给大婶、二婶、邻居和弟弟妹妹带什么的账单。所以那四年的大学生活，我不仅没向家里要一分钱，除了自己在学校的学习、生活开支以及购买来回火车票、汽车票等外，过年回家还能够给亲人买一点礼物，还真是很不容易的。

四年里几乎每年寒暑假，只要有机会我都会报名参加国务院农村发展研究中心的农村调查，也就是回乡调查，一户户去看，看最穷的、最富的。我认为这才是大学生该有的样子，不能回家过年就是玩玩乐乐、走走亲戚。最为难忘的一次社会实践经历，就是大二时参加校团委组织的那次暑期社会实践活动，那时校团委书记是苏长青老师。我们的社会实践是实地考察校史，是一次红色寻根活动。中国人民大学的前身是1937年成立于抗日烽火中的陕北公学，被称为“战火中的大学”，后来经过了华北联大、北方大学、华北大学再到人民大学。我们沿着这条路去实习，一路走、一路看、一路听，探寻当时办学的历史事件，拍一些影视照片资料，访问一些老校友、老领导，听听他们的故事。在河北省正定县，我们还在街头开展法律、农经等咨询服务活动。我印象最深的，就是7月29日那天，我们在正定县政府招待所与当时的县委书记习近平座谈了约两个小时。围绕如何做好基层工作，习近平同志勉励我们毕业以后要到一线去，多到基层去调查研究。他勉励我们要有韧性、有耐力，有牺牲精神、奉献精神和创造精神，还要有一股豁出去的干劲。这次正定之行，我觉得意义非常大，虽然从1984年到现在一晃38年过去了，然而38年前习近平同志和我们座谈的场景依然历历在目，他勉励我们的话依然言犹在耳，是我终身受益的一堂人生指导课。

◎ 调研使人快乐，调研使人进步

正定的这次经历直接影响了我毕业以后工作的选择。习近平同志讲要到基层去，要多做调查研究，深入基层要有忍耐力，要向老百姓学习，我觉得我毕业以后人生的道路都受到了他这些话的影响。

我于 1986 年 7 月毕业，7 月 5 日就到当时的省农业厅报到。我到省农业厅工作也很有缘分。到人大是一个机缘，到省农业厅也是一个机缘。在我这一届之前，大学毕业生工作都是包分配的，但是到我们这一届时，开始有了一部分市场调节，这就意味着可能要自己找工作。那一年老师告诉我农经这块浙江没有到我们这里来找人的指标，所以我要回浙江工作几乎是不可能的了。

但世上的事有时候就是那么巧。1986 年，我们人大农经系 1982 年毕业的师兄顾益康被分配在浙江省农业厅工作，经他介绍，我们班到浙江黄岩县进行毕业实习。因为我是浙江人，老师安排我在黄岩县城帮助做后勤工作，没有和同学们一起到乡村调研。我虽然没有机会去乡村、农户实地调研，但我充分利用在县城的机会，找资料，查数据，特别是黄岩柑橘、蜜橘的资料等。另外我趁给同学们送信送报的机会，主动到一些乡村去，顺便跟他们一起去走访调研。有一次，在一个山沟里很偏僻的乡开座谈会，我也坐在那里听，跟老百姓座谈，了解一些情况。我记得后来我写了两篇调查报告。凑巧的是，当时黄岩的县委书记就是省农业厅的厅长，叫孙万鹏，据说他看了我这两篇调查报告，说“这个小年轻不错”，师兄顾益康和我们带队老师就告诉孙厅长，说这个小伙子就是浙江的。孙厅长说，既然是浙江人，就留在浙江好了。于是我就来到了省农业厅工作。当然，这是我后来听人说的，其实肯定没那么简单，招学生进单位都有一整套严格的制度和程序的。

但毕竟到浙江黄岩实习，最后毕业分配到了省农业厅，这是事实，这就是缘分。我在省农业厅的第一个单位叫政策研究室，当时的负责人就是我师兄顾益康。所以我进入人大真是缘分，进省农业厅更是缘分，我的第一份工作就做政策研究，更是缘分中的缘分。因为在省农业厅专门从事调查研究，就有更多机会接触农村、接近农民，所以这份工作跟在正定时习近平同志给我们讲的“如何做好基层工作”也是非常吻合的，算是给我的一个最大的也是最重要的惊喜。这也是为什么到现在我依然念念不忘 1984 年正定之行。

1989 年后，厅政策研究室改成政策法规处，增加了法制工作，但我仍以调查研究工作为主。后来我先后在厅办公室、政法处、办公室来回转，直到机构改革成立了副厅级的省畜牧兽医局后，2004 年 8 月，我转到省畜牧兽医局畜牧处工作。现在我在省畜牧农机发展中心机关党委做党务工作。

我在单位的机构变动比较多，岗位换来换去，但我总觉得不管在哪个岗位，最后都是与调查研究有关。尤其是在畜牧处处长这个岗位上，除了很多业务工作以外，我主要把调查研究作为我工作的重中之重。当时在农业部里面，对浙江的畜牧产业发展也好，畜牧工作思路也好，领导和各省份同行也都很认可。比如：2005 年的全国推进畜牧业生产方式转变会议就是在我们浙江开的，部里领导充分肯定浙江在畜牧业生产方式转变方面取得的成绩，认为走在了全国前列；另外，畜牧业转型升级、建设生态畜牧业等工作，我们浙江在全国也是最早提出、最早实施并取得成效。我觉得我自己学的和做的基本上是一致的，所以我自己的体会就是：调查研究是我到厅里工作 36 年以来的最大成绩、最大的收获，也是我最重要的工作。

我有两句话：一是调研给了我无穷的工作乐趣，二是调研是我个人成长和事业进步的桥梁。虽然成绩我也说不上，但是我感觉我写的文章有满满一麻袋，我的成绩也都在这些调查研究上。写文章，出思路，出观点。当然，比起我师兄顾益康老师等，那我还差远了。

调查研究是我的主业。举个例子，我最早发表在国家杂志上的文章是一篇关于土地转包的论文，发表于1988年第11期的《农业经济问题》。印象当中我又上报纸又上广播的，是我在温州乐清去蹲点并调查当地粮食生产专业户，写了一篇叫《自我积累、自我协调、自我服务，促进乐清县粮食专业户稳步发展》的文章，最后刊登在1989年2月27日的《中国农牧渔业报》头版头条，编辑部在边上还配了一篇评论员文章。这篇文章第二天一早就被中央人民广播电台《新闻和报纸摘要》节目全文播发了。

印象中，我写的文章第一次得到省委书记批示的，是2002年在义乌蹲点，经过前后策划、撰写、删改，完成了《城市化进程中的强农富民之路——义乌区域农业经济发展的调查》的调研报告。我去调查本来不是写这个题目的，原本主题是调研农业企业化。我在义乌足足待了一个星期，从农贸城、农业企业、专业户、农户到机关等，一个地方一个地方看、一个单位一个单位跑、一家企业一家企业问，还开各种座谈会。思路理出来了，初稿也有了，结果星期五晚上领导来说，调研主题要换成“城市化进程中的强农富民之路”，我思想上两天转不过弯来。当时浙江省委提出了城市化进程要走在全国前列，那么农业农村怎么办，这是厅领导迫切需要考虑的。所以，待我想通了，我又待在义乌调研了一个星期，最后形成了思路。根据义乌的实践，城市化进程中要加快实现“强农富民”，我认为：第一，要富民首先要减少农民，变农民为市民，包括在企业就业、下山入镇、进城转移等多种途径；第二，强农必须强主体，农业企业化是现代农业的希望之光，用工业的理念推进农业企业化经营，拓展产业链，那也是农民致富、农业走向强盛的法宝；第三，强农富民要城乡一体化统筹，以城市消费需求为导向，拓展农业观光、休闲等生活功能、绿色安全功能等，形成都市型农业新格局；第四，还要强基固本，强化农业基础、引进人才、创新农业科技和建设绿色新村等，保障强农富民。这个报告写完了以后，《浙江日报》以浙江省农业厅调研组名义连续刊登了四期，引起了很多领导的关注。时任省委书记张德江批示：这个调查报告很好，义乌的经验带有方向性，值得总结、宣传、推广。所以我说我这个印象也比较深，调查报告能够做到这样不容易。

不过，搞好调查、写好一个调研报告也不容易。2003 年，厅领导让我牵头负责起草调研“城市农业”的报告，并明确告诉我这个城市农业不是在城市里面发展什么农业，更不是城市里的阳台农业。我查阅了大量资料，有机农业、生态农业、都市农业都有，就是没有城市农业。这个问题当时确实是难倒我了。怎么办呢？当时网络刚刚兴起，有一个“三农”论坛，全国各地很多人在这个平台上就“三农”方面发表意见。我是这个“三农”论坛的第一任版主，记得还当了 2 年多，大家在这个平台上发表的“三农”文章都要我进行审核，因此认识了很大一拨与“三农”相关的有感情有思想有文采的“智者”。于是，我利用这个优势，牵头在我们厅举办了一期“全国‘三农’问题研讨会”，用视频会议的形式全国同步直播，线上线下同步进行。在领导的大力支持下，记得当时我在厅四楼办公室里安装了两路专线，对面会议室又安装了四路专线，共六路专线，开了一个网络会议。晚上七点钟开始，全国响应，热心“三农”事业的人在现场研讨，线下网友可以直接提问，气氛热烈，效果也出奇好。我就用这么一种方式联络了农业部的山峰、苏州市委农办的卢立和江苏、安徽等其他几位“三农”网友，经厅里领导同意，参与城市农业的研究。最后形成了《城市农业：新时期浙江现代农业的发展方向》的专题报告，并邀请了当时中央农村工作领导小组办公室主任陈锡文当组长，进行评审。后来，时任省委书记习近平认为此调研报告很好。我发现，“城市农业”的很多概念和内容，今天实际上还是可用的，我在《习近平与大学生朋友们》一书中也提到这个事情。当时，城市农业问题我实际上还是没有研究透彻，今天回过头来看，如果把整个浙江作为一个大城市，来考虑如何发展这样的“城市农业”，推动浙江高质量发展共同富裕、率先实现农业现代化，还是很有借鉴意义的。

当然，这些研究如果说算是成绩，我觉得都应该归功于那一次暑期社会实践活动，特别是习近平同志在正定给我们谈要多到基层去，多深入调查研究，做好基层工作。这不仅仅是一次难忘的历程，更是我前行的动力和人生的航标。

我在省农业厅工作36年了，几乎跑遍了全省各个县、乡镇、农场、企业。我记得我2004年刚刚到省畜牧兽医局畜牧处，第一次出差就是到温州、丽水等地的欠发达县乡镇去看山区海岛扶贫项目。记得那次是上午到了丽水景宁（浙江唯一的畲族自治县），其山区海岛扶贫项目是养羊。简单吃过午饭后出发，去看的乡镇在离县城很远的一个山沟里，要坐船过一个水库，然后翻山越岭，到傍晚才到乡镇。我到了以后便立刻到村里检查项目，但发现羊栏里面很多都是空栏，一只羊都没有见到。老百姓说羊都在山上，要等农民收工了才一起赶回来。于是我就等农民收工，具体检查这个项目实在不实在。所以那一天我从山上下来回到乡镇政府吃饭都差不多9点了。可以说，调查研究跟我这36年工作一步都没有离开过，就像是我的影子，无论是对我工作的经历、对我人生的影响和我一切的收获，都在这实实在在的调查研究中。在工作中有什么难题、困难，人生中遇到什么曲折、挫折，只要到基层一线去，走进田间地头、猪栏禽舍，一切也许就烟消云散了。在猪栏、鸡舍、牛场、羊圈，看着这些动物，跟业主聊聊，能够为他们做点事情、解答些疑问、解决点问题，就是我最大的快乐、最大的收获。

所以，你问我有什么座右铭，我没什么座右铭。如果一定要说，我想来想去，就一句话，那就是“调研使人快乐，调研使人进步”。

◎ 祝人大越来越“人大”

给人大校友“画像”？说实在的，我没有想过，也不敢想。人大的校友很多，有学法律的、学经济的、学中文的、学统计的，一定要我画，我想从“三农”这个角度来为人大的校友画个像。我身边有两个榜样，一个是陈锡文，一个是顾益康。陈锡文跟顾益康都是全国农经界重量级的著名“三农”人物，应该说为我们国家这么多年中央一号文件的起草做出了卓越的贡献。特别是老顾，他是我到省农业厅的第一任领导，也是老师。尽管他只领导了我一个月多一点就到省农办去了，但是他的精神、他的思维方式深刻影响了我。当时省委书记习近平称他为“省级农民”，后来他被称为“超级农民”，老百姓称他为“顾三农”。他是我们人大农经系的骄傲，也是我的骄傲、楷模、榜样。他们说我在省农业厅的时候很像顾益康，我说也许形有点像，但理论水平、能力我与他差得太远了。他上大学的时候，干过知青，做过老师、木匠、油漆匠，什么都干过，我尽管也劳动过，但阅历、经历也没法和老顾比。

所以，我想借用人大“三个人”（人民、人本、人文）的图案给老顾这样的“三农”人画个像。

第一个人是“人民”。我心中的人大校友应该是具有坚定的理想信念的人。一切从人民需要出发，像陈锡文、顾益康那样，时时刻刻、全心全意，心里永远装的是农业农村农民。其他岗位我觉得也一样，心里得有老百姓，有人民。

第二个人是“人本”。我理解的人大校友要有高超的为人民服务的本领，光是有人民心还不够，还要有为“三农”服务、为“三农”朋友解难、为“三农”事业克难攻坚谋发展的高超本领。要像陈锡文、顾益康他们那样，对“三农”的工作不仅有广阔的理论知识，而且有丰富的实践经验，想领导没想到的问题，解“三农”迫切需要解决的疑难问题。

第三个人是“人文”。人大以人文社会科学为主，我们的校友应该有丰富的文化内涵。像顾益康讲课，很风趣、很幽默、很生动，有理论的高度，更有很接地气的深度、广度，老百姓听得进去，基层干部容易理解接受。不能是个书呆子，也不能光会说不会干，而是要结合起来。站起来能讲，坐下来能写，沉下去能干，静心时能悟。

校友也得有精神，我们人大本身就有精神，特别是“实事求是”那四个字闪闪发光，当年我们进学校大门，首先看到的就是那四个字。我认为，人大校友精神应该体现这四个方面内容：

第一是“爱党爱国，让党放心”。人大是中国共产党创办的第一所新型正规大学，对党忠诚、爱党爱国、让党放心，是人大校友精神的立足之本。

第二是“担当奉献，不负人民”。特别是现在改革到了关键时期，党的二十大报告首次提出了“三个务必”，其中特别强调了“务必敢于斗争、善于斗争”，就是得有斗争精神、奉献精神、担当精神。总书记考察人大时讲，“党办的大学让党放心、人民的大学不负人民”。

第三是“校友互助，共同发展”。现在全国广泛成立了校友会，母校还成立了校友办，校友之间互助、互联、互通、互享，共同发展，弘扬人大精神，人人有责。

第四是“终身奋斗，感恩母校”。校友无论在哪一个地方，无论工作当中、生活当中碰到什么困难，都要想我是人大的学子，我的母校是光荣的人大，是当年从革命圣地延安走过来的“战火中的大学”。同时，永远感恩母校，这是我们的精神寄托。

至于对人大的发展建议，我认为还是要把总书记这次到人大考察的精神贯彻落实好，特别是“党办的大学让党放心、人民的大学不负人民”这句话，要深刻领会，把措施落实好。作为中国共产党创办的第一所以人文社会科学为主的新型正规大学，人大要思考在人才培养制度上如何让党放心，如何让我们的学生成才。比如我的师兄顾益康在大学的时候能够背得出来《资本论》很多章节，现在人大的教育也要结合新时代讲好《资本论》、教好《资本论》，注重传承和创新马克思主义优秀传统理论，并体现在以中国式现代化全面推进中华民族伟大复兴的进程中。这就是我对母校的发展建议。

对学弟学妹们的建议没有很认真地想，但根据我自己这么多年工作的体会，我还是想用习近平同志在正定时和我们座谈时说的那三句话，与人大的学弟学妹们共勉。

第一是要有“忍耐力”。在基层工作要有忍耐力，在任何一个岗位工作，包括在大学里学习，也都要有忍耐力。要做到有韧性、有耐力。首先，要有坚定的理想信念，有要把这个工作做好的信念，这样才能够耐得住性子，才不会见异思迁。其次，要有“干一行爱一行，爱一行专一行”的韧劲，持之以恒，久久为功，才能做出成绩。

第二是要有“直觉力”。习近平同志当时给我们讲，很多东西要装在脑子里，当然人不可能一生出来就掌握很多知识，大都是在实践当中学习来的，在工作当中积累出来的。任何本领都是要靠我们自己的不断学习、不断实践特别是调查研究得来的。根据老百姓的需要、社会需求和岗位性质，去督促自己熟悉这方面的知识，解决这方面的难题，这才是一种本领。俗话说，能力永远是你出彩的动能，本领永远是你事业冲向成功的骄傲。用我们萧山话说，就是“要干就要干得最好”。

第三是要有“行政力”。该豁出去的时候要豁得出去。要发扬母校“实事求是”的精神，拥有“干在实处、走在前列、勇立潮头”的精神和行政能力，做一个在困难面前不畏艰险、在创新面前不怕犯错、在艰难险重的关头敢于做出牺牲的人，在实现中华民族伟大复兴的伟大征程中成为一个有信念、敢担当、讲奉献、善创新、清正廉洁的新时代好干部。我想很多话也是总书记对人大青年的要求，所以我就以这三句话来与人大的学弟学妹们共勉。

最后，我祝愿母校越来越好，用一句话来说：祝人大越来越“人大”。

任锦芳自述，本次采访时间为2022年6月，由中国人民大学校友工作办公室负责采访、录音整理及文字编辑。

朱海鸥

朱海鸥，1982—1986年，就读于中国人民大学国政系国际共运史专业。毕业后被分配到上海市司法局，从事律师工作。曾任该所党支部书记、副主任。2001年底，与人大校友一起筹备组建成立上海市理合理律师事务所，担任首届法人代表，在该所从事律师职业至今。

◎ 心向往之，步履不停

我 1957 年 7 月出生在上海，父亲原来是市政府的机关工作人员，后来到黑龙江带老三届的知青。家中有四个子女还有奶奶，所以实际上家庭条件也比较困难。由于“文化大革命”的影响，我的小学上了六年半，本该 1970 年暑假进入初中，却拖到了 1971 年 3 月。中学上了有四年多，但其实并没有时间安心读书学习，因为每个学期都要进行学工、学农劳动和野营拉练活动。我记得中学期间拉练了两次，一次 20 多天；学工则需要每个月去很远的地方上班，为了省下 1 角钱的车费攒零用钱，每次我都是和同学们走着去，来回路程两三个小时，学工的交通补贴每个月发一次，两个月能攒钱买一双皮鞋。

1975 年 4 月，我中学毕业。按照国家分配的政策，我要下乡工作，工作地点在市郊的上海市朝阳农场。中学期间我是团员，一直表现得都很好，下乡也很努力地干，所以进农场没多久就当上了管几十人的正排长。我们有生产排长、学习排长和生活排长，我做的是正排长，主管生产、学习、生活等各个方面的事情，领导的都是比我大几岁的人。因为我能吃苦，进农场一年多就入党做了连队干部（相当于大队干部）。但是，我没脱产。上海国营农场都是部队编制，我还兼任了大田生产排的排长，所以每天都要下地劳动。农闲的时候，还要开挖养鱼塘和水闸河、滩涂围垦等。我所在的连队是农垦部的标兵，整个上海国营农场农垦部只有很少几个农场获得这种荣誉。那时，什么重活、脏活都干在前面，经常早上一两点就出工，半夜十一二点才收工，基本没有复习功课的时间。

当时也没想到会有机会参加高考，但是自己一直都在利用有限的时间，没有放弃学习。我在小学时代和中学时代，成绩都是比较好的，基本上把有关的书都看了，作为一个文学青年爱好者，知识面也很广。虽然社会给我们读书的机会很少，但我自己一直在不断地努力学习。农忙酷暑，怕秧苗晒死了，所以中午要避开高温，我就趁着午休跟着广播电台学点外语。

刚恢复高考的时候，由于离开学校太久了，并且一直没有脱产过，知识基础缺乏，所以我前几年不太敢去参加高考。1980 年，我试着参加了高考，考了理科，很遗憾没有考上，因为我的理科知识确实不够扎实。1981 年，农场换了一任年轻的党委书记，他关切地问我：怎么不复习功课啊？因为，他了解到，我在整个农场年轻干部中报考成绩算不错的。我苦恼地回答，明年我要满 25 岁了，按照规定是不能参加高考的。党委书记提醒我，也许明年政策会放宽呢，25 岁以后还是能考的。我头脑中的弦马上又绷紧了，开始捡起书本系统地复习。那时候我也没有课本，只能找人家借，把借来的中学教材都系统浏览了一遍。幸运的是，第二年政策果然放宽了。那一年中组部、教育部联合委托人大培训一批在职 3 年以上的干部，年纪可以放宽到 25 ～ 27 周岁，我正好符合这个条件，经过我们党委推荐写了组织的介绍信，我就到上海的黄埔区招生办，也就是人大委托招生的地方，当时上海来招生的老师负责人是校医院的王绍太老师。

当时人大的招生要求比较严格，其他高校在招生报考上的正常情况是先报名再体检，但人大需要先体检合格后才能报名。体检结果在 6 月上旬发出。符合条件之后我就进入了紧张的突击复习之中，直到 7 月 7 日参加全国高考。事实上在这一个月里，每个科目基本只能复习四五天，把高一到高三的书全部翻一遍就准备应考了，所幸我竟然如愿考上了人大。

因为我在农场一直表现特别好，农场党委书记和委员对我印象也特别好。农场局党委知道我报考人大以后，就让农场党委不能放我走。农场局党委把我当成第三梯队培养对象，我也算是最年轻的培养对象，其中也参加了局里的上海市第一届干部专修班考试，我也考上了。这个干部专修班是在华东师大的两年制的大专班。可是，我非常想读人大，我就向领导请求我要读人大。

这年中组部、教育部联合委托人大培训一批在职 3 年以上的干部，当时计划培养 100 人，在北京、上海、西安、重庆、武汉招生。但实际上只招到了 40 余人，其中上海 18 人，北京 15 人，其他地方寥寥无几，可能主要是因为时间紧，复习时间短，考的成绩不理想。说是第二年再继续，但结果后来也没有再招了。所以，当年的机会真的很难得。我一直非常向往读人大，尽管我知道上海市已经在培养我了，但人大实在很吸引我，我就孤注一掷地选择了人大。

◎ 良师益友，感念终生

我的入学过程并不顺利，主要是关系转办困难重重。1982 年 8 月 16 日人大发出了正式入学通知，我开始在学校和农场之间奔走办转关系，一直到了 1983 年 8 月才办妥。原因是，我们农场单位是放我去上学的，但是局里强令不准放，整整卡了一年不给我转关系。我母亲原是北京人，但一直在上海工作，她就告诉北京的同事，让他们给人大打电话询问。人大说人已经被录取了，有录取通知书就可以来，档案就在我们学校。为此，我就放心地来人大报到了。人大校学生会第十四届学代会召开之前，校团委的杨益茂老师找我谈话，希望我能挑担子。我一直感念学校对我的器重，也愿意为学校做贡献，就和张建明等一起筹备了第十四届校学生会，我做了常务副主席和党组书记。

由于关系没有转接过来，我在学习生活中遇到了不少困难，人大的老师和同学给予了我许许多多的帮助，让我终生难忘。比如我没有粮票，校医院的王绍太老师与一些其他的老师和同学就给我提供粮票。特别要提的是王世香同学，她年纪比我小很多，那年她才 17 岁，身上具有北京人的很多优良品质，特别温柔贤惠。我可能是因为此前的积劳成疾，上大学时我患了重感冒，以后又是肝功能不正常，身体状况很不好。王世香同学无微不至地照顾我，每天问候我的身体状况，帮我打开水，利用周末回家给我带饺子。

还有就是要感谢我们的“18 棵青松”，这些都是来自上海的和我一样考上人大的同学，分布在学校的五个系：哲学系的张建明、朱光、蔡东源、顾萍，国政系的郭卫民，中共党史系的刘娅、周树钢，新闻系的曾献、杨英、崔煜芳、黄煜，法律系的徐新林、赵跃生、崔迈科、李彪。后来我和其他 17 个同学都见过面，建明每次回上海，我们都召集一批同学一聚。我们感情之所以如此深厚，是因为当时来北京入学时我们在车站一起买过票，又是坐在一个车厢共同赴京。当时在前往北京的车厢里，我虽心里很忐忑，但和大家在一起更多的还是高兴。大家兴高采烈地奔向人大来了，心里充满了骄傲。我们这些“调干生”就这么熟悉了起来，各个系都联系起来了。在学校的第一个中秋节和国庆节，我们是在圆明园旧址度过的，办了一个篝火晚会。后来我又组织大家一起活动，去过紫竹院、颐和园、圆明园等好多地方。我们有很多共同的经历，所以大家在一起聚会总是有很多共同语言。后来我的组织关系迟迟转不来，是曾献和郭卫民同学在当年 10 月帮我起草了一份联名信，我们 18 位同学都签字了，10 月 20 日寄给上海市有关部门领导反映我的入学遭遇。1983 年 5 月 20 日，又是这些同学帮我签名，把信直接寄给了当时的总书记胡耀邦同志和万里同志，因为我们的读书愿望也是为了响应对干部提出的“革命化、年轻化、知识化、专业化”的“四化”要求。可能是这封信起到了一定作用，关系转接的事宜终于有了进展。到 6 月快放暑假的时候，学生处的叶仓棣处长和我说，我的入学关系基本能够办了，到了8月就完全办好了。所以我一直非常感激人大的各级部门和老师以及同学们对我入学的支持和帮助。

人大的学习、教育生活对我后半生的影响特别大，人大的老师也都非常好。当时我们的系主任是黄达强老师，他给我们上了两次课，就给我们留下了深刻的印象；还有高放老师，他是党史专家，我们都特别崇拜他；还有张泽森老师、班主任张阁林老师等等。另外有一些其他系的老师，比如说中文系的丁老师，他会单独叫每个同学过来批改作业，甚至连导师也没这么仔细；还有教形式逻辑、西方哲学史、外语的老师，深入浅出地将枯燥的教学搞得生动形象；还有很多我叫不出名字了，但是他们在我心里都留下了深刻的印象。

1984年7月，大二暑期，我参加了学校学生暑期社会实践活动，这件事令我非常难忘，直到今天还历历在目。我们考察的主要目的是重温人大历史，回顾人大的前身陕北公学、华北联大、北方大学、华北大学的发展历程，也就是重新接受一次校史教育。其间我们还有机会去正定县采访了习近平同志。我的父母也都是共产党员，他们对老一辈无产阶级革命家很尊重、很崇拜、很佩服、很敬重，他们在家会经常提到习仲勋同志的人格精神。我读大学以后就听说习仲勋的儿子习近平在下面做县委书记，正好路也不远，我们就想去实地察看学习一下。本来计划在正定待五天，最后由于时间很紧，实际上只待了一天，但这一天收获非常大。

我清楚地记得，那是1984年7月29日，我们刚到招待所，习近平同志就来看大家了。他很朴素、朴实，就像个邻家大哥一样。我记得他当时下乡刚回来，赤脚穿着鞋子，是一个很朴实的县领导的形象。我们谈了约两个小时，他给我们分享了工作经历，对工作的总结、感悟和体会，我觉得受益匪浅。他的讲话对我后面的工作和思想影响非常大。他认为，年轻人要干实事，不要两脚悬空，要脚踏实地；在工作当中不能按部就班，一定要动脑筋，要有新的突破和新的思想，要有创造精神。有时候我和周围的人就说，现在他讲的理念，几十年前他就这么讲的，他的思想火花在以前就有了。后来习近平同志做了总书记，我的女儿看到我们早期和他在一起谈话的照片，她就觉得特别自豪，特别骄傲，感觉自己的妈妈真幸运。不过我从来没有把这些照片作为炫耀的资本，而是作为我继续前进的动力。

◎ 勤勉敬业，劳动标兵

毕业之后，因为个人身体原因，我选择回到上海。当时我觉得从政的话对我来说年龄有些偏大了，所以1986年毕业以后，我就选择在上海市司法局系统工作。到局里报到的时候，政治部主任一定要留我在政治部工作，但我把干部的知识化、专业化看得比较重，只想做实际的律师工作，所以要求直接到律师事务所。我去的律所是市司法局的重点单位，还是涉外单位，挂了四块牌子——上海市第三律师事务所、上海市侨务律师事务所、上海市对外经济律师事务所、上海市海事律师事务所，这是很不容易的。律所事实上要求研究生以上的学历，但因为我有8年的工作经历，又做过组织和纪律检查工作，才破格录取了我。

我对自己要求始终很严格，在各方面都不愿意落在人家后面。虽然我是法学类的，但要做具体的律师工作也没那么容易。我需要系统学习所有的法律知识，就像下农场一样，每天又开始夜以继日地自学。想不到大学毕业没两个月，我就得了肾结石、肾积水，差一点就开刀了。但是我在律师事务所工作的最初几年，每天基本第一个到单位，所以当时的司法局机关党委书记在全市律师事务所的主任会议上对我提出了表扬，说每次到单位就看到我一个人已在打扫卫生，进行工作准备了。当然，单位一些老师一开始对我也有所质疑，比如当时的带教老师就觉得我年纪这么大，也不是这个专业的，怀疑我的工作能力。面对这些质疑，我就说，老师您放心，我一定努力学习，做好业务，绝对不拖单位的后腿，业务做不好我可以不成家。后来我的业务很快就上手了，在20世纪90

年代初的时候我一直是单位业务收入的第一名。工作中，可以说 90% 以上的业务当事人对我评价都特别高，包括有的法官和当事人都说，请到这个律师真的是当事人的福气。我在工作中最大的心得就是要敬业、勤勉、务实，这是我自己总结出来的人生几十年来的感悟。这和我们人大培养的实事求是的精神、求真务实的作风有很大的关系。

后来，律师事务所改制了，我们三所的律师都出去创业了，留下的人业务能力很受影响，我也离开了。后来在 2001 年的时候，我和人大法律系同届毕业的赵跃生等一起创办了上海市理合理律师事务所，并在这个单位一直工作到了现在。

经过这么多年的工作，我始终相信，做案子讲究的就是实事求是，依法律办事。做律师到现在已经 36 年了，实际上我认为我自己是个很平凡的人，虽没有什么丰功伟绩，但始终坚持脚踏实地在这片土地上耕耘，在国家提倡建设法治社会时为我国的法治建设添砖加瓦，贡献力量。

现在我已达退休年龄，工作量减少了，主要不坐班了。但我还在从事着律师的工作，为有需要的弱势群体提供力所能及的帮助。并且，我始终不忘初心，为以前的农友做些公益活动，组织原来的农友联谊活动，搭建康养平台，共度夕阳。现在我担任上海市朝阳农场知青联谊会的会长，联谊会的副会长还有理事也都是中共党员，是原来在下乡期间的党支部书记、副书记。尽管有的资历比我老，但他们都认可我，觉得我主意多、办法多，有凝聚力和号召力，所以他们信赖、推荐我做联谊会首任会长。

人大是我们国家的干部摇篮，所以我认为从人大出来的人，政治素质相对来说强，自我要求也是相对要高。从我接触的人大校友来看，我也认为人大校友相对更加正派。

今年是人大建校 85 周年，习近平总书记在五四前夕考察人大，这是人大的荣光，也是我的荣光，因为我曾经是母校的一员。我们的老校长是吴玉章，毛主席在吴玉章生日的时候说了一段话，我想拿毛主席的一句话作为我的寄语——“一个人做点好事并不难，难的是一辈子做好事，不做坏事”。这不仅是我对学弟学妹们的寄语，也是对自己的人生箴言，我的一生就是这样不断要求自己：要努力做一个有益于人民的人，做一个高尚的人，做一个脱离低级趣味的人。我希望人大的校友都能成为对社会、对人民有用的人。

朱海鸥自述，本次采访时间为 2022 年 6 月 16 日，由中国人民大学校友工作办公室负责采访、录音整理及文字编辑。

吴海昆

吴海昆，1960 年 11 月生，1977 年 9 月参加工作，河南密县人，1986 年 5 月加入中国共产党，中共中央党校在职研究生。任青海省人大常委会副主任。1985 年 9 月—1987 年 6 月在中国人民大学统计学专业干部专修科学习，2001 年 9 月—2003 年 9 月在中国人民大学统计学系统计专业研究室课程班学习。

◎ 特殊年代，圆梦人大

我于 1960 年出生在青海省格尔木，是第二代青海人。父母都是 20 世纪 50 年代从老家河南省调干来支援青海建设的。我于 1977 年 7 月在青海省海西州大柴旦镇高中毕业，接着就到当时的海西州乌兰县怀头他拉公社（现属德令哈市）上山下乡。

由于我上学十年正值“文革”时期，特别是初高中阶段学工、学农多，高中两年大多在工厂里面干活，比如在化工厂修理管道、在电厂清理垃圾，基本没有正常上过课，数理化基础更差。1978 年高考，尽管我在知青点白天种地、晚上点着煤油灯复习，无奈学习基础太差，总分差了 1.8 分落榜；1979 年接着参加高考，差距就更大了，大学梦就此破灭。之后便是参加工作、结婚生子、随遇而安了。但是，没能考上大学始终是我的最大遗憾，每每想起就纠结不安，所以工作后还一直在学习，总想了这个心愿，从 1983 年开始我利用业余时间上电大，先后考了统计专业四个单科结业证。

人大不愧为人民的大学，除了招收本科生、研究生之外，也面向我们这些在那个年代失去学习机会、已经工作的人招生。1985 年，人大在全国统计系统招收干部专修科学生，青海省只有一个名额。我当时在海西州统计局从事物价统计工作，得到消息后非常激动。感谢国家给我们这批被“文革”耽误的学生一个圆梦的机会，这也是到人大深造的唯一机会，故而全力以赴、拼命复习，最后以全省 80 多名考生中第一名的成绩，被人大统计系录取为干部专修科学生。我的学号是 857088，入校时住在刚刚建成的学八楼203室。

◎ 校园生活，历历在目

我们这批学员，虽然年龄偏大（最大的有40岁了），但都非常珍惜在校学习的机会，如饥似渴、专心学习。两年的生活，梦牵魂绕，终生难忘。

大学生活中有许多令我难忘的事。一是学习氛围浓。虽然人大复校已经七年了，但当时学校条件不是很好，特别是西边学八楼那一片，与二炮部队在一起，每天听着军号起床，看部队出操；宿舍周边有很多的工地，一刮风尘土飞扬的；那片的学生食堂也很简陋，每天露天排队打饭回宿舍吃。虽然学校正在建设、条件差一些，但印象最深的是学习氛围十分浓厚，奋发读书、不负韶华是那个时代的精神。每个学生除了书包外，都背一个用毛巾缝制的饭包，从早背到晚，到就近的食堂吃饭。图书馆只有一个，总是挤得满满的，晚上教室也基本上是满的，本科生、专科生、研究生大家挤在一起，静静学习、奋力读书，直到晚上打熄灯铃才回宿舍。

二是学校研讨氛围浓。那个时期，各种学习流派、各种思潮比较多，社团活动也比较多，研讨和讲座比较多。教学楼前、食堂门口、图书馆前有很多海报、通知，目不暇接、任人选择。一些名人大家、学界才子，纷纷来校，传授知识、畅谈高论。学校在教学上也非常民主，特别是对我们这些干部专修科学生，更是高看一眼、厚爱一分。我们这批学生虽然基础课比较差，但专业课不弱，特别是实践经验足，下课后与老师讨论比较多，有时也会让老师下不了台。比如，教我们工业统计的孙学范老师，每次都是十分用心地备课，说我们比本科生难带多了，他原来的那些教案不管用了。和我们的交流，把他的讲义大大充实了，使讲义更加结合了实际。

对人大的老师，我们都有十分深刻的印象。到现在30多年过去了，有的老师已经不在人世了，但那专心育人的情景依然记忆犹新、历历在目。其中印象最深的是我们系党支部书记、班主任陈一兵老师，他仅比我们大几岁，和蔼可亲、勤于指导，是我们的大哥和各方面学习的榜样。另一个是系里管生活的荣英老师，是老革命，听说是华北联大的，对我们无微不至，每天检查宿舍、嘘寒问暖。我们个别同学偷偷用电炉子，被她发现当场没收，但她总是不忍心，之后又把我这个生活班长叫去，千叮咛万嘱咐后还给同学。还有刘爱萍、孙学范、刘友津等等老师，学识渊博、平易近人，都给我们留下终生难忘的美好记忆。

同学之间，也十分体贴和团结。班长王方斌，山东泰安人，为人正派，朴实厚道，学习刻苦，生活简朴，发挥表率作用，带好了一班人。有个女同学刘莉萍，在新疆克孜勒苏柯尔克孜自治州工作，坐汽车到乌鲁木齐需要三天，然后转乘火车需要四天，风尘仆仆连续坐七天车才能到学校。寒假时间短，她回不去家，只能到内地一些亲戚家。但她学习成绩很好，特别是做笔记十分认真，细致得堪比老师讲义。毕业后回疆，一直在统计战线工作。新疆“7·5”事件后，她深入联点的维吾尔族群众家中，同吃同住同劳动，宣讲政策，帮助百姓。还有尹领生老大哥，陕西宝鸡人，入校时40岁，是我们班年龄最大的，学习认真刻苦，热心帮助同学，是大家的知心老大哥。全班共40名同学，性格迥然，各有特色，十分团结，相互关心。毕业后有两次全班聚会，但我由于工作原因，都没能如愿参加，只能在微信群中与大家见见，分享快乐与关切。总的看，毕业后大家事业有成，普遍不错，都没有辜负人大的教育培养。

◎ 扎根青海，硕果累累

我是干部专修科学生，毕业后就回到原单位青海省海西州统计局工作。当时，我是州里唯一一个学统计专业的，又是人大的毕业生，学成归来，局里十分重视，安排我从事综合统计工作。我也利用所学，不负重托，主动把全州地区生产总值统计核算体系建立起来，填补了空白。同时，我负责全局各专业统计的平衡协调，负责系统内的学习培训，还带出了一批徒弟，这期间也在省内报纸刊物上发表了一些文章。后来，有两年时间调到海西州劳动人事局从事劳动力计划统计工作。

1992 年，经同事推荐和组织考查，我调到青海省政府研究室工作，主要是负责起草文稿、参与重大政策调研等。这项工作一干就是八年。直到 2000 年，全省公开考录副厅级领导干部，我以笔试第三、面试第一的成绩，被省委提任到第二故乡海西州政府任副州长，后任州委常委、常务副州长，以及州委副书记、常务副州长，这一干又是八年。

2009 年元月我被组织上调到省发展改革委任党组副书记、副主任；两年后调任为省经济委员会主任、省国资委主持工作的副主任、省招商局局长；2013 年 2 月，再调任为省发展改革委党组书记、主任。直到 2018 年 1 月任省人大常委会副主任，还兼任了半年的省发展改革委主任。在省政府综合经济部门，一干差不多是十年。

这十八年，是我人生中付出最多、收获最大、成就最突出的时期。

2000 年回到海西州任职，分管工业、商业等。当时州内那些 20 世纪五六十年代的企业资不抵债，全面亏损，职工拿不到工资，缴不上各种保险，生活十分困难，导致围堵上访不断。记得我刚到任不久，有一次已经破产多年的大柴旦化工厂几百名职工驱车 200 多公里冒雪到州政府上访，要求解决破产安置问题，围困了我们三天。后来通过反复做工作，才平息了事态。那个时期，这类事几乎不断。我因分管这项工作，跑遍了这些困难企业，了解情况，研究对策，最后提出方案，报州委、州政府，下决心用三年时间推进国企改革，先后破产国有企业 208 户，其中州本级破产 28 户，在岗职工 1 万多人，离退休职工也 1 万多人。同步进行资产清算、招商引资、兼并重组，妥善安排下岗职工和解决离退休职工生活问题。历经三年的国企改革，解决了多年困扰的历史问题，重组新建一批骨干企业，使海西经济触底回升，每年以 15% 以上速度快速发展，再次成为全省主要的经济增长极。

到省发展改革委工作，印象最深的是2010年4月14日玉树发生7.1级地震。我当时的主要任务是协助领导负责后勤支援和灾后重建规划拟定。当时的玉树一片废墟，物资保障条件极差，我们连夜组织了40多辆汽车，清点好手套、蜡烛、食品等急需物资连夜送往玉树。在省政府和国家发展改革委领导下，我参与玉树重建总体规划编制，牵头10个专项规划的编制，多次带队下灾区，实地调研、征求意见、制定方案、做好规划，为今天的新玉树建设贡献了自己的心血。如今，一到玉树去，就感到特别亲切、激动，看着那废墟中崛起的一个全新的高原美丽城市，心中非常自豪和兴奋。

在省发展改革委工作期间，也有许多难忘的经历。印象最深的是按省委、省政府战略部署，会同有关方面下大力气抓青海光伏、新能源产业的发展，探索出了一条创新引领、网源同步、水光互补、带动产业、协调发展的新路子，建成了一批在国内外叫得响的示范工程，全面解决了无电人口用电问题，新能源发展惠及广大人民群众。2016年8月，我代表省委、省政府，现场向习近平总书记汇报青海立足突出优势、破解发展难题、努力创建全国绿色能源示范省的工作，得到总书记的亲切指导和充分肯定。短短的几十分钟时间，是我人生最幸福的时刻，铭记在心，终生难忘。

目前，我在省人大常委会任党组成员、副主任，分管财政经济口的工作。重点是地方经济口的立法、经济发展预算执行方面的监督，主动抓一些重大问题调研和代表建议的办理工作。在立法上，紧扣全省经济发展主题主线，紧贴企业和社会关心关切，紧跟全国人大立法进程，抓住提高立法质量这个关键，扎实推进分管口的立法进程，五年来各种立法34件，其中省级立法10件。出台了一些急需的地方法规，例如青海省高速公路管理条例、民用机场建设条例、公共信息信用条例、营商环境条例、促进中小企业发展条例等等，为地方发展提供法治保障。坚持聚焦全省经济发展的重要领域和人民群众关心关注的重点问题开展监督，坚持于法有据、问题导向、广听意见、推动整改，增强监督刚性，确保中央和省委决策部署贯彻落实，确保法律法规有效实施。如，习近平总书记对青海提出加快建设世界级盐湖产业基地的重大要求，我多次带队深入盐湖产业一线，参加省级规划的编制指导，督导重点项目实施，为打造世界级盐湖产业基地做出自己的努力。又如，总书记要求青海打造国家清洁能源产业高地，我同样从规划编制、重大项目推进等多角度积极参与，特别是领办了羊曲水电站和配套储能电站项目，进京汇报，争取支持，深入现场，督导进度，尽心尽责推进项目建设。

我参加工作已经40多年了，遇到的问题、困难很多，但每一次都是历练和收获。比如，在海西州推进国企改革时，当时没有政策、没有钱，连职工的安置费都没有着落。面对那些可怜的下岗职工，面对那些无助的眼光，自己推不开、躲不过，也不忍心。特别是他们中间，有亲友、同学，甚至是下乡战友、工厂劳动时的师傅，自己有责任想尽办法去研究解决，否则真是无颜见父老乡亲。通过各方面的努力和帮助，我们争取到了政策的支持，包括筹措安置费、扩大低保安置面、补交养老金和失业救济金、开展转岗就业等等，再加上依法变现企业资产、招商引资等等，终于解决了困扰多年的职工后顾之忧，整合盘活了国有资产。

再如，参与全省重大项目的谋划、规划和建设，这是自己在省级综合部门参与最多、投入精力最大、效果比较明显的一项工作。例如西宁至成都的高速铁路、支线机场、大中型水电站等，从前期调研、规划，到项目立项、评审设计、资金筹措、开工建设等，因为省里财政紧张，没更多的钱干这些大项目，再加上一些项目前期工作又相对滞后，推进哪个项目都不容易，每个环节都是一道坎，面临重重困难。但是，省里经济社会发展急需、百姓期待，只能迎难而上、头拱地向前推。在省委、省政府领导下，我们会同有关方面，“跑部”、跑现场，反复汇报论证，千方百计争取理解、支持，直到开工建设投入运营。每个项目，没有几年的艰辛，甚至十多年的努力是干不成的。虽然这些已经成为历史，但那些艰辛付出历历在目、难以忘却。

俗话说，经历是财富，对此我深有体会。我这一生，从上山下乡当知青，到干工商、税务、计划、统计、劳动人事、政策研究，再到地方当领导、在主要经济部门工作，历经乡、县、州、省多个层级、多个部门、多个岗位。我们在学校所学的知识相对比较单一、专业，这些不是没用，关键在于如何融会贯通、在实践中不断拓展。我的经验就是运用平时所学，在工作中摸爬滚打，反过来又针对问题深入学习，在具体工作中推进学习，不断成长进步。随着时间的推移，自己掌握的政策、知识、方法也越来越多，工作越来越熟，遇到重大问题可以从容应对、稳妥处置。

比如说新冠疫情刚暴发的时候，当时周边的同志不知道从哪里下手处理。而我在 2003 年就经历过非典，当时我在海西州主持这项防疫工作，把那时候积累的经验一条一条拿出来，就能从容地应对了。再比如面对一些重大社会群体性事件，我在地方工作时遇到不少，有一些积累的预案，可以迅速有针对性展开工作，抓住关键，平息矛盾。总之，只要善于学习，善于琢磨，善于总结，就可以不断提升，适应各种环境，胜任复杂工作，这一点我充满了信心和自信。

◎ 人生习惯与生活信条

一路走来，我始终坚持了一些习惯和方法，在此与诸君分享。

一是坚持学习，坚信知识改变命运，学习成就未来。对于政治理论学习、政策学习、各种专业知识等等的学习，一天都不能停。要养成学习的好习惯，学习是一种能力，是一种境界，是快乐的生活方式。

二是保持健康的心态，不要怕困难。人生避免不了各种各样的难事，遇到了，躲不过，唯有迎难而上，办法总比困难多，要相信自己有这种能力。

三是坚持尊重别人，遇事反向思维。有同情心，有谅解心，才能利人，才能容人。对于那些不理解自己甚至是唱反调的人，要有忍耐心，倾听别人的意见，不要用自己的观点强加于人，总是自以为是。

四是坚持问题导向，强化底线思维。遇事别急着表态，要亲自去调查研究，把问题分析透、原因搞清楚、政策领悟好，没把握的事最好是别开口，说就说到点子上。特别是发表不同的意见，一定想好再说，所提的对策要能行、可操作，最忌一知半解、夸夸其谈。

五是坚持总结经验，不断提升自己。同样的错误不能重复去犯，但相似的问题可以通过总结经验来解决。

六是坚持学习他人，借鉴经验。他山之石，可以攻玉。遇到事情，学学发达地区，看看左邻右舍，结合当地实际，提出最优方案，这是成功非常重要的一条。

关于座右铭、信条，自己体会最深的，首先是人大校训“实事求是”。牢记这条，终身受用。不论是取得成绩，还是遇到困难，甚至是发生错误，都要坚持不夸大、不隐瞒、不回避，是什么就是什么，讲老实话，做老实人，既不揽功，也不推过，敢于担责。“实事求是”这个校训让我终身受益，也是希望各位校友坚持的。

对待工作：空谈不如实干，踱步何不向前。

对待生活：饥人一口，饱人一斗。这是俗语，意思是饥饿时得到一口粮，胜过肚饱时得到一斗粮。比喻急需时得到少许资助，比平时得到许多资助更为宝贵。这一点我自己深有体会。在平时工作生活中，对那些面临困难、挫折的人，你去帮助他一把，甚至是发条信息，都能起到暖人心的作用。当他成就辉煌、得意扬扬时，倒没有必要去称赞，效果也不一定好。

对待利益：人生一世，如驹过隙。良田万顷，日食一升。大厦千间，夜眠八尺（《增广贤文》）。说明人的一生一世，就像白驹过隙，瞬间即逝。你就纵有良田万顷，每天也只不过吃一升米而已；纵有宽大的房子千间，晚上睡觉也只不过占用八尺的地方。这些，对于做领导的，尤为重要。想想那些走向贪腐的人，就是贪欲之心、利字所诱。

对待挫折：坚信无论有多困难，都要坚强地抬头挺胸，活在当下，放眼未来。人生就是一种态度，心静自然天地宽，没有过不去的火焰山。

◎ 传承人大精神，深情寄语母校

我是 1985—1987 年在人大学习了两年，特别是 1986 年在人大入的党，这是我人生最美好的日子，现在想起来好像就在眼前，一点一滴都能记得，十分想念老师和同学们。到北京去，我多次抽空到人大的校园里去走一走，到学校书店去转一转，在操场上溜达几圈，感受学校的温暖，回忆往日的快乐，抒发人大的情怀。

到人大学习时，虽然自己很刻苦，但底子差、成效不明显，学习压力很大。记得有一次与陈一兵老师交流，他说到人大提升的是思维能力、分析能力，主要掌握方式方法，专业是基础，是今后工作的手段，而不是最终目的。这些话使我茅塞顿开、受益匪浅。在校期间，我学习的是国民经济统计。说是学统计，实际是系统学习了各专业的基本原理，包括国民经济计划、基本建设、财政金融、劳动人事等基本原理，这些为我后来的工作奠定了坚实的理论基础。毕业后，尽管工作岗位换了不少，但主线仍在经济领域，包括现在人大常委会工作，分管的依然是经济口工作。当然，熟知统计原理，看懂各种报表，善于运用统计数据进行分析，预测研判形势，更是自己的强项和看家本领。因此，特别感谢学校的教育方法和搭建的平台，为我后来的发展打下坚实基础。

到人大要注重学习方法，至于职业选择，不一定选什么专业今后就干什么，利用所学的知识来拓展、触类旁通才是关键的。不论学了什么专业，都是人生路上非常重要的工具。把这些工具用好，会发挥关键的作用。比如，我一个人大学弟是学法律的，目前在经济口工作，我就给他讲我的成长经历和经验，引导他：虽在经济口你是学法律专业的不能算科班，但是市场经济是法治经济，更要注重法律，现在很多工作都必须用法律作为前置条件，用法律约束行政行为；再刻苦补学一下经济理论，对提高自己的工作能力和水平更有作用。所以说，在人大是学习方法、能力的全方位锻炼，对我们人生选择、工作成就至关重要。

我认识的人大学生，多在党政机关工作，感受到在人大经世致用的风格熏陶下，人大毕业生务实活跃、社会活动能力强、政治素质过硬。如果画像，我感到人大学子有几个共同特点：

一是珍惜荣誉，传承基因。从陕北公学、华北联大、北方大学、华北大学到人大，历数历届校长，大师如云；青年名师，灿若星辰。这一大批在国内外举足轻重的权威专家学者，代表着中国人文社会科学的最高水平，他们始终激励着每一位人大学子。

二是实事求是，追求实效。从网上看，一些西方学者对人大的评价是“人大是能够将中国的问题说得清楚的地方”。我也深有感触。人大学生有激情，身上承载着更多的纪律感和历史责任感，大多担任着组织者和服务者的角色，也充分发挥着“思想库”“智囊团”的作用，是国家和地方政府决策的重要参谋和助手，社会地位和作用非同一般。

三是以民为心，服务群众。人大的学子，学到的不仅仅是单纯的知识，更重要的是增强了追求真理、献身国家的担当意识，还培养了务实、严谨、求是、稳健的精神气质。现实中人大校友不像一些知名学校的学生那样，纷纷出国、移民高就，而是遍布祖国大地、市县基层，在一线工作多，在党政机关多，百姓情结浓，低调做人做事。

四是尊师重教，团结互助。走遍全国，一说是人大学生，不论是领导还是同事，不论是博士、硕士、本科还是专科，见面知悉是校友后都非常热情，特别容易沟通交流，满满的人大情结，尤其是尊敬师长，关心校友。

至于对人大校友精神的理解，网上查“人大校友精神”几个字一度成为“热搜”。“聚是一团火，散是满天星”，形容人大校友正直抱团、团结友爱、注重情谊和情怀的特质。还有人说“人大校友，国民表率”“国民表率、社会栋梁”等等。我自己的感悟是：严谨务实，素质过硬，以民为心，甘于奉献。

今年 4 月 25 日，习近平总书记在五四青年节来临之前到人大考察，做出重要指示。作为人大学生，我们倍感激动和自豪，深受教育鼓舞。我衷心希望母校，按照总书记的要求，认真贯彻党的二十大精神，继续发扬优良传统，按照学校锚定的总目标和发展定位，加快推进世界一流大学和一流学科建设步伐，为全面建设社会主义现代化国家培养更多的一流人才和更多为民服务的学子。

希望学弟学妹们，无论在什么地方、什么岗位，都秉承人大校训，牢记奋斗方向，厚植家国情怀，坚持以民为心，争做时代先锋，勇创人大辉煌。

吴海昆自述，本次采访时间为 2022 年 11 月 30 日，由中国人民大学校友工作办公室负责采访、录音整理及文字编辑。

采写 / 孟繁颖　谭秋玲

张志军

张志军，甘肃人，1986—1990 年就读于中国人民大学农业经济系农业经济专业，获学士学位。1990—2002 年，在甘肃省社会科学院工作；2002—2019 年，在中共甘肃省委办公厅工作；2019—2021 年，在中共临夏州委工作；2021 年至今在临夏州政协工作。

◎（一）

我出生在甘肃省环县耿湾乡的一个村子，在这里一直生活到考上大学。我的家在农村属于条件不太好也不算差的那种，父亲是机关干部，母亲在家务农，我们都随母亲在农村生活，属农村户口。在家庭联产承包责任制实施前，因家里只有母亲一人参加生产队的劳动挣工分，所以每年家里分到的口粮比较少，主要靠吃返销救济粮，生产队的分红不但没有，还要往队里交超支款。父亲工资低，家里老一辈留下的一些家具、农具等陆陆续续都打折抵扣了超支款。虽然生活艰难一些，但父母对我们三兄妹的上学特别支持。

我们村就在乡政府（当时叫公社）所在地，学校距我们家不到一里地，所以上学很方便。学校当时是一所全日制完全中学，从小学、初中到高中都有，名称叫环县第九中学。虽然是一个公社的中学，但老师的教学水平、学校的教学质量都不低，很多老师都是从城市下放下来的，是“文革”前的大中专毕业生，所以在我们上到初中时，之前已有好几位校友考上大中专，成为我们励志读书的榜样。我的小学、初中就是在这里度过的。

我能到人民大学读书，也经历了一波三折，我始终不能忘怀也终身感激一位恩师。从小学到初中，我的学习成绩一直比较好，在班级里大多时间处在前列，属于老师比较喜欢的那种学生。初中毕业遵照家里的安排报考庆阳师范学校，想早点能够吃上公家饭、端上铁饭碗，但因身材矮小未被录取。转到环县一中初三复读，准备来年继续报考中师。在当年的中师预考中成绩特别好（好像是全县第一名）。这时我的恩师、时任环县一中教导处主任的刘志英老师把我和另外三个成绩好的同学叫到他办公室，动员我们上高中、考大学，不要考中师。我和另外一名同学（后来考到中国科学技术大学）听从了恩师的劝告，上了高中，另两名同学仍然上了中师。进入高二后，我选择了文科，成绩一直保持在班级前列。1985 年高考预选时我的成绩是全县文科第一名，正式统考结束后，我们开始预估成绩填报志愿。我们班另一名同学预估成绩比我高，所以他报了北京大学，我报了人民大学。选择人民大学，也是受 1984 级一位学兄的影响，他当时上的就是人民大学国政系。选择专业时，想法其实很简单，想着自己是农村长大的，学个农业经济，将来端个铁饭碗、做个机关干部挺好的。高考成绩出来后，我是全县文科第一名（工作多年后才知道也是当年庆阳地区第一名），报考北大的同学是第二名，我们都如愿进入了自己报考的学校。好多老师、同学说我亏了，但我自始至终没有觉得自己有什么亏的。能够成为一名人大学子，拥有人民大学的光环，是我一生倍感自豪的一件事。

◎（二）

我 1985 年考入人民大学，入学三个月后因生病休学一年，成为 1986 级的一员，也因此多了三十多位大学同班同学。四年的大学生活，自己总体觉得平平淡淡，这可能和我性格内向、性子较为沉稳、不好热闹有关。每天基本上是宿舍、教室、食堂三点一线，特别是入学前两年，因为英语基础差（上高中才开始认识 ABC），大多数时间都花在了英语上，以确保不挂科。好在经过努力，实现了不挂科的目标。体育方面也没有特长，艺术方面也没有特别爱好。四年中，难忘的事不少。入校第一个元旦，班主任解红老师从家里搬来灶具，和同学们一块儿包饺子，共度新年。四年中，解红老师给予了我们无微不至的关心关怀。全班同学在密云劳动一周，虽累但快乐着。范剑平老师的课堂上，大家热烈讨论如何保护好农民利益，老师鼓励同学们开动脑筋，大胆各抒己见，连我这个一向比较内向、不善于表达的人都大胆登台发表自己的想法。记得自己当时提出的观点是恢复建立农会，作为农民自己的群众组织，像工会为工人服务一样，农会为农民服务。崔国忠、姜克芬等老师认真讲课、精心指导的身影时常萦绕在脑海中。吴本立老师数学讲得好，大家都爱听，虽然没给我们班代课，但我也经常去她的课堂上蹭课。大四在回龙观农场实习，从课堂走到田间、从学校来到企业、从书本走进实践，既新鲜也兴奋。大学四年全班同学相处都非常愉快，班里仅有的三名女同学，拥有无上的地位，享受到男同学国宝级的呵护，让外系的女同学很是眼热。和我同屋的5位同学，周进平是从新疆考来的，但老家是甘肃的，和我是老乡。闻利华同学和我同病相怜，都是从1985级休学后来到1986级的，我俩搭档打双扣，经常无敌手，有时也挺惹人的。李京东同学交际广，和党史等系同学的来往更密切，虽是311室的人，但晚上常常不见他的踪影。外形很有艺术家气质的他，现在真的成了搞文艺的了。罗天生同学的广西口音，经常给我们带来欢乐，尤其是他把“夏天夏天悄悄过去”唱成“撒天撒天草草过去”时，宿舍里笑声一片。在这里尤其怀念韩可峰同学，山东人，从青海考入的，虽然年龄比我小，但常表现出大哥的样子。我俩关系很好，彼此之间有什么心事、想法，总喜欢向对方倾诉。他定下来要留校、提前到校办参与工作时，我还常常帮着他干一些活。让人心痛的是，他因病早早离开了我们，我们大家常常怀念他。大学男同学分住四个宿舍，我们和306室挨得近，班里唯一一位北京同学朱兵就住这屋，他们宿舍经常打桥牌。我经常去他们宿舍看他们打牌，我有限的一点桥牌知识就是从他们那里学到的。四年的大学生活虽说过得波澜不惊，但也留下来许多美好的回忆，包括许多人许多事，以及至今让人回味的食堂的鱼香肉丝和油饼，毕业20周年返校时还和同学们专门去食堂体验了一回，味道还是那么好。

◎（三）

1990年毕业，相较于前些年，那两年的大学生工作分配已不是很好，那一届除了保研不让考研，省级以上党政机关一般不让进，同班同学中分配到县乡一级的大有人在，和当初考学时的预期有了较大的差距。但那时候已经有了可以自行找工作的政策，可以自行联系工作单位。我本有机会去浙江工作，因家庭原因还是选择回到甘肃。家人的愿望是想让我回庆阳工作，我自己选择留在兰州。当时联系了两个接收单位：兰州商学院、甘肃省社会科学院。最后，甘肃省社会科学院以科研人员不用每天坐班、年轻人结婚可以分到一小套房子的愿景吸引了我，我选择到社科院农业经济研究所从事科研工作也和所学专业对路。参加工作后，一路遇到了很多良师益友，时任农经所所长时正新研究员就是其中一位。他是“文革”前的兰州大学毕业生，在农业经济研究领域有一定知名度。我一参加工作就加入他的课题研究中。在他的帮助和言传身教下，我用很短时间就进入工作状态，先后参与到几项国家和省级科研项目中，承担了其中部分内容的撰稿任务，在省级刊物上发表了几篇论文，在前后几批进入社科院的年轻人中科研成果算是比较多的，受到院领导的肯定。1995年，时任院党委书记徐仲碧同志要我到院党委办公室担任党委秘书，尽管当时自己不太愿意，但在服从组织分配的要求下，还是去了新的岗位。从事了三年党委秘书工作后，1998年提任办公室副主任。

到省委办公厅去工作，也是机缘凑巧。2002年初，一位中学同学听说省委政研室农村处需要人，就把我推荐去，后因在该处挂职的一位同志挂职结束后留下了，再无空编制可进人，本以为工作调动之事作罢，又恰逢省委办公厅选调干部，时任省委办公厅副主任的学兄冉万祥听到我的情况后，给我做了推荐。前后参加了三次省委办公厅组织的选调考试，于2002年底调入省委办公厅，先是在调研处任副调研员，一年后竞争上岗任秘书一处副处长，2007年任政策法规处处长，2013年任省委常委办公室主任，2015 年任省委办公厅副主任，一年后又兼任省委省政府接待工作办公室主任，2017 年任省委副秘书长。2019 年底，到临夏回族自治州任州委副书记。2021 年换届时到州政协任主席。

社科院短短的几年研究工作经历，使我学会了怎样认识社会、研究社会，丰富了对农业农村知识的储备，也提升了自己的理论素养，锻炼了文字材料方面的能力，更主要的是养成了自觉学习的习惯，为我以后所从事的工作打下了一个比较好的基础。在省委办公厅的十八年，主要从事两个方面的工作：一是文字材料撰写、审核把关；二是服务工作，服务领导、服务基层、服务群众。这些工作都要求规范、严谨、细致、周全。十八年来，自己大多数时间都处于压力山大、如履薄冰的状态，既要当好参谋助手，也要不折不扣把决策指示落实到位，加班加点是常态，家庭、孩子基本无暇顾及，没有参加过一次孩子的家长会，孩子的老师没认下几个。忙忙碌碌一年下来，回过头又发现总结不出什么，不知道有什么成绩。总的感到，不出纰漏、让各方面满意就是成绩。

◎（四）

离开机关来到临夏，正值脱贫攻坚进入关键阶段、总攻阶段。有一句话大家可能都知道，“全国脱贫看甘肃，甘肃脱贫看临夏”，足以说明临夏脱贫攻坚难度之大、任务之艰巨。脱贫攻坚是我分管的一项主要工作。在这段时间里，自己跑遍了各个贫困县乡村，了解村情，谋划发展思路，发现短板弱项，协调帮助解决问题，虽然很累但很充实。特别是 2020 年，是完成脱贫攻坚任务的最后一年，我负责督办要完成摘帽任务的最后两个重点县之一——东乡县，具体包抓凤山乡和其中的几个特困村。这一年，我把自己的大部分时间和精力都放在这里，对照国家验收标准，和县乡村干部一道完善落实产业发展、群众增收措施，对脱贫重点户和重点人进行帮扶，解决水电路房等基础设施问题，开展技能培训，千方百计输转劳务，增加群众收入，挖掘和培养有潜力的创业人才，鼓励和扶持他们走出去开店，走致富之路。在党中央的关怀下，在各级各方面的大力支持下，经过临夏干部群众的接续奋斗，临夏人民摘掉了困扰多年的绝对贫困帽子，如期迈向小康社会。临夏大地发生了翻天覆地的变化，自来水入户了，水泥路修到家门口了，村庄变得整洁美丽了，危旧房子都改造成安全住房了，老百姓兜里有钱了、医疗健康有保障了，精神面貌焕然一新，对党和政府充满感激、感恩之情。能够亲身参与到这场攻坚战中，贡献自己的一份力量，获得感、幸福感满满的。

◎（五）

人民大学的学习经历，使我受益终身。从迈出校门那一刻起，人民大学这顶光环就始终照亮着前行的路，使其变得更加畅通。经过四年的学习，既学到了基本的专业和理论知识，也学到了科学的思维方法和能力，在遇到困难、问题时不会束手无策，懂得如何去分析思考、如何去克服解决，勇毅前行。如今在各级党政部门，在经济界、法律界、新闻界、社科理论界等等，一大批人大学子成为各行各业的翘楚，与人民大学的培养密不可分。作为中国共产党创办的第一所新型正规大学，人民大学已经走过了85年光辉历程，成为我国人文社会科学高等教育的一面旗帜。作为人大人，我们感到自豪和骄傲。衷心希望母校继承光荣传统，继续做精做强做优传统优势学科，培养更多堪当民族复兴重任的接班人，昂首走进世界一流大学的前列。希望学弟学妹们传承红色基因，努力成为复兴栋梁、强国先锋。

张志军自述，本次采访时间为2022年11月，由中国人民大学校友工作办公室负责采访、录音整理及文字编辑。

撰写 / 张志军

那日松

那日松，1987—1991 年就读于中国人民大学中文系汉语言文学专业，毕业后进入《大众摄影》杂志社担任作品编辑。历任《北京青年报》图片编辑、《摄影之友》执行主编、*PHOTO* 中文版执行主编、全景视觉传媒副总裁。2007 年创办映画廊，2009 年创办影像杂志《像素》，2015 年创办“故乡的路”中国少数民族摄影师奖。现在是北京 798 艺术区映艺术中心及映画廊艺术总监，同时也是国内知名策展人。

◎ 告别绘画，圆梦人大

我出生在内蒙古呼伦贝尔，小学一年级的时候，父亲被调到中央民族翻译局工作，我们一家人也就跟随他搬到了北京生活。大院里的童年有趣极了，蒙古族、哈萨克族、维吾尔族、朝鲜族等各民族的小孩子聚在一起玩耍，非常热闹。我上的小学不是学习氛围很好的学校，很少有人能考上重点中学，但我遇上了很好的老师，所以我还是考上了当时北京的重点中学——北京师大附中。

小时候我就喜欢画画，上高中前一直在北京市少年宫学习素描、油画等西方绘画技艺。初中快要毕业时，我面临着两个选择：一个是继续画画，这样我就要往美术类院校发展；还有一个是正常考大学，放弃绘画这条路。思索再三，我还是选择了后者。细想我这么做的原因，应该和家庭环境有关。我的父亲是一名作家，在他的熏陶下，我从小就很喜欢文学。虽然受到传统观念影响，初中时期我一直在着重学习理科，但很快我就发现了自己真正的兴趣所在——文学和新闻。人大的新闻专业很厉害，所以我梦想着有一天能够踏进人大的校园。

1987 年是人大建校 50 周年，我在这个非常有意义的年份跟人大结缘。但遗憾的是，我没能如愿就读新闻专业，因为人大新闻专业的分数太高，和当年最热门的国际贸易专业不相上下，如此一来，我根本没敢报名。当时有人跟我说，新闻系的很多课程都是中文系的老师来教，所以我就选择了报考人大中文系。

入学第一课就是军训，我们在山西临汾的军营里度过了一个月的时光。那里的生活很单调，每天就只有踢正步、走队列。当时我们中文系和档案系在一起训练，还成立了一个示范班。示范班要代表全连参加比赛，还要在汇报演出时做仪仗队，所以训练很辛苦，经常是天刚亮就整队集合，太阳下山才解散。

根据流程安排，汇报演出结束后，要有一名学生代表上台发言。当时学校和部队领导都觉得中文系学生的文笔肯定差不了，就把写发言稿和上台发言的任务一并交给了中文系，然后班主任又将这个“艰巨”的任务交给了我。这样一来，我就成了整个师的代表，在汇报演出结束后，深情抒发了一番自己的感悟和不舍。

军训期间虽然发生了很多难忘的事情，但也有一点让我们十分头疼，那就是伙食不怎么好，基本只有面条、馒头和熬菜，一个月的时间几乎没有什么油水。倒是也有改善伙食的机会，军营外面的村子里有一个小卖部，我们在那里买午餐肉罐头、瓜子、花生还有糖。军训结束后，所有人都把带来的钱花得精光，小卖部也差不多被我们“扫荡一空”。

◎ 徜徉书海，享受自由

我一直觉得自己很幸运，明明没有做什么特别的事情，却总是能得到老师和同学们的认可。开学后不久，班主任找到我，希望我能担任班里的团支部书记。因为我是重点中学毕业的，高中还当过校团委的宣传部部长，老师觉得我各方面看起来都很合适，但我当时就婉拒了，我实在不想再当什么学生干部了。大二的时候，系里要竞选学生会主席，班里的同学们都推举我，让我去参加竞选。我觉得这种形式挺好，就答应了。竞选当天，候选人依次上台演讲，然后整个系的四个年级一起投票，没想到我的票数居然最多。系领导找我谈话，说你刚上大二，先当副主席吧，还是让毛军（大三师兄）继续再当一年主席。我当然同意了。

过了一段时间，北京市要举办首都大学生话剧比赛，学校希望我们中文系参加。我算是个话剧爱好者，曾经也和同学们一起排过话剧、小品，于是就联合几个同学，准备参加这次比赛。但是要创作一个什么样的故事呢？我一时没有头绪。

灵感的涌现总是出其不意。一天，我在家翻阅杂志时突然看到了王朔的小说《顽主》，里面的情节深深吸引了我，我确信这会是一个大家都感兴趣的故事。解决了主要问题，剧本的编写就开始了，话剧的名字最终定为《三 T 公司》。我们改变了原有情景，把小说中描写的几个“无聊青年”办“三 T（替人排忧、替人解难、替人受过）公司”的故事移植到了大学校园。虽然整个话剧的准备、排练时间很短，但最后呈现出的效果却异常精彩，收到了诸多好评。最后，《三 T 公司》也如愿获得了那次首都大学生话剧比赛的一等奖。

大学期间，我最欣赏的是教授现代文学的老师赵京华，挺年轻的，当时应该也就三十多岁，他研究周作人和鲁迅，他长得也有点像鲁迅，也留着两撇小胡子。我还请他做过系刊顾问，现在我还记得他的题词：说自己话，写我心，成一个独立的人。遗憾的是，他只教了我们半年就出国留学了。虽然只有短短一个学期，但他自由随心的讲课风格还是给我们留下了深刻的印象。还有位教授古代文学的女老师，她知道我们喜欢看武侠小说，课上就全是武侠相关的内容，还让我们写关于武侠小说的论文。还有我的班主任马晓光、团总支书记张福海等，他们都是很好的老师，都给我的大学生活留下了不一样的色彩。

课余时间，书籍成了我徜徉的乐园，省下来的钱基本都进了书店的口袋。我买的书以哲学、文学为主，还有一部分是讲电影的。那时候出版的书没有现在这么多，所以只要一有相关主题的新书，我就必须得到它。当时的学生都喜欢读大部头的书，即使不能保证读懂，也要把萨特、海德格尔的作品放在床头。像《存在与虚无》《存在与时间》这种最时髦、最流行的哲学书我们全部都有，这在当时就像是一种时尚，每个人都要紧跟潮流，生怕自己被落下。除了在漫漫书海中上下求索，我们那个时代的大学生还热衷探讨学问，说起文学、哲学，还有电影，几乎每个人都能滔滔不绝地谈上许久。

大三、大四的时候，课程不那么多了，玩的时间也就多了。那时候我们经常爬山，几乎每个月都要去爬一个北京周边的野山。我们当时也是无知者无畏，也没有任何户外装备，迷路是经常的，但幸好一直都没有出现什么意外。快毕业的时候，我经常去东高地玩，我的初中同学石康在那里有个房子，我没事就过去找他玩，在那里认识了石康的大学同学王阳，也就是后来的歌星老狼。那时候我们经常聚在一起喝酒，聊文学，听老狼唱歌。

现在再回忆起大学时光，我还是有很多遗憾的。那时候天天想着毕业，天天想着玩，没有多看书，也没有进行更系统的学习……虽然每每想起都感到后悔，但也不得不承认，我的大学四年过得足够丰富多彩，也足够自由自在。

我一直觉得人大是一所非常好的学校，校友们很优秀，也都有属于人大学子的独特品质。大家上学的时候就不喜争抢，毕业后无论有了多大的成就，也不会过于张扬。人大校友中在社会各界成绩斐然、身居要职的不在少数，但是看到这些人，你很难想象他们已经在自己的领域取得了不小的成绩。因为他们都很低调，一直在踏实、认真地做事。我认为这是人大一个非常好的风气，也是人大校友非常好的品质。

◎ 阴差阳错，从业摄影

我一直有个当记者的梦想，要说原因，也许是那时的自己总会心怀一种“救世”的责任感。上大四的时候，我在《中国青年报》实习，一开始我完全不懂该如何写新闻稿，就买了相关图书自学。没过多久，我就掌握了基本要领，明白了怎么起承转合、怎么把新闻稿写得更生动。实习一段时间后，我写了一篇关于西藏中学的文章。文章质量不错，还获得了报社内部的好新闻奖。在报社的时候，无论是学习还是工作我都特别认真，于是就给领导们留下了非常好的印象，他们本来想在毕业之后就正式录用我，但最后因为一些客观原因没能实现。

那个年代，学校是负责分配工作的。毕业前学院会给学生们提供各单位各岗位的名额，我们选择适合自己的，然后去面试、去实习。我这个《大众摄影》杂志社的名额本来是给新闻系的。当时《大众摄影》找到新闻系的教授，想让她介绍几个学生。那位教授刚好跟我的毕业论文导师关系不错，也给了我一个机会，让我和几个新闻系的学生一起过去面试。没想到最后对方只要了我一个人，虽是意料之外，但好像也在情理之中。因为看简历上我在大学已经办过不少杂志了，编辑过人大的诗刊《七色光》和主编过中文系的系刊《旋风》，姑且算得上是经验丰富，已经是个成熟的编辑了。

其实，去参加这次面试本来就是导师的意思，我之前根本没有看过这个杂志，只是觉得《大众摄影》跟艺术有关，才决定去试试，没想着自己能杀出重围。我虽然没看过杂志，但确实很喜欢摄影，所以综合考虑，《大众摄影》也算是个不错的选择，这件事就这么定了下来。

虽然如此，但我内心深处还是希望有一天能做记者，能做和新闻有关系的工作，就想着先在这里历练，等时机成熟再想办法调出去。没想到后来一直没有合适的机会，《中国青年报》后来两次想调我过去都没有成功。我想既然走不了就好好干吧。我也对摄影行业越来越感兴趣。客观条件加上主观因素，我在《大众摄影》一待就是 9 年，从 1991 年 9 月开始，一直到 2000 年 5 月。

9 年的时间，我的主要工作内容就是编辑作品和策划选题，不过这些也是后来的事情了。刚去《大众摄影》的第一年，我几乎什么都干不了。那时的我最多算个摄影爱好者，遇到专业摄影，不懂的地方就太多了。每次开口都是外行话，领导自然不会安排重要的工作给我，所以我每天的首要任务就是撕信封。《大众摄影》的来稿特别多，那时候大家都是直接寄照片过来，几乎每天都有一麻袋，我负责从这一麻袋信件中把照片挑出来给编辑送去。那时候一个月只出一期杂志，一期只有几十页的篇幅，所以编辑们每周只需要工作 2 ～ 3 天就可以完成任务。我有时候会开玩笑说："只有撕信封的我才是最忙碌的人。"

那时候没有互联网这些传播途径，只能通过报纸、杂志来将自己的作品展现给读者，所以大家都会很积极地投稿。中国摄影家协会比较有名的是"两刊一报"——《大众摄影》《中国摄影》《中国摄影报》。对于众多摄影师和摄影爱好者来说，他们能在《大众摄影》发一个豆腐块大小的内容，在当地都算得上是非常重要的事情了。

一年多的时间只能撕信封，这肯定不符合我对自己的要求。于是我就利用空闲时间请教杂志社的前辈，努力学习专业摄影知识。短板补齐后，我才真正开始进入摄影杂志编辑的领域。这时，我在人大所受的教育的优势就显现出来了，加上我喜欢研究社会媒体，关注社会思潮动态，我的编辑思维就会更活跃一些，编辑创意也更多。很长一段时间，我几乎一个人负责了半本《大众摄影》的选题和创意，20 世纪 90 年代后期的《大众摄影》经过几次改版，页码和内容都已大大增加。90 年代后期也是中国媒体开始蓬勃发展的时期，那时候我还被多家杂志邀请去做它们的特邀编辑。比如《财经》杂志创刊的时候，我就兼职做了它头几期的图片编辑。《三联生活周刊》初创的时候也没有图片编辑，我也曾经帮它做了将近一年的图片编辑。

◎ 放弃安稳，追逐梦想

2000 年左右，互联网在中国兴起。有一个刚成立但有大资本支持的摄影网站来挖我过去做内容总监，由于互联网的诱惑，加上高薪，我就去那里当了几个月的"总监"。同时《北京青年报》也找我，希望能调我过去，最终我选择了《北京青年报》。到了那里后，我还是负责编辑图片，每天编一个版。但干了一段时间，我觉得这个工作太简单了，没有什么挑战性，也实现不了我在媒体上的理想。所以即使《北京青年报》的发展如日中天，我也只干了 1 年左右就提出了辞职。虽然心怀愧疚，但我还是更想去实现内心真正的愿望——做自己喜欢的杂志。对我个人而言，杂志的编辑和设计更具有创造性，我不喜欢报纸的快节奏，每天从早到晚忙得不行，还要经常加班。所以就算那时《北京青年报》的销量高、待遇好，我还是选择了离开。

也许在现在看来，放弃“金饭碗”，去做不知道有没有出路的杂志是个愚蠢的选择。但是过去跟现在不一样，那个时候各行各业都处于蓬勃发展的阶段，机会特别多，什么都可以做，做什么都有可能成功。特别是媒体行业，到处都是欣欣向荣、未来可期的景象，因此，丢掉所谓的“金饭碗”，我倒是没有多么在意。

那几年是媒体发展最好的时候，所有媒体的待遇都很好，但这只是生活上的保障，比起这些，我还是更想追求心中的“媒体理想”。做自己喜欢的杂志，做主编，运作整个流程……这些对我来说是更强的诱惑，比高薪更吸引我。最重要的是，我也有足够的信心，正如刚才所说，时代背景所提供的福利，让做杂志成了一件“必然”会成功的事情，至少对我来说是这样。在当时那个如此繁荣的市场，不存在“失败”二字。

于是，2001 年 9 月，我离开了《北京青年报》，去《摄影之友》担任执行主编。第二年，《摄影之友》就成了中国发行量第一的杂志，也是公认最好、最挣钱的杂志。就这样，我在《摄影之友》也站稳了脚跟。

2004 年，故宫博物院想借建院 80 周年的机会举办一个摄影比赛，但我个人认为，在如此特殊的时间、如此特殊的地方，做一场国际性的摄影展是更有意义的事情。这个想法得到了主办方的认可，我也就顺理成章地成了这次展览的策展人。经过几个月的悉心准备，一场宏大的紫禁城国际摄影大展成功拉开序幕。本次展览的策划得到了国内外的一致好评，也让我收获良多，更重要的是，为我之后成为一名真正的策展人奠定了基础。

2005年，世界著名摄影杂志*PHOTO*看中了中国庞大的摄影市场，计划推出中文版。要想顺利进入中国市场，自然需要一位了解中国、了解摄影的优秀主编。猎头公司把目光放在了《摄影之友》上，既然《摄影之友》是中国最好的摄影杂志，那这本杂志的主编一定也差不了。收到*PHOTO*抛来的橄榄枝，我不激动是不可能的。在我看来，*PHOTO*杂志一直都是高不可攀的存在，它是我们在从事相关工作时学习的对象，更是当时世界上最好的摄影杂志。虽然《摄影之友》也很好，但还是要提到我刚才所说的"媒体理想"，*PHOTO*的风格和特点都是我最喜欢、最向往的，所以现在这个杂志的中文版邀请我去做主编，我无法拒绝。

就这样，我离开了工作4年的《摄影之友》，虽然不舍，但更高的媒体理想在召唤我。2005年5月，我着手准备*PHOTO*中文版的创刊。遗憾的是，经过一年半的努力，*PHOTO*的中文版杂志最终只出版了三个试刊就因为刊号的问题而夭折了。

2006年11月我加盟了全景视觉。全景视觉是中国知名的图片库，它的老板是我的好朋友，也和人大渊源颇深。因为我曾经答应过他，如果有一天不做*PHOTO*中文版了，就加盟全景视觉。*PHOTO*中文版夭折后，我履行承诺，去全景视觉担任了副总裁。可是商业图片库实在不是我想做的事情，所以工作1年后，我就离开了那里。

在全景视觉期间，我和一个朋友在798艺术区创立了一个摄影画廊——映画廊。但因为忙于全景视觉的工作，画廊完全交给别人打理，没想到亏损严重。我和合伙人商量了一下，如果要让画廊继续活下去，我们必须得全身心投入在里面。这时候正好我也不想再在全景视觉干了，于是从2007年底开始，我把全部精力放在了映画廊上。

从这时候我也开始仔细思索自己还有什么追求和理想。既然在《大众摄影》《摄影之友》这些杂志都工作过，没有什么新的挑战了，那我为什么不能做一本属于自己的摄影杂志呢？不需要发行，甚至也不需要刊号，只做我真正想做的东西。坚定了这个想法，我在映画廊创立了《像素》杂志。那是最符合我理想的一本摄影杂志，完全没有约束，也具有极强的个性。

虽然《像素》杂志最大的特点就是随性随心，但我对它的内容定位还是有明确要求的：必须是纯影像，但可以跨界；必须是专业的，但无须局限在摄影专业；内容要丰富，关于美术、当代艺术等等均可。我们也践行了自己对杂志的要求，从 2008 年到 2010 年，连续三年评选出的年度照片，都是普通老百姓使用普通手机拍摄的照片，甚至还有两年的年度照片是视频截图。那时候我的想法是，影像已经完全跨出了过去传统摄影的概念，它更具有社会属性。

这几年媒体衰落的速度很快，曾经红火的市场早已不复存在。现在我们虽然偶尔还会出几期《像素》杂志，但不会再做以前那种与综合资讯相关的内容，这已经没有任何意义了。因为在互联网高度发达的当下，所有我们想知道的，手机上都能找到答案，只有少部分人还在通过传统媒体去获取信息。所以，《像素》也顺应时代背景，转变成了现在这种介绍摄影家专辑专刊性质的杂志。

◎ 经营书店，全心投入

映画廊是我和一个成都的朋友一起创立的，当时我们想找一个方便聚会、看书喝茶聊天的地方，刚好碰到一个朋友的空间转让，我们就把它租了下来，然后在原有的基础上进行了改造，创办了映画廊。当时这个书店还没有名字，只能算是画廊的附属。直到 2009 年，我们创立了《像素》杂志，“像素”一词正式成了我们的代表性品牌。此后，我们不仅有了像素书店，还有了像素工作室。

像素书店中基本都是关于摄影方面的书，这里的藏书数量在全国范围内都是数一数二的。以像素书店自身的特色和主题为着力点，我也在不断探寻书店新的经营方向，例如卖摄影作品、做摄影文创产品等等。这些努力的确是得到了一些回报，像素书店的整体发展不错，还在2019年的时候获得了中国书刊发行业协会颁发的“年度主题书店”奖。

映画廊初创时期，798艺术区的租金不贵，每平方米一天只需要几角钱，正是因为经营成本很低，我们就没有在这方面多花心思，而是一股脑儿丢出去交给朋友管理。结果做了一段时间后，才发现有些支撑不住了，是我们把事情想得太简单了。这地方花钱如流水，虽然租金不贵，但是聘请工作人员、办展览、搞活动，都需要大笔资金。如此一来，这个本来寄托了我们美好愿望的书店，倒成了一个不小的负担。既然如此，那不如用心经营。

我是想把这件事情做好的，因为中国没有类似的地方。以前我出国的时候，就发现很多国家都有这种专业的摄影机构——摄影画廊、摄影中心、摄影博物馆。比如纽约国际摄影中心，那是当时世界上最大的摄影中心，也是我最喜欢的，每次到纽约都要去逛一逛。还有法国的摄影之家、荷兰的国家摄影博物馆、英国的摄影师画廊……很多地方都有，但是中国没有。我突然觉得自己有责任也有义务来填补这个空缺。

确立目标之后，我开始全身心地投入到画廊的运营中，先是想办法让它在798艺术区立住脚跟，然后再计划进一步的发展，遇到瓶颈时，我就积极调整方向，找到更合适的前行之路。我有意识地削弱它曾经的商业化气息，着重增强它的文化性。我会以像素书店的名义定期出书、出杂志，还会举办各种具有社会性和公益性的展览……就在这样一点一滴的积淀中，映画廊和像素书店在业内的知名度、承办展览的水平都变得越来越高。慢慢地，映画廊发展成了一个关于影像主题的文化平台，所有相关内容都可以在这里进行分享、探讨。我们也会借助这一平台将吸纳的精华再次辐射出去，让更多的人可以了解摄影、喜欢摄影。映画廊就是在这样的不断摸索、调整中，发展成了现在的样子。

◎ 策划展览，名声渐起

我们在这里办过很多展览，其中让我印象最深刻的是映画廊刚起步时推出的吕楠的《四季》。吕楠是那个时代业内公认的中国最好的摄影师之一。他的作品《四季》展现的是西藏农民的日常生活：从春播到秋收，从等待到收获，从生活到自然……真实的西藏，通过吕楠的照片生动地展现在我们眼前。这个展览是2007年推出的，在当时引起了很大的轰动。《四季》可以说是映画廊成立之后最重要的代表作，也是当时行业内的一个标志性展览。它不仅在国内获得了大量赞誉，甚至在世界范围内都具有很大的影响力。

还有一个是任曙林的《八十年代中学生》。我们为了还原影像中故事真实发生的年代，不仅准备了照片中出现的各种标语，甚至还从当年的拍摄地北京市第一七一中学借了很多老桌椅。功夫不负有心人，这个展览在国内的反响非常大，很多媒体都进行了报道。

《四季》和《八十年代中学生》都是映画廊策展的标杆，也是它们奠定了映画廊在摄影圈的地位。如今，映画廊已经在不知不觉中走过了15年的光阴，每一年，我们都要策划十几个展览，这么多年下来，总共也有大大小小几百个了。这些展览不一定都在映画廊举办，国内外很多地方都曾经留下过我们认真策展的心血和汗水。

◎ 辉煌不再，追忆往昔

其实，当时决定在798艺术区做映画廊和这里浓郁的艺术氛围有很大的关系。在2002年左右，798艺术区开始崭露头角，那时候我们虽然没有创立映画廊，但也参加了很多这里举办的活动。在我看来，798艺术区最好的时候是2004年到2008年，那几年798艺术区的环境设计和艺术活动完全由艺术家自己掌握，各种独具一格的雕塑、涂鸦、国内国外的展览都是这里的标志和灵魂。2008 年，798 艺术区的名气基本到达了顶峰，“曾经倒闭的工厂恢复了活力”，这让国内外很多游客都对这里充满了好奇和向往。

那时候有一句流行话：长城、烤鸭、798。也就是说，外国人来到北京最不能错过三件事：游览长城、品尝烤鸭和逛 798 艺术区。这真实地反映了当时 798 艺术区的盛况。798 艺术区在国外的名气一直比在中国大，大小空间里经常能看到外国收藏家的身影。

那时的 798 艺术区，俨然成了一个世界品牌，也是很多人心中的艺术殿堂。但是好景不长，2008 年全球金融危机爆发，外国的收藏家们好像一下子都消失了，798 艺术区也因此跌落“神坛”。再加上管理、租金等一系列变化，2009 年之后的 798 艺术区就开始以市场经济作为主导，画廊等文化艺术相关的东西开始没落，一直到现在都是如此。现在的 798 艺术区面目全非，房租飞涨，很多最早进入 798 艺术区的艺术家都离开了，很多非常好的空间、工作室也都倒闭了。曾经满是艺术气息的街道，现在已经基本没有展览了，到处都是商店、酒吧、餐厅，还有一些设计、电影和音乐类的工作室，虽然也都是很不错的机构，但 798 艺术区的风格确实发生了巨变，更商业化了，不像过去每一个都是艺术家自己的工作室，你可以挨个儿进去跟他们谈天说地，还可以挑选他们自己创作的艺术品。我经常会想念曾经的 798 艺术区，那时候这里被艺术家们改造得非常漂亮，经常有展览、有活动，每个空间里都有朋友。

◎ 民族影像，回归本真

我一直在关注“民族摄影”，曾在映画廊策划了《故乡的路——10 位少数民族摄影师联展》展览，特别邀请了 10 位少数民族摄影师从本民族的视角去记录当地独特的文化与日常生活。2015 年，我们在一个朋友的基金会的支持下，正式创办了“故乡的路”中国少数民族摄影师奖，至今已举办4届。

现在中国的民族影像没有真正展现出民族文化的内核和精髓。很多人为了迎合比赛要求、迎合某种意识形态而“量身定做”照片。在路边用相机随手一拍，这不是真正的民族摄影。在拍摄之前，你应该充分了解你的拍摄对象，了解你拍摄的这个民族的文化和历史。

我并不反对汉族摄影师拍摄少数民族，只要对少数民族文化有尊重和认同，做到真实记录，每位摄影师都有可能拍摄出富有情感的民族影像作品。但这是从摄影艺术本身来看，如果是从摄影师与被拍摄者的关系来看，本民族摄影师与被拍摄者的关系更熟悉、更自然。也许他们的拍摄技巧和水平不如著名摄影师，但是在作品里流露出来的对本民族的情感，是其独有的。见证这种真实的情感流露，也是我创办“故乡的路”中国少数民族摄影师奖的意义所在。

◎ 讲述故事，记录时代

刚才提到了任曙林的作品——《八十年代中学生》，这些照片里的人物基本都和我是同一个时代的，甚至其中很多还是我认识的同学、朋友。我一直觉得我们这些20世纪六七十年代出生的人很幸运，因为我们赶上了最好的时代。我是1991年大学毕业的，那个时候改革开放已经取得了不错的进展，经济发展迅速，文化繁荣，整个社会正在发生翻天覆地的变化。那是个到处都有机会的时代，什么都可以尝试，什么都可以改变。做媒体也一样，记得我刚去《大众摄影》的时候，媒体行业还没有多么发达，但是仅仅几年之后，就以飞快的速度繁荣起来。当时《大众摄影》和很多优秀的媒体关系很好，还有过不少合作，例如《南方周末》《北京青年报》《中国青年报》《新周刊》……现在回忆起来，那真是个媒体行业百花齐放、各具风格的时代。我作为媒体人能亲眼见证并参与其中，算是很幸运了。

我一直认为，我们这代人的经历都特别有意义，也特别传奇，我们经历了社会的巨大变迁、经济的飞速发展。在这样前所未有的时代洪流中，我们这代人裹挟着梦想和责任不断向前。所以我在策划、出版《八十年代中学生》时产生了一个想法，我希望能有机会用不同的方式讲述属于我们这代人的故事。在我看来，现有的绝大部分文学作品、艺术作品，特别是青春电影，立意都很肤浅，对那个时代的理解过于简单。我希望的，是用一种恰当的方式，真实地呈现出当时那个充满机遇和挑战的年代，更具体、更深刻地讲述属于我们这一代人的故事。

今年是建校八十五周年。八十五岁，对于个人来讲，已经是垂垂暮年，但对于一个大学，则可能刚刚进入壮年，开始它更好发展的时代。

毕业以后很少回人大，但每次回去都能感受到人大日新月异的变化，以及母校对于我们这些毕业学子的关注与厚爱。

对于学弟学妹们，我想改编一下当年赵京华老师送给我们的寄语，再转送给学弟学妹们：爱自己，助他人，拥有独立的精神。

那日松自述，本次采访时间为 2022 年 3 月 2 日，由中国人民大学校友工作办公室负责采访、录音整理及文字编辑。

胡延平

胡延平，1991—1995年就读于中国人民大学哲学系哲学专业。曾任《北京青年报》互联网研究专栏作家、《互联网周刊》总编、中国互联网协会交流与发展中心主任，DCCI互联网数据中心、FutureLabs未来实验室、未来智库创始人，未来智库专家。数字鸿沟、云管端、第四产业、微众等概念以及CMMG、SICAS等模型在中国最早的提出者之一。互联网、IT等在中国的发展主要研究者之一。1996年起在各大报刊发表论文数十篇，出版《奔腾时代》《数字蓝皮书》《跨越数字鸿沟：面对第二次现代化的危机与挑战》《第四种力量：新四化路途当中的信息化与信息产业生态观察》《第二次现代化：信息技术与美国经济新秩序》《黑科技》等专著。

◎ 在阅读思考写作中成长的中学时代

小时候虽然生活困难，但是我父亲收藏的不少书和他单位办公室订阅的许多报纸、杂志对我影响比较大。我的阅读习惯就是从那个时候开始的，尤其喜欢看科技、国际动态。那时虽然家里条件艰苦，父亲却很支持我。有一次我考试成绩好，父亲用一个月的工资给我订了几份不同的科技杂志，这件事情直到现在依然让我记忆犹新。初中时我对无线电、航空航天、舰船、兵器等特别感兴趣，高中时对社会科学如社会学、经济学、政治学、哲学、历史文化等等也比较着迷。阅读、广播、电视增加了我对外部的了解，那时懵懵懂懂有一种愿望：走出家乡，去更大的世界学习和思考。

学习之外，高中时我也写过很多文章，包括对时政、社会的看法，也创作过一些小说。学校的广播电台播出过一些，有些也在全国获了奖。

因为高中的时候我文科理科成绩都不错，所以在文理分科的时候犯了难。一次偶然的机会，我的高中化学老师看到了教室后面墙上的写作园地上我的文章之后，建议我学文科，希望我用自己的思想去影响更多的人。最终我接受了老师的建议，选择了文科。

◎ 在三种熏陶中再出发的大学生涯

有些人以为我进入人大哲学系是专业调剂的结果，其实不是。报高考志愿的时候，人大哲学系是我的第一志愿。我选择哲学，是因为我认为一个人如果关起门来只做自己的科学实验，对社会的影响可能是有限的。哲学归根结底是意识、精神、根本思考，是人对于自然、社会和人类的根本理解，这个选择契合了我在潜意识里的、一直存在的人文关怀、社会关怀的情结。

在哲学系学习期间，我关注的点比较综合，我对经济学、科技哲学、自然科学、数学等学科也都很喜欢。人大的科技哲学课程给我印象非常深，老师教得非常好，直到现在人大哲学系都有这门课。人大哲学系当时的必修课、选修课加起来，涉及了很多学科门类。我认为在哲学系的学习给了我广泛涉猎的机会和深度的思维训练，让我在方法论的基础上，尝试不断去深度穿透、认知。

对于我来说人大还有一个非常大的优势，就是地理位置的优势——人大旁边就是中关村。这个感觉和斯坦福大学就在硅谷旁边有点像。当时中关村大街两侧布满了不同品牌的电脑硬件公司和软件公司，出于对电脑、信息科技的兴趣，我在校期间在中关村等地方做了比较多的社会实践和勤工俭学的活动，这些无疑是接触社会、接触产业、接触科技、增加知识和经验的好机会。

人大开放、自由自在的学习氛围，从自然科学、社会科学、产业科技三方面对我的熏陶，让我有更多机会充实自己，多维成长。

出于对社会问题的关注，我曾经进行过教育问题的调查，相关成果《贫困地区教育现状与出路调查》通过学校上报，得到了北京市的奖励。其中一年的学年论文《后现代及其在中国的出场》，我也倾注了比较多的时间和精力，在此前后研读了不少专家学者的相关著作。

大四阶段，在一些师兄师姐的带领下，我在《光明日报》旗下《中华读书报》等处实习，当时《中华读书报》刚刚开始筹备，作为特约记者目睹从无到有的创刊过程，也是分外有趣的学习经历。

在勤工俭学、社会实践过程中，结合对一些问题的思考，我开始写作一些探索分析、观察评论。比如暑假去深圳考察期间，参观深圳博物馆，发现和印象中以陈列古老历史文物为主的博物馆有很大不同，深圳博物馆非常现代，展出了经济特区成立以来的很多新科技新产品，所以回来以后我就写了一篇《博物馆不妨再博一点》的文章，其中认为博物馆也可以很现代、很科技、很丰富。这篇文章被《中国文化报》刊登，他们年底还给我发了个奖。

来自媒体的认同，对于创作者是无形的鼓励，这些对我在毕业后选择进入媒体行业的确有一定影响。

现在回想起来，是人大的培养让我更综合、更全面地从不同侧面潜心学习、多维思考、持续成长，成为人生再出发的地方。对人大我一直心怀感激，感恩人大的开放、包容、滋养。

◎ 以两个作品正式踏入 IT、互联网领域

1995 年正好是中国电信在北京、上海开始提供 Internet 接入服务的时间。

人大毕业生当时可选择的工作机会比较多，去企业和国家机关的路径都有，也有安排好的机会去给某地政府领导做秘书。不过最终我还是选择了媒体。

我喜欢媒体，因为媒体是一个窗口，面对的是广阔的世界；在媒体工作的过程也是学习的过程，可以思考、可以写作，可以用信息、用媒介去影响更多的人；媒体是我从初中、高中到大学的初心，潜意识当中比较契合，也是我内心真实的愿望，我一直希望自己能对社会、对更多的人有更多有益的作用。

参加工作前后，我开始自费上网，按小时计费，资费很贵，经常一不小心就花掉不少工资。大学期间和工作以后，去的最多的地方是中关村，在街头买了各种计算机报纸、杂志，也买了很多如《商业周刊》（中文版）等财经类杂志。这些对我影响也比较大。

就这样，在没去美国、没去留学的情况下，我在中国通过翻译、搜集大量资料和研究 IT 产业，写作了第一本书《奔腾时代》，内容是硅谷、芯片、半导体以及计算机革命的到来。写这本书花费了大量精力，广泛搜集中英文资料，大量阅读、分析、草稿写作耗费不少时间；也去中国图书进出口总公司买了不少英文原版书刊，我自己翻译了一部分，请英文好的同学帮忙翻译了一部分，构成写作的部分资料基础。《奔腾时代》的创作过程开心、兴奋、简单，只有追逐科技的初心，这也让我不断深入 IT 领域，站在产业、技术、产品的角度去思考问题。

我从 1995 年开始准备《奔腾时代》材料，1996 年开始写，1998 年由企业管理出版社出版。当时这本书在年度科技类图书中也算是畅销书之一。但实际上这本书的经济付出远大于收获。购买英文原版书刊、复印资料等，林林总总花费不菲。那时候也不懂什么叫版税，书的销量和自己关系不大。不过出现这种状况并不奇怪，稿酬的确并非我的关注点。更让我兴奋的是科技革命的到来，信息科技、互联网、数字经济、信息社会的广阔图景。

所以报道 IT、科技产业，观察中关村变迁，透视互联网在中国的发展，也成为我写作的角度。1996 年，我写了第一篇对互联网进行深度透视的专题文章——《中国营造网络时代》。为了写这篇文章，我还上门采访了亚信公司，也就是田溯宁回国后创立的第一家企业，向它了解 ChinaNet 也就是中国首个互联网、数据通信的骨干网络的建设进展等相关信息。这篇文章也产生了一定影响力。从互联网如何进入中国，到 ChinaNet 建设之前的中国教育和科研网络 CERNET 等，还有金关、金桥等各个行业的网络信息系统建设状况。这篇文章可以说是我对互联网在中国早期发展图景的一次全景式的扫描、观察和思考。篇幅比较大，《北京青年报》给了它电脑时代的头版头条以及二版几乎一半的面积。

《中国营造网络时代》和《奔腾时代》，分别作为我在前沿科技角度的第一篇深度观察文章和第一本书，是个人职业、专业的一道分水岭，标志着我以自己的作品，正式踏入互联网，正式进入媒体的科技观察领域。

◎ 在《北京青年报》观察网络 IT 大潮初起

在《北京青年报》工作期间，我的角度全面专注在了网络 IT 领域，几乎每周一篇深度报道的节奏。报社领导对我非常信任，也给了我很大的自由度，我的稿子几乎没有被毙过。作为一个刚刚毕业、二十岁出头的年轻人，我除了埋头做自己的事情，人际关系等方面几乎什么都不会，但是在这样一个广阔的媒体平台上，我得到最多的是领导和同事的充分信任。

在《北京青年报》的数年时间，正好是网络 IT、中关村崛起的阶段，经过了好几个阶段，发生了很多大事：中关村改制大震荡，电信运营拆分，互联网开始挑战传统电信，中国网通公司成立，垄断与反垄断，“.com”热潮，等等。1995 年到 2000 年，是网络 IT 发展的黄金时代，每个月每一天，科技都在以肉眼可见的速度取得进步，中国越来越开放，世界越来越紧密相连，个人自由度越来越大，市场越来越广阔，各种创新越来越活跃，不同的可能性越来越多，和最近几年有比较大的不同。记得我在 1999 年写了一篇《互联网：中国改革新动力》，就是希望网络、科技有助于开放与发展。

在《北京青年报》工作期间我还与同事合作出版了一本书《预约新千年》，主题为时代人物访谈。出版过程中得到了《北京青年报》领导的关心和支持。

几年时间下来，逐渐有了一些影响力，也有了关注自己报道的读者。之后《北京青年报》总编还专门指示，给我开了一个专栏。专栏和报道、专题有所不同，专栏作者可以更多去观察、思考，写作自由度更高，可以充分表达个人观点。由衷感谢《北京青年报》给我空间、提供平台，还有各位领导给我无条件的支持与鼓励，对此我一直都心存感激。

◎ 数字生态和数字经济思维的形成

1998—1999 年，我开始以报社名义组织一些研讨会，邀请业界企业家、专家和政府官员共聚一堂，研讨数字生态、数字经济、数字鸿沟等问题。尤其在数字鸿沟、数字经济方面，我算是国内最早的关注者、研究者之一。这个阶段，我开始用生态思维去看产业、科技，并逐渐形成了自己的数字生态观、数字经济观。我们国家 2021 年把数字经济作为国家发展战略，制定并颁布了第一个国家战略发展规划——《“十四五”数字经济发展规划》。政府工作报告提出“数字经济”概念，迄今也只有几年时间。

1998 年开始关注和研究数字鸿沟、数字经济以后，2002 年我写作了《数字蓝皮书》，当时由社会科学文献出版社出版。

我还主笔创作了数字蓝皮书 2.0，其中包括四本书——《第四种力量》《第二次现代化》《跨越数字鸿沟》《数字红利》，分别是数字经济的产业篇、经济篇、社会篇与中国机遇篇，社会科学文献出版社 2002 年出版了前三本，《数字红利》因为时机不成熟而一直搁置。

数字经济概念本身系 digital economy 从国外翻译而来。2002 年出版的“数字蓝皮书”丛书，是中国国内对数字经济进行全面观察、本土实证、系统立论的研究成果。“数字蓝皮书”丛书的贡献是：提出第二次现代化、数字鸿沟、新四化、数字生态等概念；“数字蓝皮书”丛书的一个立论是从改革、创新、竞争、发展等更广阔的范围重新定义了 IT 产业和传统经济之间的整体关系——数字经济与数字生态，并且将其作为一种新的大历史周期的经济形态而不只是相关产业经济来进行生态化研究；“数字蓝皮书”丛书也重新定义了 IT 产业的内涵外延、体系结构，探索其创新演进方向，系统预见了数字经济的中国机遇，很多判断已经成为今天的事实。

过去二三十年间，信息科技创新发展、互联网快速普及，但是数字经济似乎并没有让文明更加融合、社会更为和谐，反而有些领域更为极化；科技、经济的发展似乎并没有缩小人和人之间的差距，差距反而有所扩大。这些曾经是我们担忧的问题，现在发现不仅没有解决，数字鸿沟还在继续扩大。

◎《互联网周刊》：媒体人到行业人的转变

2000 年底的时候，中国科学院下属的《互联网周刊》邀请我去做总编。无论是我的做一份杂志的媒体情结，还是不同于记者、编辑的荣誉感，抑或是挑战自我也好，犹豫再三之后，我还是选择接受邀请，去负责《互联网周刊》的工作。

事实证明的确困难不小。2000 年三四月，“.com”泡沫开始破裂。2000 年底我到岗前后，中国第一次互联网热潮快速跌入谷底。2001 年左右就是网络寒冬了，给这份杂志投放广告的客户绝大部分短短几个月时间就偃旗息鼓甚至破产倒闭。

当年我是最年轻的总编之一，但接受的是最严峻的挑战。压力非常大，不仅要负责内容，还要负责经营、管理发行。广告收入跌到谷底的情况下，要实现这份杂志从立足互联网到立足网络化数字化信息化的定位转型，要靠 IT 企业、计算机公司、硬件软件企业的广告收入来支撑发展。从大周期来讲，纸媒的黄金时代也正在成为过去。所以这个阶段，每天都是在挑战极限。

好在我年轻，精力充沛，干劲十足，愿意面对挑战。虽然经验有限，但是各方面都有些积累。短短一两个月时间，就让这份杂志大变样。雷军在看到这些变化以后，特别想了解是什么样的原因让这份杂志快速改变成了他很喜欢的模样，特地约我吃饭，一起聊了聊天。

我个人有些业余兴趣爱好，对做这份杂志也起到了一定作用，就是摄影和平面设计、杂志收藏。国外的《商业周刊》《时代周刊》《新闻周刊》《公告牌》《连线》《商业 2.0》《红鲱鱼》等，国内的《三联生活周刊》《新周刊》《数字时代》以及《财经》的前身（具体名字忘了）等，我收藏了不少。我个人最喜欢的、那个时候除了网络媒体以外我认为最理想的媒体形态就是杂志。这些收藏、阅读，对我都有潜移默化的影响。对杂志的语言、内容、视觉、形态、结构，我有一整套自己的理解和建构。

所以对于《互联网周刊》，我从视觉设计、栏目结构、语言风格、内容定位，都是从头设计、全程编辑。它也是当时国内唯一一本每周出版的杂志，真正意义上的周刊。但就是全彩色、周刊杂志的形态和出版节奏，始终让全体采编、经营、发行人员每一天都必须全力在挣扎中奔跑，在奔跑中挣扎。

这两年多时间的挑战，激发了我的一切力量，在管理方面也探索、积累了不少经验。我将一份杂志划分为不同的内容模块，每个内容模块都有其主编，制定各种相应的量化、考评激励机制，充分调动大家的工作积极性和创造性，在一定阶段之内取得了良好的效果。

《互联网周刊》对我来说，是进一步专业化、行业化、职业化的立体穿透、深度积累、蜕变升华的过程。在这几年中，我完成了媒体人到行业人、研究者的转变。在这期间我的一个成果，就是出版了那套由三本书构成的“数字蓝皮书”丛书。

现在回过头，从产业经济社会发展全局去看数字化，从数字化全局去看互联网发展，可以更清晰地看到网络和 IT 之间的关系——数字化过程的两个阶段。第一个阶段是以计算机为基础的信息化，即数字化 1.0 阶段；第二个阶段是以互联网为基础的数字化，即数字化 2.0 阶段。现在正在进入以智能化为主要特征的数字化 3.0 阶段。《互联网周刊》的工作内容，是数字化 1.0 和数字化 2.0 的交融。

◎ 在行业协会为第二次互联网浪潮推波助澜

在《互联网周刊》工作后期，我对行业的理解、观察、思考越来越往研究方向走。从最早做计算机产业发展国外内容的传递，到开始踏入媒体领域做网络 IT 报道，再到科技创新、产业发展专栏观察，再到专业书的写作，我越来越想表达自己的看法，越来越想做一些深度专业研究。所以离开了《互联网周刊》之后，我想要做一家互联网研究院，或者数字经济研究中心。但是很快，又有了新的合作与邀请，所以就去了工信部直属的中国互联网协会。

中国互联网协会当时成立不久，要举办每年一次的中国互联网大会，还有一些行业交流发展工作需要有人来做。我出于经验和资源积累，出任了协会的交流与发展中心主任。协会的氛围很好，作为第三方，也为行业做了很多事，这也是我比较感怀的一段工作经历。

在此期间，我们组织实施了每年一度的中国互联网调查，推出每年一度的中国互联网调查报告。Web2.0 方面我们在国内举行了第一个产业调查，推出了第一份专题研究报告；同时还建议协会发起了“互联网公益日”，把业内企业家们组织在一起，捐献电脑等物资给边远地区小学；组织义走义跑活动，扩大行业影响、改善行业形象等。互联网也好，IT 也好，数字经济也好，发展、普及、应用科技是过程，其结果应该是让每个人受益，让社会有好的改变。

为中国互联网协会工作这段时间，正好是互联网在中国复苏、提速、迅猛发展的第二次互联网发展热潮，所做的事情相当于推波助澜。中国互联网协会如今是中国互联网发展领域最主要的行业协调、自律规范、发展服务机构。

◎ DCCI，互联网研究与前沿科技创新探索

2008 年，基于各方的支持和帮助，也基于过去十多年的积累，我创立了 DCCI 互联网数据中心——一个第三方的互联网产业科技研究机构。DCCI 用各种技术手段，结合传统调研方法，采集数据，观察、研究互联网及其各个细分领域的创新发展与变化趋势，包括搜索、视频、电子商务、社交、在线教育、旅行预订、医疗健康等多个细分领域。这是我对网络 IT 的初始兴趣，是初心也是本行。

DCCI 在互联网领域做了很多工作，其中相当一部分也算是对这个领域的创新和贡献。2008 年，DCCI 主导、发布了中国首个奥运网络传播全景数据监测体系、中国首个跨媒介整合营销测量与评估模型及规范 CMMG；2008 年起，DCCI 开发了 Netmeasure、Admeasure 等互联网数据系统，后来运行不是很成功，但也算是早期的一种尝试；2009 年起，DCCI 发起创立了 CMTF 跨媒介任务小组、网络视频联盟、DA 数据联盟，以及 MMA 中国的创始发起者之一；2009 年起，DCCI 提出云管端、微众等概念和研究体系，创立了 SICAS、COWMALS、Touchpoint&Path 等多个研究模型 – 测度框架 – 数据体系和调查方法；2008 年起，DCCI 陆续发布了诸多互联网发展蓝皮书，包括移动互联网蓝皮书、电子商务蓝皮书、网络视频蓝皮书、微博蓝皮书、开放平台蓝皮书、开发者蓝皮书、广告网络蓝皮书等；DCCI 还发布了站长调查报告、影响力较大的宽带数据报告、系统的 App 检测与移动网络隐私保护数据报告等；2013 年起，DCCI 推动业界一起对智能生态、精准营销、大数据、微金融、轻电商、O2O、物联网、OTT、泛智能设备及可穿戴设备等前沿领域，进行面向未来的深度协作、探索研究。

十几年前，传统行业要在互联网上做广告、做营销，互联网企业必须做很多市场教育工作和各种解释。当时我们做的一些事情就是架起桥梁、帮助打通两个市场。比如 CMMG 就是帮助企业制定跨媒介计划，

在互联网媒体、电视等传统媒体之间寻找一种数据化的指标和体系方法，打通之后综合衡量效果，促进广告主的媒介计划向互联网迁移。现在很多工作已经不需要再做了。

DCCI 创立的 SICAS 模型，如今很多研究机构、大学院系以及一些营销机构，已经纷纷将其作为数字时代的核心营销模型来深入研究和广泛应用。以 SICAS 为主题的论文发表量不断增长，这也是值得我们欣慰的一个创新成果。

2014 年左右，DCCI 开始投入相当大的力量，研究新一轮创新周期。我们认为以智能化为主要特征的数字化 3.0 阶段已经开始到来。我们的研究包含 22 个领域，涉及 7 000 多个技术点位，具体到产品底层的每一种元器件，比如系统级芯片、MEMS 各类传感器、激光与毫米波雷达等。物联网、虚拟现实 / 增强现实 / 混合现实、机器人、无人机、个人飞行器、卫星互联网、智能驾驶、智能家居等，这些是新一轮创新周期的不同方面。最底层是传感，然后是数据层、算法层、智能自然交互层等，这是数字化 3.0。

2014 年开始，我频繁去硅谷、美东，去各类孵化器、加速器、实验室、大学、IT 企业、互联网公司参观学习。为了更好地研究新一轮创新周期，探索科技前沿，我们创立了未来智库，设立了 FutureLabs 未来实验室。这个办公室的设立、工作开展都非常艰难，阻力重重。

此外，每年一次拉斯韦加斯的消费电子展（CES），我们也会去参观学习，或者带队观摩，其间也组织过一些国际国内的交流研讨。

2016 年，我参与主创并最终作为出品人，推动出版了一本书——《黑科技》（2017 年出版）。作者基本是前沿科技各个领域的技术专家，在斯坦福大学、硅谷一些公司从事科技研发、技术开发工作的一些人，马化腾、李开复、杨元庆等为这本书做了序。这本书也成为当年科技类畅销书，韩国与中国台湾地区引进版权在其当地出版，反响较好。

当时也有机会去写作、出版另外几本书，但是我把这些机会都放在了一边，选择继续向科技创新前沿走，持续跟踪、深入研究、创新探索、立体穿透。

网络 IT 也好，新一轮创新周期也好，前沿科技创新探索也好，国际国内不少专家学者在做各种各样、各个层面的研究，而我想要做、正在做的是：立体打通，从底层技术到产品、企业、产业、经济、对未来社会的影响及其演进趋向，我要对新一轮创新周期有从局部到整体、从表象到实质、从现在到未来的穿透性认知和研判。长期的积累、不懈的努力，使得我有基础进行这样的面向未来的穿透。

如果我们不懂科技产品，就无法讨论 IT 产业；没有看清技术底层，就无法讨论清楚智能；不明白传感与算法，就无法讨论数据形态；不理解数据的形态业态生态，就无法对开放协作环境下的数据保护与网络安全机制有客观的认识，更无法形成数据保护、隐私保护的有效框架。

我国目前互联网立法速度快、频率高，然而当我和一些法律专家去讨论这些问题的时候，发现真正的情况他们往往并不了解：从技术、产品、数据过程的角度很多事情是怎么发生的，他们不太了解；对于未来技术所可能创造的可能性、所可能产生的问题机理，他们有些并不了解。而我们至少要做到“实事求是”。我在人大这所学校的时候，印象最深的就是刚进校门口的时候会看到的四个大字——“实事求是”。对“实事求是”，我始终深以为然。刚入校的时候，老师从哲学角度就讲过，实践是检验真理的唯一标准。后来我在做管理的时候，天天念叨的也是“实事求是”。对新一轮创新周期的数字经济意义、转型升级意义、发展战略意义的认知和行动研判，对数字治理的理解和把握，首先都应该“实事求是”。

◎ 微力与使命：做可以去做、应该去做的事

国际国内形势的变化，尤其是 2019 年底以来的疫情，对各行各业的影响非常大。国际秩序正在改变，产业布局正在改变，创新业态正在改

变，科技与产业经济社会的关系也正在改变。这些改变的趋势互相叠加，变量和变量之间相互扰动，催生百年未有之大变局。

从我们的角度来看，数字经济发展速度之快、辐射范围之广、影响程度之深前所未有，正在成为重组全球要素资源、重塑全球经济结构、改变全球竞争格局的关键力量。促进数字技术和实体经济深度融合，赋能传统产业转型升级，催生新产业新业态新模式，不断做强做优做大我国数字经济，成为自上而下的迫切需求。

《“十四五”数字经济发展规划》为未来五年我国数字经济发展描绘了宏伟蓝图，提供了可行路径。作为中国第一个国家级的数字经济发展规划，它对中国经济显然将产生更深层次的影响。规划意味着数字经济战略再定位，反映出数字经济驱动中国重置发展底层逻辑，正指向一场历史性的转变——中国经济迎来新底座。发展底层逻辑重置包含三个要点：一是产业转型升级，将经济导向高质量发展；二是生态文明，绿色低碳，务求可持续发展；三是追求社会公平与正义，以共同富裕为导向的共同发展。

中国作为一个超大规模经济体，正在从整体上重塑产业市场、经济体系。这是人类文明、中国经济社会发展进程当中一场前所未有、任务艰巨、宏大而又入微的历史性转变。

这场历史性转变具有两个背景：一个是面对未来的主动选择，另一个是处处受制的被动情况下的紧迫应对。后者意味着必须发展核心技术、解决“卡脖子”问题。

数字化 1.0 阶段，中国涌现了一批 IT 企业。数字化 2.0 阶段，中国涌现了一批互联网公司。从门户、搜索、社交、电子商务到移动互联网的方方面面，中国不仅没有落后，有些方面甚至走在世界前列。但是我们的应用生态乃至基础设施，其实始终建构在别人提供的底层架构之上。数字化 3.0 阶段，貌似有超越发展的机会，但是其实并没有弯道超车的可能。一方面需要创新，另一方面需要补课。中国依然需要开放合作，但是强链补链、做大做强也是势在必行。

数字化 3.0 阶段，貌似比拼的是数据 / 算法 / 人工智能，但实际上首先比拼的是“硬”功夫、“硬”实力，需要从底层做起，补短板，打基础。基础科学是创新基石，新能源、新材料等是拓新基础，半导体、MEMS 等是产业关键，新型数字基础设施是神经血脉，传感力、数据力、通信力、智慧力是主要竞争维度。目前产业一线企业都在补课，历史任务艰巨，挑战巨大，压力重重。很多方面处于突而不破状态，而且短时间内能不能形成突破并不确定。

数字化 3.0 阶段，我所做的事情就是对新一轮创新周期有所认知，对前沿科技创新和业态 / 生态走向有所研判，在此基础上对底层逻辑、根本秩序、形态趋向有所预见，并将所见、所思的成果分享给所有同样关注这些问题的人。这也是充满动荡的变革时期产业各方特别需要的。

我有一个立论，即应该将数字 / 智慧科技意义上的相关产业单独列为继第一产业农业、第二产业工业、第三产业服务业之后的第四产业。相比过去 IT 意义上的被分散在制造业、服务业当中的信息科技产业，新 IT（intelligent technology）也就是智慧科技产业，更能够反映当前和未来的产业本质、特征。将新 IT 产业也就是智慧科技产业、数字产业单独当作一个产业——“第四产业”来看，有 4 个好处：（1）厘清了数字产业化和产业数字化的内在关系，如何筑好经济底座一目了然；（2）看清了数字产业化的产业格局，让数字产业化从模糊走向清晰，形成科学的产业范畴和专业的产业系统；（3）有了清晰的抓手、有效的着力点，有助于数字经济发展战略清晰落地；（4）极大增强了产业的可管理性以及不同产业政策的有效针对性，可以实现同一个企业不同业务的三种区隔（三路三类数字科技力量），最大限度避免了各种交叉重叠，极大方便了产业治理和发展政策部门、工商税务、经济统计的科学区分和精准管理。

过去二三十年，对我们影响最大的变革力量来自什么？一是科技，二是改革开放。这两件事紧密关联、缺一不可，对每个普通人的生活的影响和改变也是巨大的。今后无论是数字经济的发展，还是科技创新发展机遇的把握，依然是这两个关键要素，并且后者是前者创新的土壤。把握新一轮创新周期发展机遇，应对百年未有之大变局的挑战，既要看清发展方向，更要看清发展规律，并且充分尊重这些发展规律。比如培育专精特新企业，需要探索内在规律，尊重创新生态，需要在资本金融血脉、产业政策引导、降本减负增效、创新集聚协同、龙头企业帮助产业导入、形成内需市场驱动、积极参与国际循环等 7 个重要方面着力，形成鼓励与自发、扶持与涌现、以市场为基础、以需求为导向、可持续创新的有机科创生态。

如今每天人类都处在历史选择的十字路口。未来科技力量和其他力量之间的关系，未来的社会形态嬗变，未来不同族群 / 阶层的人和人之间的关系，包括未来人会以什么样的形态存在等，所有问题都和科技的发展走向有着非常密切的关系。对于网络空间的规范与发展关系，我们需要尽可能在根本上看清楚，精准治理，恰当行动，不发展才是最大的不安全。

对于数字经济发展的底层逻辑、数字空间未来的基本秩序，我们要有预见性的理解。近些年来，中外在网络 / 数字空间方面的冲突摩擦日益显著，长臂管辖、网络割裂严重冲击到数字生态非常脆弱的稳定与平衡。

与此同时，数字加密货币、去中心化金融（DeFi）、Web3.0、元宇宙正在席卷全球，甚至正在演变成为未来世界的规则和秩序。我们如何认知，如何回应？在无法拒之门外的同时，如何避免将来被降维打击？

俄乌事件，既冲击到这个世界的根本秩序，也让我们看到了“数字混合战”对格局的影响力和对未来的搅动力。还有卫星互联网介入、硬件禁售、软件停服、IT 断供、苹果支付系统退出、社交媒体封杀，人工智能、无人机成为杀戮的一部分。游戏越来越像战争，战争越来越像游戏；数字空间、互联网越来越像战场，战场越来越像数字空间、互联网。

如果说 1995 年我刚进入这个领域是对科技兴奋、对未来的憧憬，今天更多的则是忧虑、各种担心。越往下走，这种感觉越强烈。科技在促进发展，也在让一切更不确定更不稳定。我越来越认识到，科技并不是中立的，而且从来没有中立过。科技正在成为神一般的力量，或者被某些力量利用之后成为打破平衡、改变未来的超级力量。很多问题在根本上不再是科技将创造什么样的未来，而是人类选择让科技创造什么样的未来。

对于人类能否很好地驾驭科技神力，其实我并没有信心，更好的未来不会自动发生，甚至未来可能比现在更糟糕。过去数千年的发展历史证明，人类始终未曾较好地解决两个根本问题：一是虽然生产力不断进步，科技日益发展，但人类从来未曾真正解放过自己，甚至反而枷锁越来越多；二是人类始终未能找到共生共存的好办法，不同国家不同地区不同族群的人，始终没有能够从根本上和谐地有效地组织起来，一起好好往前走。

文明并非高度发达，我们只是身处“有限文明”之中。这种有限从根本上是因为人类自身，而且无论科技如何发展，人类都无法走出这种局限性，这就是数字文明、智慧科技时代，我们所有存在与发展问题难以超越的最大背景。

胡延平自述，本次采访时间为 2022 年 3 月 3 日，由中国人民大学校友工作办公室负责采访、录音整理及文字编辑。

陈琳

陈琳，山东人，1998—2002年就读于中国人民大学新闻学院新闻学专业，获学士学位；2002—2004年留校工作；2004—2006年就读于中国人民大学新闻学院新闻学专业，获硕士学位。毕业后进入凤凰卫视工作，2007—2008年在《景行长安街》栏目担任策划人、编导；2007—2021年在凤凰卫视北京记者站担任记者；2019年在凤凰网《封面》栏目担任主持人、制片人；2022年1月至今在凤凰卫视中文台《凤凰聚焦》栏目担任棚内主持人。曾一线报道利比亚内战、日本福岛大地震等，多年参与两会及领导人重大外事活动报道。

◎ 年少过往，积蓄力量

小时候我的业余爱好比较广泛，尤其喜欢跳舞和读书。我曾经觉得自己看的都是一些“稀奇古怪”的书，但现在回忆起来，会发现那时候翻阅过的篇章、阅读过的文字，并不似自己想象那般无用，而是成了无形的滋养，给我的成长提供助力。另一件对我影响很大的事情是学钢琴。这并非我所愿，所以当时被迫学习的过程，对于青春期的我来说，只能用痛苦来形容。

我不是一个“乖乖女”，骨子里藏着一股叛逆的劲头，所以我当时把学习钢琴、考级当成一个被动的任务，完成之后就再也不曾触碰。长达十几年的时间，哪怕内心有渴望，我也强迫自己远离钢琴，因为在我眼里，那就像是和父母对峙的“前沿阵地”，决不能放松分毫。

但是随着年岁渐长，特别是过而立之年后，我才意识到这其实是父母送给我的一份宝贵礼物。钢琴技艺是否高超已经不再重要，关键是我在练习过程中知道了怎样去承受压力。也许我不是不喜欢钢琴，而是在枯燥的努力和练习中消磨了对它的兴趣，那时候我无法找到这两者的平衡点，才会一想起钢琴就觉得烦躁。但也正是以此为契机，我慢慢领会了如何去放平心态面对必须做的事情，以及如何为自己的爱好付出。仔细想来，我真的要感谢家人那时候对我的严格要求。

◎ 匆匆一瞥，结缘新闻

1998 年，长江流域暴发了特大洪水。当时我在电视里看到一位中央台的记者站在湍急的水流中进行报道，给我留下了非常深刻的印象，于是我暗暗立志，自己以后也要成为像她这样冲在一线的记者。其实那时候我对这个职业知之甚少，大概咨询了一下，了解到想要成为记者，就读新闻专业是最好的选择。

但这只是我个人懵懂的人生目标，家人对我的期许并不是如此。我从小比较喜欢演讲这一类倾向于沟通和交流的活动，所以很多人对我未来的规划是成为外交官、律师这种听起来“高大上”的职业，记者在他们眼中非常辛苦，不应该是我的最佳选择。因此当时我报考新闻系，还和家里发生了比较大的冲突。

想要考上人大新闻系并不是一件容易的事情。我是山东人，山东是一个人口大省，所以高考分数内卷得很厉害。我们那届学生没有赶上高考扩招，加之人大新闻系的分数线非常高，所以我的考学之路充满了未知与挑战。幸运的是，通过不懈努力，我最终如愿获得了心仪学校也是心仪专业的录取通知书。

◎ 人大岁月，获得成长

1998 年 9 月 8 日，是我第一次进入人大校园的日子。刚刚踏入校门，我就被眼前热闹的迎新场景吸引住了，这是我第一次看到这么多人为一件事情共同忙碌。那种积极向上、彼此关照的气氛，让我突然觉得自己找到了组织。

备战高考是一件比较孤独的事情，即使有很好的朋友、很好的倾诉对象，但真正静心学习，走上考场的那一刻内心都会是孤独的。我一直是一个比较外向的人，从小喜欢参加各种集体活动。那天站在人大校园里，我拖着很大的行李箱，看到这么多年轻人，突然有一种既温暖又熟悉的感觉涌上心头。虽然这份交织的情绪难以言表，但可以确定的是，我在此找到了归属感。

就读人大新闻系之后，有一个场景让我印象深刻。那天晚上最后一节课已经下课了，但是整个宿舍里还是只有我一个人，换句话说，就是其他五个人都还在忙碌，参加社团、备战出国、准备入党……那时的我躺在上铺的床上，真的觉得好空荡、好安静。我的大多数同学都有非常明确的目标、非常强烈的意愿，他们对自己想要做什么和需要做什么清清楚楚。当然我也不是完全无所事事，偶尔会为《新闻周报》写稿等等，但就是没有那种自驱力。比如同样的课程，老师要求严格一点，我就可以很认真地学习并取得很好的成绩，但要求不严格，我也会很散漫，总之就是没有目标感，需要客观条件推动我向前走。但是大三的时候，有一件事情让我的心态发生了根本性的改变。

当时学院改选学生会主席，我头脑发热就去报了名，而且在第二天的竞选中，还莫名其妙地成功当选。这件事情给了我很大的触动，因为我突然发现这个世界不会抛下任何一个人，原来所有的无用之用，尝试做每一件事情的过程，都会给自己创造意想不到的价值。如果没有方向感，如果觉得无法掌控接下来的人生，那只需要先把眼前的事情努力做好。所有目标的实现都不在夸夸其谈中，而在于无论是迷茫还是清醒的时候，都在一点一滴去尝试、去落实。

当选学生会主席之后，我肩上的责任突然重了起来，但这对我来说恰好是能不断向前奔跑的动力。现在回忆我的大学生活，之所以充实又美好，很大程度上源于在学生会的种种经历。还有在《新闻周报》也是如此，一群志同道合的伙伴，不论专业、不论年级，为了同一个目标没日没夜地努力，这种青春与热血激荡出的火花，让我受益终身。

当然，这和人大良好的氛围也密不可分。人大学子们不会以考研或者离开这个学校为目标，一门心思扎在课本里的内容中，而是可以很自由地去享受丰富多彩的大学生活。我们不一定要每天在图书馆里啃书本，还可以参加各种讲座、沙龙，可以和很多之前如雷贯耳的名家、名师面对面交流。虽然每个人从中汲取的养分不同，但至少都能让我们拥有更广阔的视野，构建更深刻的思考框架。在大学生涯中，这样的体验与收获非常重要，甚至不亚于专业课的学习。

◎ 新闻理想，坚定坚守

从 1998 年和新闻媒体行业的那次触电，到正式手持话筒走上记者岗位，这些年间我也经历过些许迷茫，但最终能够带着一份赤诚之心，坚守这份职业理想，真的要感谢人大为我创造的条件和机会。

作为人大新闻系的学生，有两件事让我受益匪浅。其一是我们有特别优秀的老师。那个时候很多真正在新闻一线奋战过的老师回到学校，用他们丰富的业内经验带领我们切实体会新闻领域的酸甜苦辣，这些都不是书本中的苍白文字，而是一线记者们多年的实践积累。例如徐虹老师，一位出色的一线新闻记者，再加上她本人的美丽形象，我们在听她讲述那些采访故事时，自然而然会心向往之。这种人格魅力不简单局限于他们写过怎样的报道，得过怎样重量级的奖项，更重要的是，我们从心里认可这些老师，他们为我们树立了一个个真实的目标，通过他们，我们也愿意更多去了解他们所讲述、身处的新闻世界，对这一行业的热爱之情，也就在这样潜移默化间生根发芽了。

其二是我们有非常好的实践机会，也就是所谓的学习园地。比如那时候的《新闻周报》，虽说是“周报”，但实际上没有印刷版，严格来说应该叫黑板报，就是在学校东门有一个大黑板，每个星期都要更换内容。我们会定期收集稿件，然后由写字好看的同学将内容誊抄上去。让我印象最深的是，有一次我们刚刚将新一期板报制作完成，就因内容不适宜公开而被叫停，本期内容“开了天窗”，一周的努力也付之一炬。那个时候多多少少会有一些叛逆心，那种“开天窗”的时刻，让我从刺激、新鲜到慢慢学会怎么与舆论环境相处，然后怎么去尽力发挥自己的作用。

无论是老师的引路，还是在实践过程中自己的领悟，其实点点滴滴都是在加持我对这个领域的向往。

◎ 回首过往，感恩母校

本科毕业以后，我在校办一年、院办一年，后来又攻读研究生，再到真正走上工作岗位，其实随着成长，当时触动我的人与事，和事后回忆起来让我难以忘怀的不尽相同。比如本科毕业典礼的时候，我已经确定了工作保研，但是学校安排的岗位我并不是特别喜欢，所以在发表感想时，心里有委屈的我只说了这四年关于自己的成长。当时我的父母也在现场，母亲觉得我的表现太过年轻气盛，不够成熟，她认为最应该感谢的是老师和学校。我嘴硬地说，这四年我获得的所有荣誉、成绩都只和自己的努力有关。

但事实上，离开学校越久，越能体会到学校和老师对我的教诲和帮助，俗气一点讲就是恩情。人生很迷茫、很不安的时候，或者取得成绩的时候，真的会更加发自内心地怀念大学里的点点滴滴。所有的老师、好的回忆、不好的回忆、高光时刻、委屈时刻等等，这些情感和牵绊在不知不觉间影响着我，使我不断获得成长。所以每次回到学校，我的内心都满怀亲切与感恩。

◎ 新的挑战，邂逅“凤凰”

我一直喜欢写作，所以对我来说，记者是一个比较理想的职业。大学期间，以凤凰卫视为代表的电视媒体迅速崛起，又让我看到了传媒的更多可能性。研一的时候，有一个可以去凤凰卫视实习的机会，我交了简历，通过审核后才知道，原来工作地点就在离人大北门不远的地方，但我一直都没有注意过。我很感谢命运，在我稀里糊涂的时候，还给我留下了一扇门，让我有机会继续前进。

研究生阶段，我师从新闻史学界泰斗方汉奇老师。准备硕士论文期间，方老师曾询问我是否有兴趣继续攻读博士。我表达了自己想要做记者的愿望，方老师很支持我。他曾经的理想就是成为记者，后来因为抗战，到处奔波，最终没有实现这个愿望。所以他认为既然我想做记者，那现在确实应该走出校园，去追寻梦想了。就这样，我更加坚定了投身这一行业的决心，一边准备毕业论文，一边在业内实习。

我的毕业论文是新闻史方向，所以需要研究过去的报刊，那些都属于文物，图书馆不能外借，我就利用空闲时间跑回学校复印。我当时白天实习，晚上写论文，每天忙得不亦乐乎，家里到处都堆着一摞一摞的报刊复印件，根本没有时间收拾。有一次我母亲来北京开会，一进家门还被满地繁体字的旧报纸吓了一跳。

其实我进入凤凰卫视以后，很长时间都没能成为一个正式员工。有一次我回学校吃饭，遇到了高钢老师，那时候高钢老师刚刚担任新闻学院的执行院长。他询问我在凤凰卫视的情况，我当时很委屈，说我还只是一个实习生。高老师说，我们这么优秀的学生怎么可以还是实习生呢？要加油。他还问我需要什么帮助。我当时觉得非常温暖。之后没过多久，我就和凤凰卫视正式签约了，所以我一直觉得人大是能给我带来幸运的地方。

◎ 深入战场，一线报道

利比亚战争爆发时，我多次申请去前线。其实也不是完全没有纠结过，那时候我的孩子还很小，利比亚毕竟是战场，有一定的危险性。但选择记者这一行业的人，骨子里多少会有一些渴望冒险的因子，这种极端场合的报道机会并不常见，所以我在短暂犹豫之后就下定了决心，然后跟北京的两位同事（一位摄像师、一位海事卫星工程师）组队去了利比亚。

这趟利比亚之行持续了接近40天，因为往返就要耗费不少时间。我们要先乘飞机去往欧洲，再转机到突尼斯，然后再转到利比亚。当时利比亚事实上已经分裂成两个部分，去不同派别占领的地区需要从不同的方向进入，我们去的是首都的黎波里，就要从突尼斯往那边走。突尼斯那时候虽然已经经历过颜色革命，但因为没有像利比亚一样遭受过战火侵袭，完全是和平政变的方式，所以整体局势很快稳定下来。

突尼斯是一个非常漂亮的地方，天气很好，我们走在路上有一种置身花园的感觉。而且从突尼斯到的黎波里的公路全部都是沿海的，漫长的海岸线，让我们一路过去有种幻觉：这真的是去战地吗？真的不是去度假区？

我印象中的的黎波里是一个富有国的首都，又是海滨城市，一定是鸟语花香，风景优美。但是车一开进的黎波里，我就被震撼到了，墙壁上到处都是子弹坑，让我一度以为反对派已经打进来了。实际上，是当时的利比亚领导人卡扎菲为了显示国民对他的支持，打开了军械库，给大家发了武器。所以我前一秒还是度假的心态，后一秒突然意识到自己真的到了一个充满巨大危险的地方。

第一次采访是当地时间夜里两三点钟，当地政府人员带我们去了一个被炸掉的民宅，在那里我们看见了好几具小朋友的尸体，都还是很小很小的孩子，然后还能看到半掩埋着的奶瓶、玩具、娃娃……那一刻我心里真的很难过，突然非常想念自己的孩子。但是还来不及多想，“嘭”的一声，震得耳膜都嗡嗡作响。冷静下来一看，才发现离自己不到一米的地方有一个当地军人，他背着的步枪走火了，当时枪口朝下，子弹射到了地面上，尘土飞扬起来。

我当时看到的就是这样的场景，天很黑，有很多闪烁的灯光，刺耳的一声枪响钻进耳朵，然后映入眼帘的是飞扬的尘土……我告诉自己，原来这就是真实的战场。所谓战场就是所有的人，不管你是谁，只要处在这个场域里，生命便没有一刻是安全无虞的。那一声枪响彻底让我打起了精神。

记得有一天晚上，我们正在酒店里休息，突然整个楼体都在不住地晃动，那个酒店安装的应该是防碎玻璃，所以整个窗户没有完全破碎，而是布满了密密麻麻的裂纹。后来其他战地记者带我们去看弹坑，离我们也就一两公里的距离，一个很大的导弹弹坑。我父亲是炮兵出身，他跟我说投弹的时候只要差 0.1 毫米，投中的就是我们。

在利比亚，我们虽然没有直面坦克、大炮的轰鸣，但其他战场上能想象到的一切，基本都有经历：突如其来的爆炸，随处的枪响，还有被烧焦的人体等各种惨烈的景象。很多国际媒体的战地记者是一群只在战地做报道的人，中东有战争时去中东，利比亚有战争时去利比亚，叙利亚有战争时去叙利亚。但即使是这样身经百战的“老炮儿”，到采访现场看到那些尸体也会呕吐。那时我意识到，其实不管在什么样的极端场合下，人都没有麻木这一说，只不过需要强迫自己通过各种途径去保持镇定。

我当时没有太多时间去调整心态，因为每天都非常忙碌，来不及麻木，也来不及害怕，但就是觉得情感好像变得不太一样。这种心态要等做完报道，完全抽离出来之后，才能慢慢恢复正常。

◎ 逆行日本，家人忧心

我从利比亚前线回国不久，日本福岛发生了大地震。其实大家一开始没有感到恐慌，但一切都在突然核爆后产生了变化。很多人都在拼命逃离日本，但我跟领导主动请缨，表示自己随时可以出发。也许一方面是觉得“生死有命，富贵在天”，另一方面是我真的很想去一线看看到底发生了什么。每次面对这样的极端场合，我的第一反应都不是害怕，好像每个人从事自己的职业时都会有一种宿命感，说不上多崇高，就是单纯觉得这是自己的分内之事，我应该去看看，仅此而已。

这次和之前去利比亚那次不一样，虽然当时我的家人也十分不赞同，但我去的时候并不是利比亚内战爆发的第一阶段，所以父母对那里的情况已经有了不少了解，见拗不过我，就只能强调要把防弹衣穿好，还让我只要出门就躲在人群中间，我说躲在人群中间也不一定能活下来……其实这样的对话非常多，我觉得我一直在挑战“老干部”的神经。但我们之间的矛盾真正爆发还是在去日本的那一次。

当时发生核爆后，几乎所有人都在拼命逃离日本。我姐姐一家之前常住日本，就是因为担心核辐射，费尽周折才回到北京。出发前一天我们还在一起聚餐，我并没有告诉父母这件事，只是说要去上海出差。

一到日本我们就开始直播，非常不巧的是，我父亲的朋友认出了我。那时候微信还没有普及，跨国联系基本只能依靠电话、短信，所以在直播完毕后，我发现有十几个未接电话，还有很多不低于几百字的短信。我父亲在短信里指责我对孩子不负责任，对家庭不负责任，认为我低估了核辐射的危险性……但他也知道，我既然去了肯定短时间无法返回，就只能想尽办法找人给我送防辐射服等等。

我觉得直到那次日本之行结束，父母都没有原谅我。那时候做完报道，我高高兴兴地回到家，想见孩子，可是打开家门却空无一人。后来我才知道是父母把孩子带回山东了，他们认为我身上有辐射，会影响孩子。父亲还在门口放了一个很大的塑料袋，要求我把身上所有的东西放到袋子里面，然后全部丢掉；他们还找人来给我做了专门的防辐射处理……不过从那件事之后，父母对我从事这一职业的危险性，似乎就开始“刀枪不入”了。

◎ 综合积累，凝聚信任

凤凰卫视的记者比较少，也不是行业细分媒体，所以大家的补位意识比较强，换句话说，就是各行各业的专业知识都要有所涉猎。因为我们不是专业的研究人员，能做的只是就某个话题，找到大众普遍关心的热点。而且我的职责是提问，所以在知识上，我要在这个时间点，了解这个专业领域中符合大众好奇心的基础知识，然后对当事人提问，再把他的专业性回答科普化、通俗化。刚刚从事这一行业的时候，我会大量依靠自己的笔记积累，还会去做新闻简报；网络普及之后就更加方便了，不管是搜索引擎还是一些专业 App，都是能让我不做新闻“小白”的基础工具。

当然也有一些被动积累，比如我去一个发布会或者是突发现场，在这样的场合，这些当事人、当事机构都有非常强烈的对外表达的需求，这就使得他们自身输出内容时，一定会选取最有价值、最有分量的部分。比如去一位部长的发布会，一个小时的时间，会有很高的信息密度，这种情况下会让我被动、加速成长。

对于记者来说，熟悉被采访对象也非常重要。每次两会召开的时候，我基本都要去现场采访。采访前，我们会整理一个很大的表格给新同事，让他们认识一下重要部门的重要领导，以及一些社会知名人士，这样代表们一起出入的时候大家才能准确找到采访对象。凤凰卫视的记者比较少，各个场合都要去，对这些代表相对比较熟悉，而且我们各条线的新闻都要覆盖，对社会热点比较敏感，话题意识比较强，但是有些媒体领域划分比较细，可能跑经济新闻的记者就无法辨认出政府官员。所以每当凤凰卫视的记者在人群中精准找到采访对象，递上话筒，提出问题的时候，就会有很多其他媒体的记者围上来。这就是在舆论场上引领话语权的基本表现，因为别人跟随你的时候，你的提问其实就代表着大家的提问，这个回答被你报道的同时也会被其他人报道。

在我看来，两会的报道和其他采访任务本质上没有特别显著的差别，这个过程考验的无非就是在所有媒体都倾注巨大注意力的场合下，记者怎么能独到地去挖掘新闻，或者把大家都在做的新闻做出自己的媒体特色，做出自己的品位。我觉得这个过程不光是对新闻业务能力的提升，也对我如何去看待这个世界、如何面对自己的生活有很大的帮助和影响。

类似的报道场合还有跟随国家领导人出访。作为境外媒体，我们肯定无法报道全程，所有内容只能用极短的时间呈现。即便如此，我们看到的也都是一些所谓的历史最深处。我认为这种国际舞台是非常权威的场合，发生的事件对于记者梳理和理解当前的治理框架很有帮助。而且我们能深切感受到，领导人在历史性场合的一言一行，对于整个大势走向所起到的极端重要作用，也能在现场清楚地体会到一些演进是如何发生的。相对理解了这个世界的治理框架和运行规则后，我们无论是在做新闻报道，还是深入认知这个世界时，都会觉得事半功倍。

凤凰卫视在相当长的一段时间里，凝聚了一批非常有理想的新闻人，比如我们对自己的基本要求是，到每一个记者会现场，都要争取提问。可能我很年轻的时候做不到，因为我举手别人也未必会问我，但是几年过后，在发言人或者其他相关人员对我的报道水平、提问水平还有本人有所了解后，基本上我只要去记者会现场，只要举手，就一定会让我提问。而且我问的问题不会是平庸或者中庸的，也不会是特别负面的，而是非常有针对性、问题性的。事实上，这也是给了对方一个澄清社会质疑的机会，久而久之这种提问和回答就变成了一个互相尊重和信任的过程。我觉得那是对记者来说比较有职业荣誉感的时候，对方觉得我提的问题有分量，而且我也给了对方一个对外沟通的机会，这就是做记者比较舒适的职业状态。

◎ 大小人物，皆有故事

我曾经采访过梁振英先生，他的一席话让我醍醐灌顶。2020 年香港正处于一个极度不稳定的时期，虽然那时候梁振英先生已经卸任了特首，但是他在任期间刚好也发生过非常极端的“占中”事件。所以我就站在这一角度提问：“您觉得香港什么时候能恢复稳定？什么时候能够回到我们记忆中的国际金融大都市？”当时梁振英先生回答：“我在做特首的时候，就有人问过我‘占中’什么时候结束。我一直跟大家说我们不要用猜的，想要一种什么样的结果，就用自己的努力去改变、去达成。”

做了这么多年采访，见过不少大场面、大人物，虽然也明白，在城市化运作中，很多事情是偶然间促成的，比如一些突发事件、历史大势，甚至各国领导人之间的沟通……但当时梁先生这句话还是给了我醍醐灌顶的感觉，而且时至今日还影响着我的工作态度以及人生观。面对任何事情，大多数人都在无意识地跟随群体、猜测走势的时候，真正的勇者已经开始依靠自己的努力去改变结果了。

新冠疫情暴发初期，很多地方都采取严格封控的措施，医院不能正常提供医疗服务而引发了一系列次生问题。在这样的大环境下，我采访了一对武汉的“90 后”夫妇，他们用比较年轻化的视角讲述了在武汉全城“静止”的情况下怎么做产检、怎么生产等等亲身经历。

在某些场景下，大家对某件事情有了自以为的共鸣，但是真正深入探究时，才发现这些所谓的共情、所谓的了解，其实不过如此。这个世界上绝大多数人都是平凡的普通人，听他们讲述故事，会有不一样的触动。可能每一个个体就像是一粒微尘，在面对所有社会大事件时，这些“微尘”的所见所闻会更加感人、更加真实，也更加有思考的价值。

前期在做冬奥会节目的时候，让我感触最深的是一群普通的残疾人，他们克服种种困难，编织发给获奖运动员的花束；还有依靠对音乐的热爱，苦苦支撑的民间乐团……他们都是平凡的普通人，但是却走上了全球瞩目的舞台，这种大事件中的小故事一直都很触动我。

◎ 心怀忐忑，不断学习

我很庆幸自己一直在成长。记得我上学的时候在中央电视台实习，老师带我出差。在我自信满满，用当时非常时髦的非虚构写作的创作体写完新闻稿之后，老师满脸崩溃的表情让我记忆犹新。这让我意识到校园生活和真正的社会实践有非常大的差距，我也是从那时起一点一点开始学习。第一次让我出镜，第一次给我比较好的采访机会，第一次让我去做重大现场报道，包括现在我转岗做棚内主持人……吸纳养分的同时，我也每时每刻都心怀忐忑。

新闻业是一个合作的工作，尤其是电视新闻。刚到凤凰卫视北京记者站，因为人手有限，所以每个记者都会有很多成长空间，我也在前辈们、同事们的帮助下不断进步。从 2008 年开始，我得到了更多职业发展的机会；再到 2011 年，那时候不管是利比亚内战还是日本大地震之后的核爆等等，这些极端的场合的报道，都让我积累了非常多的工作经验；2012 年，我开始跟随国家领导人出访，也更加偏重于时政内容的了解和学习；2022 年，我从凤凰卫视资讯台调到中文台，成为《凤凰聚焦》的棚内主持人和外采记者。在这些年的工作中，我一直在不断进步，但更多时候，都会觉得自己做得还远远不够好。

很多人不理解我这种担忧从何而来，有时候我询问现场的制片人、编导采访效果如何时，对方都会觉得我已经这么有经验了，根本不需要问他们，但事实上每次我都心怀忐忑。新闻这个行业，不管是不是直播，好像看起来采访者会和被采访者有无穷接近的机会，其实并非如此，所有时间都是有限的，而且很多都是瞬间的有感而发，需要及时捕捉。书法家抄写《心经》，可能写一百遍会有一百遍的感受；歌唱家唱一首歌，唱一千遍会有一千遍不同的感觉……其实采访也是如此，几乎每次我都会觉得有遗憾，但后来也慢慢学会接受遗憾。不管是现场报道，摄像师没有拍下来一些我自认为非常好的细节，还是当事人走到我面前，我却问了特别蠢的问题等等，这些都是我们自己以及这个行业还能无穷前进的动力。

◎ 新闻精神，新闻未来

刚刚进入凤凰卫视时，曹景行先生正好在北京做一档政论节目《景行长安街》，我有幸加入了这个制作团队，当时我最大的收获是感悟到了报人的职业价值，其实就是一种知识分子跟媒体人的结合，也叫报人情怀。曹景行老师正是这样一位有坚守和操守的新闻前辈，我跟着他在节目中探讨了当时中国舆论场上最高深、最尖端的新闻话题，加速了我在新闻领域的历练。

但是当今社会，全球媒体行业似乎都陷入了一种民粹主义的怪圈。在这种情况下做新闻，我反而觉得追求“理中客”显得更为迫切，这也意味着对从业者的要求更高了。现在这种情绪化的输出模式的确可以把消息报道得抓人眼球，但我认为这不符合报人、知识分子的价值基础点，也违背了从事这一行业的初心。

而且从技术手段来说，新闻业的生产模式有了一种质的改变，我不能说是改善，因为这种技术手段是两面性的，一方面给新闻从业者带来了极大的便利，但另一方面它在知识产权、法律环境不完备的现实下也成了新闻业的灾难。比如说一些信息集合方式，事实上是在盗取严肃新闻媒体的创作成果。很多人慢慢意识到了这样的问题，相信经过乱象之后，大家最终还是会回归到对相对权威的媒体信息的重视和关注上。

于我个人而言，从事媒体这一行业，不管自己有怎样悲天悯人的情怀，越是去到别人去不到的现场，越会觉得在职业上有挑战感。其实在工作现场是没有多余时间去深入感受的，因为电视新闻有巨大的发稿压力。但是每次采访结束，回到北京梳理时，才会发现自己亲眼见证了一些闻所未闻、见所未见的新闻现场。还有就是在忘我工作的状态下，会让自己形成一种敬业的专业精神。

我从来不觉得自己做出了什么成就，每天依然生活在忐忑和惶恐中，还是一步一步继续往前走吧。我距离真正的知识分子、报人，以及真正具有国际影响力的新闻工作者还有相当大的差距。但是在现有的电视媒体中，能和同事们好好坚守住这个阵地，我觉得可以算是不辱使命。

◎ 八十五年，继往开来

今年是人大建校 85 周年，其实我在学校的时候就参加过两次校庆的筹备工作，在这个过程中我对校史和人大人有了一个更直观的而且是更宏观的梳理和理解。我觉得人大这所学校在一段时间里真的是命运多舛，但这种共患难的情愫也凝结成了全体人大人共同珍惜的过往。好像我们从来没有站在最高光的地方，但学校赋予我们的东西，又一直让我们在职业生涯和人生中不断被加持，这让我感觉无比温暖。所以我觉得人大校友们都有一种非常踏实的工作气质、一种共同进取的宝贵精神，而且在毕业后经过一段时间的历练，都能够在自己的岗位上独当一面。

有的时候在采访过程中会发现，很多人大的优势学科已经转化为社会分工中的优势部门，比如说财经，我们不管是在政府机构还是商业机构，都能看到非常多优秀的人大毕业生，还有法律界、新闻界等等。我深刻地感受到了学校优势学科跟社会专业实操的结合，也希望这些学科一直拥有这种旺盛的社会实践能力，让学生们可以一直把学校的优秀传统带到社会，而且校友们把所学的知识和实践工作有机结合，也能一直保持学校的活力。

我很荣幸学校现在还给我机会，让我回去跟在校的孩子们进行交流。我能够感觉到现在的孩子越来越聪明，目标感越来越强，而且借助社交媒体，孩子们的眼界也越来越宽阔。如果说我们从前还算生活在“慢”的时代，那么现在的孩子时刻都处在一个飞速成长的节奏中。所以我觉得是不是可以给学子们一个“慢”下来的机会，有的时候想要过于功利地去追求一些知识，反而会耽误孩子们在大学这种美好向上的氛围里进行自我发现、自我成长的体验。希望学校可以多给孩子们提供一些这样的环境，让他们能多去关注一些无用之用，多用自己的审美、自己朴素的道德判断去感受这个世界。

近几年人大不断校正着自己的方向，一直保持在最前沿的位置。学院里有一些我还在学校时就认识的老师，但是他们所表现出的锐意进取的精神，让旁人难以想象他们早已过了不惑之年。我们没有躺在光环上睡大觉，而是不断地自我调适，不断寻求突破。我觉得学校如果能够持续按照这种节奏去发展，那么永远都能发现自身的闪光点，并有机会让它光芒万丈。

陈琳自述，本次采访时间为 2022 年 4 月 11 日，由中国人民大学校友工作办公室负责采访、录音整理及文字编辑。

王群

王群，1954年出生于河南郑州。1981年加入中国共产党。十八大党代表。经济学博士，研究员，河南大学经济学院兼职博导。1999年就读于中国人民大学经济学院，获经济学博士学位。任河南省委办公厅处长、办公厅副主任、办公厅机关党委书记，省委副秘书长，省委省直机关工委书记，省纪委委员、省委委员，省人大代表，省人大常委会委员、环资委主任委员、环资工委主任，省环资法学会会长，省老区建设促进会副会长，人大河南校友会会长，等等。

◎ 学问无遗力，及时当勉励

有一句话叫“艰难困苦，玉汝于成”。我回想少年时的经历，深有感触。我出生在农村，从小家庭条件很艰苦。我父亲是上过朝鲜战场的一等荣誉伤残军人。因为是伤残军人的子弟，我上中小学的时候，一直受党和政府的照顾，减免学杂费。我很感激这个政策，若没有这种照顾，我就失学了。

上小学的时候，正赶上“学雷锋”，雷锋的名字和事迹如春风般吹遍大江南北，热潮在全国涌动，给我留下了一些独特的记忆。我那时候是少先队大队长，每天学雷锋记日记，这个习惯坚持到现在。初小毕业，以全县第一名的成绩考入全县重点高小。毕业证上学校评定我“该生是德智体全面发展的代表学生”，我还参加了开封地区的学习代表大会。

小学阶段有几件事使我难以忘怀。我是少先队大队长，那年冬天下雪，担心生产队的露天土坯被雪淋坏，集体财产受损，动员同学韩军一起冒着大风雪护盖集体财产土坯，脸冻红了，手脚冻肿了，集体财产免受损失了，内心十分满足和高兴。写的一篇学雷锋的作文《我们为集体做了一件好事》，被评为范文并发表在墙报上。初小毕业考高小时，作文70分，题目是《我为集体做了一件好事》。看到试卷题目，我喜不自胜，油然想起“那雪纷纷扬扬，下得正紧”时我护盖集体财产土坯，以前又写过这样的题目，有思想，有内容，有场景，有感受，埋头疾书，一气呵成，第一个交卷，后来知道是全县第一名。这个“第一名”惹来了麻烦，被有关部门疑为考题泄密，调查后证明没有问题便消除了疑问。

1966年，我高小毕业，该上初中。5月“文革”开始了，停课闹“革命”，我在小学又多待了两年。直到1969年，才上中学。由于我是学习雷锋优秀学生，中学毕业后任生产大队干部、团支部书记。

1971年被选招到省委机关工作，任省委第一招待所团支部书记，做会计工作。

1977年国家恢复高考，我以语文、政治、史地的高分考上大学。毕业后先后到省政府办公厅、省委书记办公室工作。

十年“文革”结束，党的工作转向以经济建设为中心。为了更好地适应党的中心工作，我业余时间钻研经济学，以优异成绩考入河南大学经济研究所攻读硕士学位。那时考硕士很难，大学里一个年级里考上硕士的也没几人。我“资本论”考了92分，总分第一，专业分第一，学的是社会主义经济理论专业。毕业后回到省委机关工作。工作期间，组织多次安排我到省委党校和中共中央党校学习进修。在中共中央党校学习期间，常听说人大是“第二党校”，由此我萌生了报考人大博士研究生的强烈想法。我长期在党政机关工作，新时期经济建设是党的中心工作。政治经济是我长期思考和从事的工作。人大前身是陕北公学，具有红色基因，历史悠久，很讲政治。人大的经济学在全国高校实力很强。我报考了人大宋涛教授的博士生。宋涛教授当年招博士有三个名额，后来得知报名考试的有三十来人，考上的只有我一个。我怀着激动的心跨入人大的校门，报到的时间令我终生难忘：那是1999年9月9日9点钟。我荣幸地成为宋涛教授的博士生。宋涛老师被誉为中国马克思主义政治经济学的奠基人、中国经济学界的宗师和泰斗。这样的评价既是来自国家的认可，也是学界对他由衷的尊崇。宋老师要求高、管教严，我读博士时学习很艰辛。关于毕业论文的选题，宋老师原打算我的选题是国企改革，我则想从更宏观的层面考虑，结合当时的实际，国家提出东部大开放、西部大开发，我提出想写中部崛起。宋老师同意了，论文题目定为《中部崛起与产业优化升级》。宋老师从立意到材料，再到结构、论证方法，悉心指导，一字一句地帮我改，改了一遍又一遍，每想起来我都心动眼湿。论文答辩全票通过，我申请的这个课题被纳入了国家社会科学基金课题资助项目，结项后于 2004 年由中国经济出版社正式出版发行，列入了博士文库。

回顾我的求学路，我坚信为学应该不遗余力。光阴流逝不待人，应当抓住机会勉励自己努力奋斗。

◎ 知者行之始，行者知之成

2002 年，我博士毕业。虽然离开了人大校园，但母校给予我的深远影响，化之于思，成之于悟，见之于行。

我的博士论文的思路和观点，在此后的工作中发挥了较好的作用。2006 年，中部地区崛起正式列入国家战略。有人说我为国家战略做出了贡献，而我只是较早提出来了相关的观点，符合国家层面的战略考虑。

知行合一、学以致用，是母校的教诲，也是对知识的认真践行。毕业后，组织决定让我负责省委机关综合办公楼的建设。我当时提出来“把支部建在项目上”，取得了良好的效果，后来全省推广。工程招标我引入“无标底招标法”，既符合招标法，又杜绝了招标中的不正之风。施工中，又创新工程监理的监督机制，即再引进一个监理部门监督原监理单位。这个工程十四个工程月竣工，实现了省委提出的“质量最高、投资最省、速度最快”的要求，工程质量获得了我国建筑行业领域的最高奖项“鲁班奖”。

“行之力则知愈进，知之深则行愈达。”2003 年河南省委决定让我任副秘书长，兼任省直机关工委书记。我认真学习党建理论，深入调查研究，总结出机关的特点是“三个最集中”，即党员最集中、党员领导干部最集中、权力最集中。机关的“三个最集中”的特点，后被中央文件采用。我总结提出党的机关的工作要紧紧围绕“两个伟大”：一是伟大工程，二是伟大事业。伟大工程是党的建设新的伟大工程，伟大事业是现代化建设。我认为无论是党的建设还是经济建设，都是党的工作，“两个伟大”同等重要，围绕中心抓党建，要抓好党建促经济。后来我作为十八大党代表参加全国代表大会，我在会上发言谈了我对“两个伟大”的认识和体会，得到中央领导刘云山的肯定和赞许。

不同领域的工作，需要融会贯通，正所谓“耳目之闻见，善用之足以广其心”。在干部人事工作上，我提出“聚焦点选用干部法”，即把领导干部、领导班子、广大干部群众的看法聚焦在一起，多角度、全方位、一体化选用干部。具体方法是“4411”，获得了时任省委书记徐光春的高度赞赏。“4411”选任干部法的基本思路是，把《资本论》中价值、使用价值的基本原理应用到实际工作中。那时选用干部主要是投票。我的思路成了我们领导班子的共识，把具体选票看作“使用价值”，把具体选票的质量看作“价值”，把具体选票的“使用价值”换算为可比较的“价值”百分考核——领导班子的总票值为40分、全体人员的总票值为40分、被选人所在处室的总票值为10分、被选人三年优秀的分值为10分。总分出来后，考查无违纪和严重错误的，从高分到低分决定新任干部人选。

我在负责省委机关信息工作中，提出了“小大高”“两知道”的工作标准。“小大高”即信息文字量小、信息量大、信息质量高。向领导机关和领导干部提供的信息，文字量小是指文字尽量不超过300字；信息量大是指要提供领导机关和领导干部不知道的信息；信息质量高是指提供有决策价值的信息。“两知道”是指领导机关和领导干部想要知道什么样的信息，信息工作者要向领导机关和领导干部提供想要领导知道的重要信息，这两者相得益彰。

以上这些点点滴滴，是我把所学的知识具体运用到工作当中的一些具体事例。“博观而约取，厚积而薄发”，能把所学的知识、原理都弄懂吃透，进而触类旁通，再结合实际应用，这也是对校训“实事求是”的一种践行吧。

◎ 玉壶存冰心，朱笔写师魂

回忆人大时光，种种体会，历久弥新。最令我难以忘怀的是我的导师宋涛教授。我最深切的感触是得遇良师，人生至幸。

我对宋涛老师印象最深的：一是他的形象，二是他的信仰，三是他的精神。我至今想起来依然心动眼热。宋涛老师方方正正，面容白里透红，总是笑眯眯的。有人说他有“佛相”，眉心中有一适中的红痣，凡是见过他的人，没有不说他形象好的。对于马克思主义，他是真信。当时和他一块儿工作的年轻教师曾对我说：“你的导师宋老师对马克思主义是真懂、真信。有些人是口头上信，实际上不信；让别人信，自己不信。而你的导师他首先是自己真信，他也要求别人真信。”我跟着宋老师读了三年书，体会至深。对于马克思主义基本原理、马克思主义的精神，他是真信、真懂、真通。他的原则性强，旗帜鲜明。一旦你的文章和观点违背了马克思主义基本原理，他会毫不客气地批评你甚至批判你，能把人批评得满脸通红背冒汗。

学高为师，身正为范。宋老师对我的教育，不仅是在学习上以渊博的学识授业解惑，更是在生活中以宝贵的精神言传身教。

他生活很简朴，一年到头就穿那件中山装，衣服已经洗得发白起毛了还在穿。他节俭，也要求我们节俭。快毕业时，我们几个人请他吃饭。刚开始他还很高兴，一听说我们花钱较多，就严肃批评我们说：“不能这么浪费，咱们应该在教工食堂里吃。你们这一顿饭花这么多钱，就是下岗职工的月生活费。”

岁月不居，过往历历在目。很多事他都亲力亲为。当时学校说要给他配个秘书，他不让。清晨七点半他准时离开家上班，自己拎着一个 20 世纪 50 年代的网眼式的暖水瓶，中午十二点再走出办公室回家。日复一日，年复一年，始终如一，再加上他可亲可敬的形象，大家说他是人大的一道风景线。有一年冬天老下雪，路上冰滑，他自己提开水时把腿摔坏了。学校再也不让他自己打开水了，明确让一名学生帮他打开水。

凡是去拜访他的人，只能谈工作、谈学问，不能跟他扯闲话聊天，更不能说他不喜欢听的事。有一件事我记忆犹新。有一个企业的负责人想让宋老师指导论文，当他听说宋老师的孩子下岗了，就去问宋老师孩子的名字和联系方式。宋老师问他问这些做什么。这个企业的负责人说他想给孩子找个工作。宋老师严肃地拒绝了。他的理解是，我给你评改论文，你给我孩子找工作，这不成了互相交换和利用吗？

时节如流，言犹在耳。宋老师非常珍惜时间，我跟他读博时，他已经 80 多岁了。他说："寿命属于我的已经不多了，每星期我不能过两个休息日。"别人一周休息两天，他只休一天。当时他那么高的资历，没人要求他，他是自己要求自己。

到 85 岁以后，他又说："生命属于我的更少了，我一天也不能休息了。"学校要给他过生日，他坚决不同意，后来学校举办了宋涛教授执教六十年学术座谈会。在座谈会上，他说了一段话，我现在想起来都眼湿。他非常动情地说："我为什么要这样工作，不过星期天呢？我在延安教书的时候，飞机来了，我们要到野外去上课，飞机扔下的炸弹把一些学生炸伤了。学生趴在我膝盖上哭着说'宋老师，我还要读书'。每当我想到这个场景的时候，我就没有理由不努力工作。我要活到老工作到老，生命不息，工作不停。"这是他含泪花动真情说的，听者无不为之动容。当时的会场，连掉一根针也能听清。

在人大的岁月，我终身难忘，师从宋涛教授更是我的荣幸。他坚定的马克思主义信念，高尚的道德情操，严谨的治学风格，深邃的学术智慧，简朴的生活作风，以及宽以待人、严以律己的处事态度，甚至他的一个眼神、一个表情、举手投足，都永远值得学习。记得老校长袁宝华称宋涛老师是他的"两长"：学问上是"师长"，年龄上是"兄长"。我为我们人大有这样德高学深的老先生、老教授而骄傲自豪！

敬爱的宋老师，您永远是我们心中的楷模、典范。衷心地愿您安息。我们一定继承您的遗志，弘扬您的精神，做一个合格的人大人，天大地大有人大。

王群自述，本次采访时间为 2019 年 7 月，由中国人民大学校友工作办公室负责采访、录音整理及文字编辑。

采写 / 李宣谊

刘卫兵

刘卫兵，1967 年 1 月生于北京。1989 年毕业于中国人民大学新闻系。新华社高级记者，中国摄影家协会会员、中国作家协会会员，八届全国青联委员。长期从事时政和社会新闻采访，摄影作品曾获中国新闻奖，代表作有《面向'97》《总理为农民追工钱》《领导人为外宾捡眼镜》《一位新华社记者镜头下的 2023 春节：历史该记住这里的景象》。著有《奔波在战争前线》《我们这 30 年——一个记者眼里的中国改革开放》《摄影实战手记——一个记者 30 年的记录与思考》等多部纪实图文作品，其中有作品曾获徐迟报告文学奖优秀作品奖、大众喜爱的 50 种图书称号。

如果把我30多年的摄影经历比作登山，其间汗流浃背的攀爬过程可谓艰辛。然而人生就是苦并快乐着。沿着山路一步步向上攀登时，沿途会观赏到不一样的风景。当你爬上一座座山顶，眺望广阔的世界时，能获得一种独特的情感和心灵享受。

我祖籍河北，父母20世纪50年代进京，所以我生长在北京。能有机会与中国人民大学结下缘分，主要是因为1985年新华社委托中国人民大学开设了新闻摄影代培班，我通过高考幸运地成为人大新闻系新闻摄影专业班的学生。名校的优良教学传统和学术自由氛围深深地影响着我。当时可以自由选课，除了新闻摄影专业课、新闻采编写作等十几门必修课，还可以选修政经、历史、文学、社会学、美学等许多课程。聆听众多知名人士、教授学者的讲座，不仅开阔了视野，也增强了认知，为自己的新闻职业长远发展奠定了知识架构与思考能力的基础。在校期间，我曾举办过两次个人摄影展。那时我就喜欢在校园内外拿着相机抓拍，比如拍摄京城街头和百姓生活场景，去外地实习游览时拍摄安徽大别山革命老区、湖北等地的百姓生活场景。可能因为从小在北京郊区农村包围的工厂里生活多年，对农村、工厂和平民生活有感情，不知不觉中，我的镜头常对准普通老百姓，用影像来捕捉平民的生活百态。因此，尽管后来长期从事中央新闻采访，但我仍然常被称为“平民摄影师”。

◎ 实事求是，印刻在骨子里的追求

1985 年刚入校时，人大校园还在恢复建设中，教学条件简陋，但师生们都充满了朝气。食堂师傅推着车在校园里卖肉包子，同学们抢着买。我穿着母亲花 15 块钱买来的西服，和同学合影，意气风发。人大校园的文化和氛围感染着我们的学习生活。

人民大学东门一进去，小花园里的大石头上就有“实事求是”几个字。当时觉得很普通，如今觉得那几个字很重。那是校训，也是人大在战火中从陕北公学、华北联合大学、北方大学、华北大学艰难走来的宝贵财富。“实事求是”是我后来学习工作、做事做人的基本底线。当年亲耳聆听老校长袁宝华的讲话，听学校老师和新华社领导的教诲，自己立志要做一个名副其实的记者。大学期间到湖北实习后，我写的一篇总结文章登在新华社《前进报》上，题目是《做一个真正的新华人》，表达自己的决心。

我的“记者”生涯可以说是大学时期开始的。那时校内办了一些报纸，我参加并主编了学校社团部所属的《第二课堂报》。当时姜昆、冯巩等名人到校演出，我硬着头皮去后台采访，那时真紧张，采访后写了上千字的稿子，登在报上。这些经历锻炼了自己的实际采访和写作能力，让我以后干时政新闻采访时能保持平稳的心态。大学期间，我常常参与社团组织的活动，听讲座，到河南中原油田参加社会实践，跟工人上油井，为了解国情打开了视野。在人大读书时，大学里流行的那句话“从我做起，从现在做起”对我影响深刻，使我后来逐渐养成做事抓紧时间、注重效率的习惯。

大学四年，高考成绩一般的我多数时间是在教室和图书馆度过的，希望追上其他同学，经常学习到夜里教室熄灯。人大许多老师对我的影响也是潜移默化的，他们实事求是、博学朴实的品质一直影响着我。比如我大学的班主任徐国兴教授，在中国摄影函授学院任副院长多年，教授过的学生近十万人。他在学业和日常生活中时常指导和帮助我们。一日为师，终身为师。2021 年徐老师与世长辞，时逢疫情，我帮其家人安排了老师的后事。

当时我最喜欢听学校的各种讲座，那些讲座极大地拓展了我的见识。记得有一次讲座中，一位新华社中央摄影组的老记者讲述了随国家领导人在国外采访的经历。这位个子不高的前辈在很多人高马大的外国记者面前，为了抢拍镜头，竟然从外国记者的裤裆下钻过去，抢占位置完成了拍摄任务，可见我们的职业很需要有种拼抢的劲儿。后来，老记者们的经验经常在采访中鼓励着我，再遇到类似拼抢镜头的现场时，我常以老前辈为榜样，既要敢冲又要随机应变。20 多年前，我在香港驻站采访拍摄国家领导人抵港访问。在机场冲上去拍摄镜头时，我曾经被两个警卫一边架着往后退、一边继续拍摄。同事、朋友说我拍照属于比较玩命的，有个领导说我特像个“兵”，其实我就是想更好地完成组织上交给的采访任务。

1989 年毕业后，我被分到了新华社摄影部工作。刚参加工作不久，我蹬车去首钢采访下基层锻炼的大学生，拍摄学生跟老工人学车床技术的照片，照片被《人民日报》《光明日报》以《走进社会大课堂》为题在头版采用。几个月后，我又被派往新华社甘肃分社实习锻炼。刚到分社，白天在办公室上班，晚上大楼里黑洞洞的，只剩我一人看书、看照片、写文章，挺孤独的。当时因为不善于处世为人，对新环境不适应，在甘肃锻炼的一年中，尽管拍了上千张照片，却没机会发表，一身的劲儿真没处使啊。无奈之下，我就在干摄影的同时兼职做文字记者，经常是边采访，边拍照，边写文章。一年下来，消息、随笔、杂记在报刊上发了几十篇。后来同事说我爱写文章，其实就是当年被逼出来的，是大西北锻炼的结果。那一年的采访和历练，给我以后践行摄影 + 文字 + 思考的报道方式打下了基础，我把这个习惯保持至今。后来我逐渐认识到，只有把图片、文字和思考结合起来，才能使新闻报道更生动有力，产生更好的社会影响力。

那时在甘肃跑得最多的是贫困山区，用镜头记录了西北贫困现状、人与自然抗争以及扶贫开发的状况。除了拍摄可能发稿的照片，我还有意记录一些民众贫困却依然坚韧的生活场景。现在回想，只要勤奋些，多跑、多学、多拍就会有所收获。那一年，我在甘肃拍摄了不少有价值的照片，锻炼了不怕吃苦和深入采访的能力。这些经历，让我对中国国情有了更多的认知，更希望用相机、用平凡的视角，实事求是地记录这些平凡而不屈的人。

我生长在普通家庭，对百姓的生活现状熟悉并感同身受。从小父母进城工作，我跟着外祖母在郊区长到十岁才进城，应该算是半个郊区人，半个城市人。外祖母和父母给予的朴素教育，加上人大给予的实事求是的影响，让我逐渐形成了一种家国情怀，总想立志成才、报效国家。这样的成长经历影响着我生活、工作的方方面面，让我更喜欢接地气、脚踏实地，喜欢说实话、办实事、做实在人。干新闻后，不喜欢假大空式的东西，更不喜欢空洞无物的报道。努力做到实事求是，希望自己的新闻报道和作品能经得起读者、时间和历史的考验。

◎ 采访与街拍，尽力为民众鼓与呼

因为后来一直干时政新闻，在人们眼中我就是中央新闻记者。其实我是采访社会新闻和街拍百姓生活新闻出身的。那些经历很难忘也很有意义。

1990 年底，我从甘肃回到北京新华社摄影部担任图片编辑。刚开始工作那几年，我的本职工作是图片编辑，业余干摄影记者的活儿。因为采访积极、发稿多、采用好，被安排到“编采合一”的岗位。既当编辑又当记者，对提高自己的业务水平很有帮助。那时新闻摄影处在生机勃勃的年代，照片也从内容单调、形式刻板，转向注意反映社会民生、表现形式鲜活生动。我在做图片编辑的同时，一有空就蹬车跑出去抓拍与民众生活有关的社会新闻。当时没有互联网，获得新闻的渠道很少。每天上班第一件事就是听广播、翻报纸，和同事、朋友打听消息，从中发现有价值的新闻，然后骑上自行车去大街上街拍、抓新闻。改革开放后北京出现的彩票、债券、典当行，以及降价商品展销会，我拍过不少，留下许多那个时代的新闻影像资料。

当时遇到重大新闻，第一反应就是去天安门。北京第一次申办奥运会失利当晚，我赶到金水桥上，抓拍市民和学生表情凝重的画面。以后还拍过国庆阅兵，迎接香港、澳门回归，广场摆放花坛，国家博物馆举办的展览等照片。再加上后来从事时政新闻采访，经常去人民大会堂进行采访。过去 30 多年，我在天安门广场及附近拍摄的照片难以计数，那些照片足够出几本画册。直到现在，每次到广场附近采访，我总要随手用手机拍几张照片，感觉那里有北京几百年的沧桑变迁，也有许多触景生情的记忆。

1997 年香港回归，1999 年澳门回归，我参与了回归前的新闻采访，用镜头记录了不少珍贵的时刻。在这之前，我拍摄的香港回归题材的照片《面向’97》，获得了《人民摄影》报年度优秀摄影作品奖大奖，被认为是香港回归题材中有代表性的作品。1997 年初，邓小平同志逝世，我拍摄的民众悼念场景已成为历史档案。

20 世纪 90 年代中期，北京胡同拆迁和百姓生活变迁成为我关注的焦点。于是我经常利用工作之余，骑自行车到西城、东城、崇文、宣武、朝阳等城区拍摄即将拆迁的老胡同。后来我把这些图片做成了专题《消逝中的胡同》刊登在杂志上。我注意把居民动态活动和胡同现实的场景结合起来拍摄，尽可能真实地记录胡同和百姓生活的变化。1999 年，听说崇文门磁器口附近的曹雪芹故居即将拆除，我骑车赶过去把故居的影像真实地记录下来。胡同和古迹采访多了，我也逐渐认识到古建筑保护、城市发展和危房整改之间存在的矛盾和问题，也希望用图片报道反映问题，探索解决的有效途径。

1996 年，京九铁路通车是中国的大事，也是国家改革开放发展的一个见证。我们当时开车沿京九铁路采访了一个月，从北京到深圳，足迹遍布近百个县市。当时路况很差，车子经常在路上抛锚。白天采访赶路，晚上住招待所。那次沿途记录了许多城乡发展状况，如地方经济特色、红色旅游、扶贫开发和贫困民众脱贫致富等。当然当时的采访实在匆忙，像走马观花，缺少深度，但我们也对一路上各地区的发展有个大致了解，感受到改革开放给各地区带来的新气象。

从大学的新闻学习和工作的实践中，我逐渐形成了这样的新闻认知：新闻摄影的内容大于形式，纪实摄影要记录社会和人生的真实变化。干社会新闻那些年，我抓拍了许多不可再生的新闻瞬间，同时记录了改革开放后各地面貌和民生的变化。后来，这些照片不少被编辑到我的纪实图文著作《回望 20 年——一位新华社记者的采访手记》《我们这 30 年——一个记者眼里的中国改革开放》中。《我们这 30 年——一个记者眼里的中国改革开放》后来还出了英文和阿拉伯文版。一些外国朋友看过后说，他们喜欢这种有生动经历、讲真实故事、接地气的图文作品。

2023 年的春节，经历艰难的疫情之后，生活总算开始恢复。我特别激动，一股强烈的情感和愿望催着我走上街头，去北京胡同和大街上，用手机拍摄民众喜迎新春的画面：到处是大红灯笼和春联，游客增多，前门大街熙熙攘攘，天气寒冷但人们脸上洋溢着春天的温暖和笑容。那是疫情后久违的场景，也是充满希望的图景。我用镜头记录下京城烟火气重燃，经济开始复苏的场景后，第一时间把图文作品发表在自媒体上，没想到，被新华社“新华每日电讯”微信公众号以《一位新华社记者镜头下的 2023 春节：历史该记住这里的景象》为题转载，随后又被新华网、学习强国、《北京日报》等众多官方媒体转发，阅读量达几千万人次，在社会上产生了强烈的反响。许多网友和同事看过后说，从报道中看到疫情过后第一个春节的京城生活的真实变化，感受到了烟火气重燃和看到了经济复苏的新希望。

看到网友纷纷转发和分享时，我心里特别高兴。应该感谢国家和民众在历经疫情的艰辛后，仍然保持对未来充满希望的心态。客观说，拍摄这组作品不是我的工作范畴，我只是在业余时间尽一个媒体人最起码的职责和良知。希望通过传播这样的新闻，用真实可信、积极向上、饱含感情的报道，为国家为民众鼓与呼。其实这组报道，也是我常年坚持街拍，发自媒体的内在想法和动力。应该感谢新时代，让摄影变得更加简单方便快捷，手机摄影让我们能随手记录传播有价值有意义的新闻。2023 年，从春节街拍的报道开始，我还陆续发表一系列的纪实图文报道，比如记录春天的《奔跑吧兄弟姐妹，踏着 2023 年春天的脚步》，反映夏天高温的《直击酷热下的京城，百姓生活咋样》，以及记录京城洪水过后灾区场景的《偶过京西门头沟水灾地》，等等，这些接地气、积极向上的报道在社会上产生良好的反响。

◎ 亲历灾难现场，留下珍贵影像档案

1991 年夏天，南方发生水灾时，我正在摄影部当图片编辑。那时真想去灾区一线采访，但没机会。于是我一边当编辑，一边寻找机会参加后方的采访。那一个多月，我一有空就赶往民政部门、学校、幼儿园，拍摄救灾捐款、抢运救援物资场景。经常在民政部国内救灾捐赠接收办公室采访到深夜，拍摄过冒雨骑车来捐款的老大爷、流着眼泪的老奶奶、幼儿园的孩子们。勤奋总会有收获。在随后举办的《砥柱中流——1991 中国抗洪救灾摄影纪实展览》上，我拍摄的《我的心……》《北京最早一批救灾物资发运》等照片获奖并入选了展览，国家领导人出席并观看了展览。三年后，摄影部主任徐佑珠等领导看我干采访真卖力，就让我当了专职摄影记者。不久后，我先后加入中国新闻摄影学会和中国摄影家协会。

那些年，作为新华社快速反应小组成员，我参与了不少突发灾难新闻的采访。1996 年 4 月，大兴安岭发生火灾，我多次向领导申请获得批准，连夜赶往内蒙古自治区兴安盟。先坐火车再坐吉普，连续奔波几十个小时，赶到火灾前线。后来又经过反复请求，才被允许乘坐英国老式的直升机和扑火队员一起上前线。记得第一次置身森林大火的火场时，有一种说不出的害怕和激动，全身的血液往上涌，紧紧跟着扑火队员冲进火场，身上挎的两台佳能 EOS 胶片相机轮番对准大火和扑火队员拍摄。当时为了抓拍视觉冲击力强的画面，换上 17 ～ 35mm 的广角镜头，玩命地向着战士和大火靠近。从上大学开始就深受卡帕的摄影理念影响，总感觉照片不够好，是因为距离现场不够近。现场烟雾弥漫、灌木丛生，抢拍时我几次被烟雾熏得睁不开眼，险些跌倒窒息发生危险。森警大队指导员冲过来，把我拉出来冲我大喊：“你出事，我们担负不起！”他后来说在大火附近摔倒，风带着火烧过来，会有生命危险。

1996 年，内蒙古自治区发生森林大火

年轻时我做事喜欢较劲，拍照也特别认真，总想拍得更好些。1998年夏天，我国南北方相继发生特大洪水，灾情很严重。我多次请战后终于获批，于7月中下旬飞奔江西九江采访。南方天气高温湿热，整天背着摄影包和相机到处拍摄防洪抢险、战士背沙袋等，乘小船奔灾区，记录灾民生活。白天出去采访，晚上回来发稿。连续奔波半个月后，突然发高烧，去医院打点滴。领导知道情况后打电话让我撤回去。我不甘心，总觉得还有不少要拍的东西。退烧后又采访了几日才回京。结果刚回京没几天，北方水灾形势吃紧，领导问我能不能去，我二话没说拎起摄影包又赶赴内蒙古自治区灾区。这一去又是半个月，驱车数千公里，深入受灾严重的呼伦贝尔和兴安盟采访。在内蒙古自治区灾区，我吸取了南方水灾采访过于急躁的教训，改变了摄影的思路和方法，拍摄的照片明显比过去多了思考和变化。我拍摄的民众领救灾棉衣，灾区忙建过冬房、抢修水毁公路等照片，较早反映了民众过冬和重建家园，被各大媒体广泛采用，产生了积极的影响。我以为，媒体人的报道是要影响公共舆论的，记者要有社会责任感。能用新闻照片为灾区和百姓做点儿贡献，是自己最大的满足。水灾结束后，我拍摄的多幅照片入选了国内抗洪救灾新闻图片展，我也被评为中直机关抗洪救灾先进个人。

在我的采访经历中，阿富汗战争前线采访的两个多月，是特别值得回味的。2001年9月，正在香港分社驻站的我，突然接到总社调令，要前往阿富汗战地采访。当时分社副社长问我有什么困难，说实话我当时心中既兴奋也有些打鼓。那会儿我儿子刚一岁多，还不会叫爸爸。但工作多年，对组织上交给的任务，从没拒绝过，这次我去！直到出发前我才敢告诉夫人上前线的事，她没说太多，只说带好护身符。

此后我和文字记者孙浩在前线城市白沙瓦等地奔波采访了两个多月。战争爆发前形势紧张，我们两个中国小伙子，人生地不熟，在异国他乡要克服各种困难。当时我们作为最后一批前往边境线的记者，想方设法到达阿富汗边境地区拍摄，发回战争前边境紧张局势的照片。那期间，

2001年在前线采访

白沙瓦城里到处戒严，天上飞机轰鸣，地上有装甲车和荷枪实弹的士兵巡逻，还有各种大规模的反战游行，激烈冲突不断。10月7日阿富汗战争爆发，白沙瓦、拉瓦尔品第、伊斯兰堡等地爆发大规模反战游行，我好几次置身冲突现场，后来想想也害怕。当时在白沙瓦，有成千上万的穆斯林民众愤怒地拿着木棒、石块向警方设置的警戒线挺进。我们冲上去抓拍镜头，不小心被抗议者打了几拳。当催泪弹在附近突然炸响后，我涕泗横流，痛苦不堪。一边擦鼻涕眼泪，一边拼命拍摄，狼狈至极。后来爬上二楼，扒着窗户偷偷拍摄示威冲突场景，担心被流弹打中。那时真害怕出事，万一倒在这异国他乡的地方，没人认识我呀！

当时，我们真想进入美国轰炸塔利班的中心战场，但几次申请，上面基于对我们人身安全的考虑没同意。后来领导告诉我，如果当时冒险进入阿富汗轰炸区，一是安全没保障，二是万一被俘虏，外交救援上也麻烦。没办法，我们只能尽力而为，想尽办法在当地交朋友，寻找更多的线索。此后我们成功前往巴基斯坦最大的扎卢扎伊难民营采访，独家发出不少照片。一望无际的难民营，帐篷一眼望不到边。我的镜头记录下营养不良、肚子鼓鼓的孩子，破帐篷前垒泥巴墙的老人，手握念珠的老人万般无奈的眼神，光着脚、衣衫破烂的小姐姐背着小妹妹并使劲儿望着我的镜头。看到可怜的孩子和老人，真想伸手给点钱，发现周围一群孩子眼睛都盯着我，手又缩回去了，根本给不过来。我用镜头和难民们交流时，心里很难过。同在蓝天下，外面的世界大多幸福安宁，而眼前人们却生活在颠沛流离和贫困中。那时我只能尽力抓紧拍下眼前的镜头，争取把照片传播出去，呼吁人们的关注，期待战争结束，和平早日到来。从前线归来后，心情久久不能平静，在高中同学朱军等朋友的催促下，我终于拿起笔书写那段经历。2002 年底，我的第一部纪实图文著作《奔波在战争前线》出版，书中 20 多万字和 100 多张照片，讲述了自己亲历阿富汗前线采访的真实经历和特殊的感受。

干记者 30 多年，经历过许多灾难性的采访，如大兴安岭火灾、南北方特大水灾、汶川地震、青海玉树地震、湖北禽流感、甘肃泥石流、安徽和河北的冰冻灾害、内蒙古自治区旱灾、疫情等等。在报道中，既要用照片正面反映抗灾精神、鼓舞人心，又要拍摄受灾现场和民众生活各种场景，为社会留下尽可能真实的影像资料。用新闻图片呼吁社会关注和支持，争取用图片或多或少促进社会的公正和进步。

◎ 红墙摄影师，为历史记录存真

我们说的时政摄影，主要是国家领导人的国事、外事活动和国内考察的摄影采访报道。干时政摄影的记者常常被称为“中南海记者”或“红墙摄影师”。20 世纪 90 年代中期，我从事过四五年时政摄影，之后去香港驻站。2002 年回来后再次从事中央新闻摄影，这一干就是 20 多年，一直到现在。如今留下了几大袋子、成百上千的采访证件，每个证件背后都有一段难忘的经历和故事。算起来我在新华社工作了 30 多年，其中20多年是做时政摄影，亲历了许多国内外大事，比如党的十六大到二十大，拍摄过20多次两会，亲历过1999年国庆50周年至今的国庆阅兵。先后跟随拍摄过三位国家主席，拍摄的国外领导人足有上百人，仅美国总统就拍摄过六七位。应该说时政新闻是特殊的采访工作，也是我人生中最重要、最宽广的平台，这份工作让我受益良多，我也把最好的时光用在了时政摄影上。

时政采访与日常采访在形式上有很大的不同，对记者的各种要求非常高。一切命令听指挥，保密纪律、采访拍摄规矩、随机应变和协调能力要求得很严格。确保采访万无一失，不能出错是基本的要求。我从1994年开始拍摄过20多次两会，那时记者的形象通常是全副武装，背着摄影包和电脑，扛着长镜头，拿着梯子，忙着拍照片的同时还要抓紧趴在地上选照片发稿。那时一方面要拍好大会和领导参加的分组讨论，还要拍摄分组讨论发言。经常是一边仔细听发言、做记录，一边随时观察、随时拍摄，有需要核实的还要去补充采访。会议拍摄中除了领导人特写、会议现场外，还要抓拍代表委员的现场活动和情感状态。时政采访中，我曾给自己定下的要求是“不放过任何有价值的瞬间”，其实那很难，只能尽力而为。工作中我一直以优秀前辈、同事和同行为榜样，用勤奋来弥补水平的不足，竭尽所能做个称职的摄影记者。

时政采访工作忙压力大，各种重要活动一场接一场，如党代会、两会、国庆阅兵、“一带一路”国际合作高峰论坛、G20峰会、APEC领导人会议、中非合作论坛、东亚系列峰会等。许多重要活动现场记者多、情况复杂，拍摄时会遇到各种难题，都需要想尽办法克服。有些活动需要提前进行彩排演练，活动前很早要抵达现场等候，活动开始还要抢占有利位置，把握拍摄时机，现场紧急发稿。这就需要记者提前做好各种准备，现场全力以赴，确保拍摄万无一失。2019年国庆70周年活动和阅兵前，我和同事光晚上的演练就参加了六次，每次都弄到深夜。2021年7月1日举行建党100周年大会，我们前一天晚上11点就到达天安门广场，在广场上坐马扎等了一晚上。

在上千次的时政采访中，有太多值得记忆的经历。其中《总理为农民追工钱》的拍摄经历让我特别难忘。2003 年秋天，我第一次随温家宝总理到重庆考察，总理临时让停车到云阳县龙泉村的农家慰问村民，最终帮着妇女熊德明丈夫讨回了 2 000 多块钱的务工工资。我及时抓拍的《总理为农民追工钱》和新华社新闻稿一同发出后，被各大媒体广泛采用，报道引起全社会的广泛关注，后来掀起了全国范围内长期的为农民追工钱的清欠风暴，同时也掀起了维护弱势群体权益的热潮。说实话，能用自己的新闻图片为老百姓解决些实际问题，能或多或少地为推动社会改革和进步起到些作用，作为摄影记者心里感到特别欣慰。

从事时政摄影工作，见识广，见领导人和名人也多。我们拍摄外国领导人的机会很多，拍摄他们的经历和故事很多，几天恐怕也讲不完。有时候我们一次就把许多领导人拍进镜头。比如，2008 年北京奥运会时，我和同事一次拍摄了七八十位外国元首和国际组织的负责人。在国内外多种场合，我还拍摄过日本多位首相，如村山富市、小泉纯一郎、安倍晋三等；朝鲜领导人金正日、金正恩；韩国领导人金大中、卢武铉和朴槿惠。从 20 年前拍俄罗斯领导人普京，一直拍到今年 3 月中俄领导人克里姆林宫会晤。我也拍美国前总统小布什到缸瓦市堂，美国前总统克林顿雪后在中南海，特朗普夫妇访华在故宫左看右看，等等。相比有记者喜欢拍领导人的肖像特写，我更注重捕捉特别环境和背景下人物生动有趣的动作和表情，希望用照片表现特别环境中特殊人物的故事和情节，以及他们丰富的内心状态。因为时政采访原因，这些年我也拍摄了许许多多的国内外名人，如马云、成龙、姚明、巩俐、刘翔、比尔·盖茨、施瓦辛格、马斯克、库克等。2023 年秋天在北京举行“一带一路”国际合作高峰论坛前后，就拍摄了多位外国领导人。

因为时政报道的重要性和特殊性，记者经常要 24 小时待命、不许关手机，有时也没有假期，接到任务马上出发。2016 年秋天，有一次中午我还在八达岭长城采访，突然接到突发采访任务，立刻赶回单位发稿后，傍晚就跟着领导人专机飞往乌兹别克斯坦进行采访。2019 年初夏的一个多月内，已经 50 多岁的我跟领导人国内外考察访问了五次。中央组的同事们都养成服从命令听指挥的作风，大家很辛苦但少有怨言。有时一年少则几次，多则十多次赶赴国内外拍摄。有的刚从国内回来，直接从机场转机赶往国外采访。

在中央组前后工作了 20 多年，跟优秀的老前辈和领导与同事们学习到不少东西，同时注意克服自己的缺点，努力进步。这么多年，注重维护团结，尽心帮助年轻同事。组织上让干啥就干啥，给什么任务就拍什么，不挑肥拣瘦，从来没有因为个人和家庭原因影响过工作。1995 年我母亲在重症监护室时，医院下了病危通知，当时我接到任务要随乔石委员长出访，后来领导得知我母亲病重让我有困难只管说。说实话当时真怕回来后再也见不到母亲。去重症监护室看望极度虚弱的母亲时，她得知情况后说："你去吧，我没事！"那次我含泪离开医院。后来圆满完成任务回来时，母亲的状态竟然有些好转，但一年后她老人家还是不幸去世。现在回想，几十年采访走过来，我的家人给了我很多理解和支持。

其实，这么多年，近距离采访了一些党和国家领导人，自己也从他们身上学到不少东西，对个人的成长也有不少帮助。有时我常想，我们的采访虽然紧张疲劳，但工作相对简单。而领导人的工作都是有关国家大事的，比我们辛苦劳累得多。2023 年 10 月底，李克强同志不幸逝世，我心里挺难过，不禁想起近 20 年采访拍摄他的许多场景。想起 2015 年跟随总理访问南美四国、经停两国，走访 6 个国家，历时近半个月，访问行程约 5 万公里。有时一天采访七八场活动，我们累得不行，总理肯定更累。其实当领导人真不容易。

◎ 坚守图片 + 文字 + 思考的报道方式，用镜头讲好中国故事

多年来，我逐渐养成一边拍摄、一边写文章、一边思考的新闻工作方式，努力用图片 + 文字 + 思考的方式，生动形象地讲好中国故事，争取为国家发展创造良好舆论环境尽自己的一份力。说实话，面对多元化新媒体的时代，官方媒体和记者面临很大竞争和压力，我们只能全力以赴，争取有所作为。

2005 年前后，干了十多年传统媒体的我已经习惯了过去的报道方式。当朋友把我拉进大旗网开设博客时，我还真不习惯新媒体传播方式。后来新华网给记者开设博客，我也在新浪网开设博客，尝试把图片和文章发到网络博客上，突然发现运用网上的新媒体，既便于新闻作品展示和传播，又便于和网友互动交流，也容易产生社会影响力。2008 年我在博客上发表的《教育立国不是一句口号》，用 1997 年去日本拍摄的照片讲述日本教育的启示，点击量 30 多万，留言 500 多条。过去干传统媒体，天天拍照片看报纸，没想到新媒体竟有这样的影响力，我很震惊，于是开始关注运用博客等新媒体。当时的想法是，进入网络自媒体时代，媒体人有责任抢占网络新阵地，自媒体报道可以配合主流媒体传统报道，同时尝试用网友容易接受的传播表达方式，更容易产生社会影响力。

此后的 10 年，我陆续在新浪网、新华网的博客上发表了 300 多篇作品，其中多是用历史照片或随手拍的纪实图片，配合上千字的纪实性文章，加上个人的思考和观点。内容多为积极正面、有立场的图文作品，被朋友、同事视为“接地气、有正气的博客”。这些自媒体作品有效地配合了官方传统媒体报道，也在社会上产生了正面的影响。那 10 年中我新浪的博客点击量近 2 000 万。2012 年，我把新华社播发的照片《领导人为外宾捡眼镜》转发到微博上，产生了积极而正面的传播效果。

多年来，我一直坚持用图文互动的方式，将图片和文字有机地结合，增强报道的深度和形象性，让报道更有亲和力，也容易被网友接受。

其实这种图文报道方式，也是受中国新闻摄影学会原会长蒋齐生、新华社老社长穆青倡导的文字摄影两翼齐飞、图文并重的思想影响。当然对时政记者来说，坚持编辑运营自媒体是件需要特别严谨的苦差事，总怕出错。自己也为此付出了不少心血和代价，但自己认准正确的事情再难也要坚持下去。多年下来，自媒体不仅没出现过大的错误和纰漏，还产生了不错的社会影响力，受到众多领导和网友的肯定，自己也从中获益不少。

30 多年来，我连续出版了《奔波在战争前线》、《随访连战的日子》、《回望 20 年——一位新华社记者的采访手记》、《我们这 30 年——一个记者眼里的中国改革开放》（中、英、阿文版）、《摄影实战手记——一个记者 30 年的记录与思考》等纪实图文著作，以及摄影集《日本人印象》，这些作品也是我常年坚持图片 + 文字 + 思考的新闻工作方式的一些成绩。我一直坚持认为，媒体人要不断适应新媒体时代的变革，要有责任感，要用真诚和思考记录时代，坚守正面的舆论导向，为推动社会公平和进步做实事。这也算是我从人大校园到工作岗位，逐渐形成的一种实事求是的新闻职业理想和追求。

其实，我多年坚持运用传统媒体和新媒体进行报道，目的也是用镜头讲好中国故事。新闻采访报道也是舆论传播工具，不能把新闻有效地传播出去，再有价值的新闻也没用。客观来说，新媒体时代，许多传统和官方媒体，如报纸的文字和照片以及电视新闻已经不再深受读者青睐，影响力降低。目前，我们的媒体在世界上的传播影响力与美国等西方国家仍有较大差距。如何把我们的图片新闻传播出去，产生有效的影响力、讲好中国故事，一直是我关注的问题。2001 年秋天，在阿富汗前线采访时，因为线路不通，有时用传统电脑连接电话线，几个小时发不出去一张照片，急得人发疯。后来在同事孙浩的建议下，我们改成去白沙瓦的网吧传图片，效率大大提高。包括独家拍摄难民营的照片，被国内外媒体采用，及时发出了中国媒体的声音。

2005 年春天，我随中国国民党主席连战进行采访，八天七夜走访多个城市。当时有上千名国内外记者采访，竞争极其激烈。为了赢得发稿时效，我和同事采取一边采访拍摄、一边用笔记本电脑现场发稿的方式，与后方编辑部密切配合，赢得了发稿时效。比如连战在北大演讲，我一会儿抬头抓紧拍摄，一会儿低头用电脑发稿，汗水不停地滴在电脑上。辛苦的工作换来了良好传播影响力。那次报道的很多新闻照片，新华社都是最早发稿并上网展示。有媒体朋友说，你们新华社把网络占领了，那一刻我们特开心。后来我出版的《随访连战的日子》讲述那些经历，包括如何用照片讲述两岸和平交流的故事。连战专门为书题词——“纪录两岸和平交流史 祈福两岸人民幸福情”。

我是个急脾气，采访中也养成追求时效的习惯，采访后总想尽快回去发稿。发稿后不停地给编辑部打电话，希望稿件发得快些。争取时效就是争取新闻报道的影响力。2000 年至 2002 年在香港分社驻站采访时，跟香港和国外媒体同台竞争，他们很重视新闻的抓取和时效性，要想在竞争中占上风，我们也要拼。香港天气炎热，每天常有多场采访，赶回去衣服湿了没时间换，先发完稿再说。那两年我发了近千张新闻照片，在驻外摄影记者中发稿量名列前茅。不少照片影响广泛，例如与圆明园铜马首即将拍卖相关的新闻播发后，引发国内对追回海外文物的重视。

这 30 多年来，我采访中走遍全国，采访过近百个国家，经历了国内外数千次的各种报道，发表了数万张新闻图片，采用图片的报刊剪报装满了半个书柜。中国很大但故事都在细节里。那些采访的经历和故事里有感动和感慨，有热爱有情怀也有痛苦和快乐，更有时代的变迁和发展进步。大学毕业时，有同学给我在纪念本上留言说我喜欢仰望天空，我当时还真没注意。但几十年过后，我确实已把“仰望星空，脚踏实地”作为追求。如今，家里还有几大箱等待整理的底片和照片，再过几年退休了，有时间慢慢整理出来，都是回望和讲故事的珍贵资料。

没有改革开放就没有我们的今天；没有学校老师们的教育，没有新华社领导和同事们的帮助和培养，就没有我今天的点滴成绩和进步。为此，我常怀感恩之心、感谢之情。回望这些年，要感谢的人真的很多很多。比如新华社摄影部原主任徐佑珠、徐祖根，外文出版社原社长徐步，摄影家王文澜、刘宇，作家梁晓声、梁衡，以及我的岳父、文学评论家何西来，还有老同学《中华英才》原执行总编辑朱军等众多前辈、家人和好友。

◎ 寄语

真心希望学弟学妹们充满朝气和活力，利用现在良好的学习环境，好好读书，读好书，掌握真本领，为以后走向社会打好坚实的文化理论基础。同时要多走进现实社会的大课堂，开阔视野，增长才干，经受社会实践的锻炼。坚守人大人“实事求是”的理想，理论联系实际，尽心努力工作和生活。我想再一次把“脚踏实地，仰望星空”几个字送给年轻的朋友们，衷心希望大家，努力做个有责任感、有情怀、有作为的人，争取对国家、社会和家庭有所贡献。

刘卫兵自述，本次采访时间为 2023 年 11 月 13 日，由中国人民大学校友工作办公室负责采访、录音整理及文字编辑。

图书在版编目（CIP）数据

走过八十五载风华：中国人民大学校友口述史. 第四辑 / 中国人民大学校友工作办公室编写. -- 北京：中国人民大学出版社，2025. 6. -- ISBN 978-7-300-33691-6

Ⅰ. G649.281

中国国家版本馆CIP数据核字第2025KJ8418号

走过八十五载风华

中国人民大学校友口述史（第四辑）

中国人民大学校友工作办公室　编写

Zou Guo Bashiwu Zai Fenghua

出版发行	中国人民大学出版社		
社　　址	北京中关村大街31号	**邮政编码**	100080
电　　话	010－62511242（总编室）		010－62511770（质管部）
	010－82501766（邮购部）		010－62514148（门市部）
	010－62511173（发行公司）		010－62515275（盗版举报）
网　　址	http://www.crup.com.cn		
经　　销	新华书店		
印　　刷	唐山玺诚印务有限公司		
开　　本	720 mm×1000 mm　1/16	**版　　次**	2025年6月第1版
印　　张	24 插页1	**印　　次**	2025年6月第1次印刷
字　　数	316 000	**定　　价**	89.00元